Im Glanz wilhelminischer Seemacht-Träume

Klaus Alberts

Im Glanz wilhelminischer Seemacht-Träume

Kiel in der Zeit des Deutschen Kaiserreichs

Eine historische Collage

BOYENS

Vorsatz vorne:
Kiel von der Wilhelminenhöhe gesehen, um 1840.

Vorsatz hinten:
Kiel mit Flotte aus der Vogelschau, um 1910.

Herausgegeben in Zusammenarbeit mit der Klaus-Groth-Gesellschaft, Heide in Holstein.

Gefördert mit Mitteln der Sparkassenstiftung Schleswig-Holstein,
Reihe „zeit + geschichte", Band 42.

Finanzgruppe
Sparkassenstiftung
Schleswig-Holstein

BOYENS
BUCHVERLAG

ISBN 978-3-8042-1446-0

Herstellung: Boyens Buchverlag
Gestaltung: Dörte Kromrei
Druck: BELTZ Bad Langensalza GmbH, Bad Langensalza
Printed in Germany

Inhalt

Tiefe Bindung an Kiel:
Wilhelm II. und
Heinrich von Preußen.

Zur Einführung

Dieses Buch ist das dritte in einer Reihe von Betrachtungen, die Themen der internationalen, der deutschen und der schleswig-holsteinischen Geschichte im 19. und frühen 20. Jahrhundert behandelt. Es werden Konstellationen aufgezeigt, deren Ursachen und Folgen.

Beleuchtet der erste Band die lange gemeinsame Geschichte der Herzogtümer Schleswig und Holstein und des Königreichs Dänemark, die in das Scheitern des Jahres 1864 mündete, so zeigt der zweite Band als eine der Folgen des Aufgehens der Herzogtümer in Preußen, und bald mit ihm dann in das Deutsche Kaiserreich, wie in der neuen Provinz das aufwändigste bauliche Symbol des jungen Reichs verwirklicht wurde, der *Kaiser-Wilhelm-Kanal*, der zu einer der meistbefahrenen Wasserstraßen der Welt geworden ist.

Eines entwickelte sich aus dem anderen und war von Folgerichtigkeit geprägt.

In diesem Buch geht es nun um die besonderen Beziehungen, die das Haus Hohenzollern mit Kiel und Schleswig-Holstein verband.

Während der Regierungszeit Kaiser Wilhelms II. zwischen 1888 und 1918 steht Kiel als größter Kriegshafen des Reichs häufig im Blickpunkt von Politik und öffentlichem Interesse des In- und Auslandes. Während die großen, richtungweisenden Entscheidungen in Berlin getroffen werden, spielt die schleswig-holsteinische Stadt eine bedeutende Rolle als Brückenkopf bei der Umsetzung der *Weltpolitik*, auf deren Verwirklichung der ganze Ehrgeiz des letzten deutschen Kaisers gerichtet ist. Ihr Hauptinstrument wird die ins Gigantische aufgerüstete Flotte werden, deren wichtigster Zweck darin bestehen sollte, England Respekt abzuverlangen, es dazu zu bringen, die Gleichrangigkeit des Deutschen Reichs und seines Souveräns anzuerkennen. Die Marine prägt in dieser Zeit mehr als alles andere das Bild der Stadt Kiel.

Sie, nicht der andere große Flottenstützpunkt Wilhelmshaven, wird der Lieblingsort Wilhelms, ihm zur zweiten, vielleicht auch zur eigentlichen Heimat. Kiel wird *Seine* Stadt. Bis auf die Zeit der *Kieler Woche* entfaltet sie selbst keinen Glanz, aber immer scheint ihr die Sonne des Kaisers, sie badet sich in seinem Lichte. Der Abglanz erleuchtet die Stadt.

Dieser Band zeigt die Entwicklung Kiels hin zu dieser Rolle. Er benennt die einschlägigen historischen Rahmenbedingungen im 19. und frühen 20. Jahrhundert. Er zeigt schlaglichtartig auch die Bedeutungssymbole auf, die Kiels Stellung betonen und sichtbar machen. Denn nicht nur die Flotte ist es, die Kiel herausragen lässt, es sind auch Menschen, Ereignisse, Gesten, die den Wert der Stadt für das Reich, besonders aber für Wilhelm II. und das Haus Hohenzollern, versinnbildlichen, dieses Ortes am nördlichen Rande der Monarchie, der dennoch einer ihrer Mittelpunkte wird.

Kiel ist aber nicht nur eingebettet in einen gewaltigen Aufstieg, in eine die bisherigen Maßstäbe sprengende Epoche. 1918 endet diese auch hier.

Kiel 1848

Nicht erst mit der Regelung des Artikels 53 der Reichsverfassung vom 18. Januar 1871, die Kiel zum Reichskriegshafen erklärt und nicht erst mit dem Allerhöchsten Erlass vom 18. Juni 1872, der die Stadt als Standort der Marinestation der Ostsee bestätigt, nicht erst seit der kurzen Episode als einer der beiden Heimathäfen – neben Wilhelmshaven – der Flotte des Norddeutschen Bundes in den Jahren zwischen 1867 und 1871, nicht erst als Kriegshafen Preußens ab März 1865, sind Kiel und die Kieler Förde Standorte von Marine und Flotte.

Hauptstützpunkt einer deutschen Marine ist Kiel auch schon zwischen 1848/49 und 1852, also in den Jahren, in denen der Erhebungskrieg der Herzogtümer Schleswig und Holstein gegen die dänische Monarchie das Land überzieht. Nachdem Jahre lang nationale Leidenschaften das Klima zwischen dem Thron in Kopenhagen und den Herzogtümern, die der Krone im dänischen Gesamtstaat verbunden sind, vollkommen vergiftet hatten, schien ein staatsrechtliches Zusammenexistieren kaum noch möglich. Als unter schwerem Bruch der verfassungsrechtlichen Normen, die das Verhältnis zwischen Kopenhagen und den Herzogtümern regelten, Dänemark sich 1848 Schleswig einverleibt, ist das Ende gekommen.

Am 24. März 1848 verkündet die Proklamation der *Provisorischen Regierung* in Kiel die Übernahme der Regierungsgewalt in den Herzogtümern, da der Herzog in der Person des dänischen Königs gehindert sei, diese ordnungsgemäß auszuüben. Dieses bedeutetet faktisch die Loslösung der Herzogtümer aus dem Verbund des Gesamtstaates, was im Ergebnis zu einem unabhängigen Schleswig-Holstein führen soll. Das bringt den Krieg.

Schnell beginnen Kampfhandlungen zwischen der ad hoc aufgestellten schleswig-holsteinischen Armee und dänischen Kontingenten.

Schon vor den ersten Gefechten verhängt die dänische Marine eine wirksame Blockade über Schleswig-Holsteins Nord- und Ostseeküste. In Landesversammlung und Regierung setzt sich

24. März 1848: Proklamation der Schleswig-Holsteinischen Erhebung vor dem Kieler Rathaus.

im Grundsatz die Erkenntnis durch, dass das Land zum Schutz seiner langen Küsten, seiner Hafenstädte und des Eider-Kanals eine Flotte aufstellen müsse. Als besonders gefährdet wird die Stadt Kiel mit ihrem weiträumigen Hafen gesehen, die von der feindlichen Flotte ohne weiteres erfolgreich angegriffen werden könnte, liegt sie doch zu Beginn der Erhebung ungeschützt da. Die Gremien erkennen die Lage vollkommen richtig.

Dennoch kommt es noch nicht zu einer zügigen, kraftvollen Realisierung, was insbesondere auf den Widerstand des Kriegsministers, des Prinzen Friedrich Emil August von Augustenburg, genannt von Noer, zurückzuführen ist, der davon ausgeht, dass das Ergebnis der Erhebung nicht die völlige Loslösung aus dem Gesamtstaat sein werde, sondern, dass es nach siegreichem Ausgang der Auseinandersetzung für Schleswig-Holstein wieder zu einer gemeinsamen staatlichen Konstruktion mit dem Königreich kommen werde. Unter diesem Aspekt, so der Prinz, würde man letztendlich auf schleswig-holsteinische Kosten Schiffe für Dänemark bauen. Erst nach seiner Demission im September 1848 ist dann der Weg frei für unbelastete Planungen zur Schaffung einer schlagkräftigen Schleswig-Holsteinischen Marine. Doch trotz der zunächst widrigen Umstände verstreicht das Jahr 1848 nicht ganz tatenlos. Die ersten kleinen Einheiten als Nukleus einer späteren Schleswig-Holsteinischen Flotte entstehen in einer Konstruktion, die man im heutigen Sprachgebrauch als eine *public private partnership* bezeichnen kann.

Zeitlich und politisch treffen zwei Entwicklungen aufeinander:

Der Plan für eine schleswig-holsteinische Flotte wird aus akuter Not geboren.

Zu dieser Zeit diskutiert aber auch die Frankfurter Nationalversammlung, das erste frei gewählte demokratische Parlament Deutschlands, die Gründung einer gesamtdeutschen Marine und Flotte. Die dortige Meinungsbildung erhält ihren besonderen Schub durch die Ereignisse im Norden. Die Diskussionen in Frankfurt führen zu dem, was Otto von Bismarck als *Flottenhysterie* bezeichnen wird.

Die Frankfurter Nationalversammlung: Gründerin der ersten deutschen Reichsflotte.

Die Nationalversammlung ist der Auffassung, dass ein gemeinsames Deutschland zum Schutz seiner Küsten und des Handels einer Flotte bedürfe und, dass dieses Deutschland, wolle es unter den europäischen Mächten ernst genommen werden, eine starke Flotte brauche. Und so beschließt sie am 14. Juni 1848 die Bereitstellung von drei Millionen Thalern Preußische Courant für deren Aufbau. Auf die beiden deutschen Herzogtümer Holstein und Lauenburg entfallen davon 33.976 Thaler. Nach einem Aufruf um tatkräftige Hilfe bilden sich in zahlreichen deutschen Städten im Binnenland und an den Küsten Komitees zur Unterstützung dieser Flottengründung; in Schleswig-Holstein etwa in Arnis, Eckernförde, Elmshorn und Heide, und natürlich auch in Kiel. Hier ist es der *Ausschuss für die Errichtung der Deutschen Flotte*, der sich nicht nur hierüber Grundsatzgedanken macht, sondern in diesem Zusammenhang auch die Forderung nach einem Nord-Ostsee-Kanal von der Förde zur Unterelbe erhebt. Gleichzeitig plä-

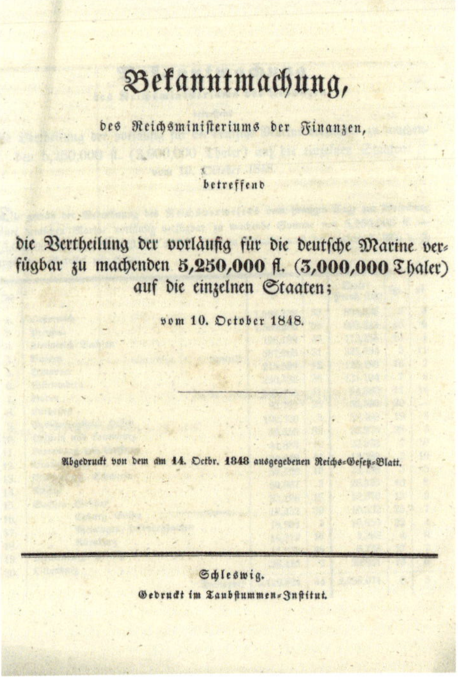

Bekanntmachung,

des Reichsministeriums der Finanzen,

betreffend

die Vertheilung der vorläufig für die deutsche Marine verfügbar zu machenden 5,250,000 fl. (3,000,000 Thaler) auf die einzelnen Staaten;

vom 10. October 1848.

Abgedruckt von dem am 14. Octbr. 1848 ausgegebenen Reichs-Gesetz-Blatt.

Schleswig.
Gedruckt im Taubstummen-Institut.

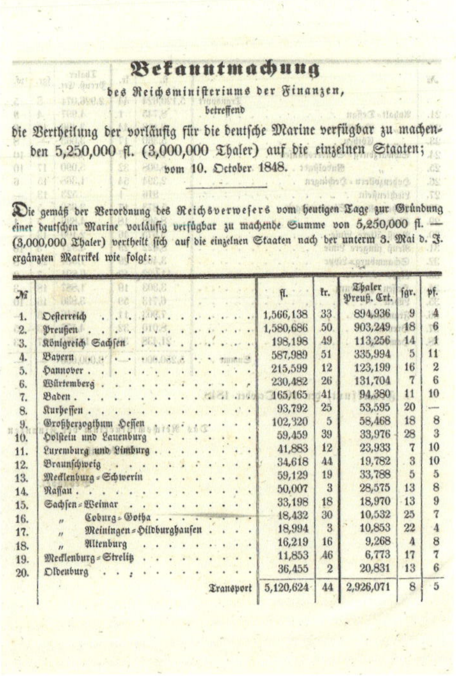

Bekanntmachung

des Reichsministeriums der Finanzen,

betreffend

die Vertheilung der vorläufig für die deutsche Marine verfügbar zu machenden 5,250,000 fl. (3,000,000 Thaler) auf die einzelnen Staaten;

vom 10. October 1848.

Die gemäß der Verordnung des Reichsverwesers vom heutigen Tage zur Gründung einer deutschen Marine vorläufig verfügbar zu machende Summe von 5,250,000 fl. — (3,000,000 Thaler) vertheilt sich auf die einzelnen Staaten nach der unterm 3. Mai d. J. ergänzten Matrikel wie folgt:

№		fl.	kr.	Thaler Preuß. Crt.	sgr.	pf.
1.	Oesterreich	1,566,138	33	894,936	9	4
2.	Preußen	1,580,686	50	903,249	18	6
3.	Königreich Sachsen	198,198	49	113,256	14	1
4.	Bayern	587,989	51	335,994	5	11
5.	Hannover	215,599	12	123,199	16	2
6.	Würtemberg	230,482	26	131,704	7	6
7.	Baden	165,165	41	94,380	11	10
8.	Kurhessen	93,792	25	53,595	20	—
9.	Großherzogthum Hessen	102,320	5	58,468	18	8
10.	Holstein und Lauenburg	59,459	39	33,976	28	3
11.	Luxemburg und Limburg	41,883	12	23,933	7	10
12.	Braunschweig	34,618	44	19,782	3	10
13.	Mecklenburg-Schwerin	59,129	19	33,788	5	5
14.	Nassau	50,007	3	28,575	13	8
15.	Sachsen-Weimar	33,198	18	18,970	13	9
16.	„ Coburg-Gotha	18,432	30	10,532	25	7
17.	„ Meiningen-Hildburghausen	18,994	3	10,853	22	4
18.	„ Altenburg	16,219	16	9,268	4	8
19.	Mecklenburg-Strelitz	11,853	46	6,773	17	7
20.	Oldenburg	36,455	2	20,831	13	6
	Transport	5,120,624	44	2,926,071	8	5

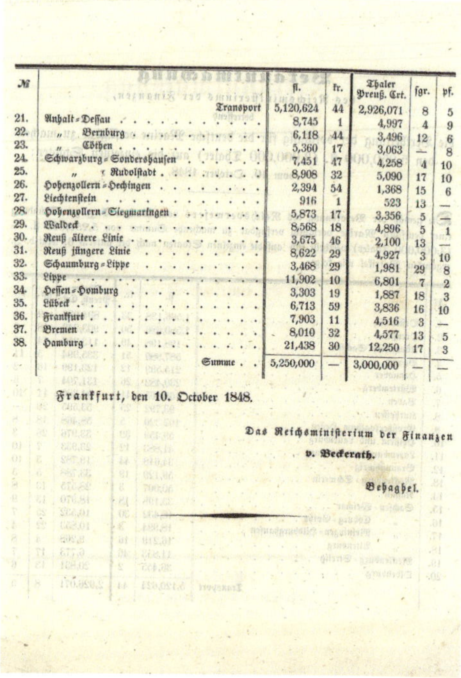

№		fl.	kr.	Thaler Preuß. Crt.	sgr.	pf.
	Transport	5,120,624	44	2,926,071	8	5
21.	Anhalt-Dessau	8,745	1	4,997	4	9
22.	„ Bernburg	6,118	44	3,496	12	6
23.	„ Cöthen	5,360	17	3,063	—	8
24.	Schwarzburg-Sondershausen	7,451	47	4,258	4	10
25.	„ - Rudolstadt	8,908	32	5,090	17	10
26.	Hohenzollern-Hechingen	2,394	54	1,368	15	6
27.	Liechtenstein	916	1	523	13	—
28.	Hohenzollern-Siegmaringen	5,873	17	3,356	5	—
29.	Waldeck	8,568	18	4,896	5	1
30.	Reuß ältere Linie	3,675	46	2,100	13	—
31.	Reuß jüngere Linie	8,622	29	4,927	3	10
32.	Schaumburg-Lippe	3,468	29	1,981	29	8
33.	Lippe	11,902	10	6,801	7	2
34.	Hessen-Homburg	3,303	19	1,887	18	3
35.	Lübeck	6,713	59	3,836	16	10
36.	Frankfurt	7,903	11	4,516	3	—
37.	Bremen	8,010	32	4,577	13	5
38.	Hamburg	21,438	30	12,250	17	3
	Summe	5,250,000	—	3,000,000	—	—

Frankfurt, den 10. October 1848.

Das Reichsministerium der Finanzen
v. Beckerath.

Behaghel.

10. Oktober 1848: Der Finanzierungsplan für die deutsche Marine.

diert er für Kiel als den Hauptkriegshafen der künftigen deutschen Marine.

Nach den von der *Provisorischen Regierung* gebilligten Statuten hat der Ausschuss sich nur mit der Vorbereitung der *Herstellung einer deutschen Kriegs-Flotte* zu befassen, *weshalb er auch seine Fahrzeuge und alles Material für Deutsches Nationaleigentum erklären sollte.* In diesem Stadium gehen also Regierung und Ausschuss davon aus, dass es der Ausschuss selbst ist, der Schiffe baut und zunächst zu Eigentum haben wird, und dass diese Schiffe die ersten schleswig-holsteinischen Einheiten in einer künftigen deutschen Reichsflotte sein werden. Die Regierung ist allerdings ihrem im Krieg stehenden Lande gegenüber verantwortungsbewusst genug, bis zu einer endgültigen Klärung der Dinge in einem deutschen Reich das schleswig-holsteinische Kontingent ausschließlich dem Oberbefehl der *höchsten Militär-Behörde der Herzogthümer* zu unterstellen. Von der Anlage her ist die Schleswig-Holsteinische Flotte also formal Bestandteil der Reichsflotte und führt deshalb auch konsequenterweise bis zu ihrer Auflösung die Farben *Schwarz-Rot-Gold*. Mit der zunehmenden Kraftlosigkeit und dem beginnenden Scheitern des Frankfurter demokratischen Experiments aber führt sie immer stärker in ihrem Selbstverständnis, aber auch in den Augen der Öffentlichkeit, ein Eigenleben. Sie wird im Laufe der politischen Entwicklung dann doch dieses: die Flotte einer Schleswig-Holsteinischen

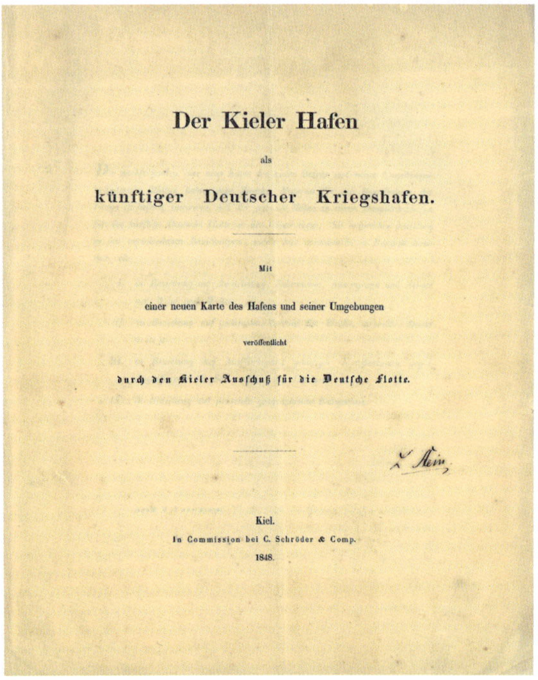

Der Kieler Hafen

als

künftiger Deutscher Kriegshafen.

Mit

einer neuen Karte des Hafens und seiner Umgebungen

veröffentlicht

durch den Kieler Ausschuß für die Deutsche Flotte.

Kiel.
In Commission bei C. Schröder & Comp.
1848.

1848: Ein früher Kieler Vorschlag.

Schleswig-Holsteins Beitrag zur Reichsflotte.

Nächste Doppelseite: Kiel und seine Förde in der Zeit der Erhebung, 1848.

Marine mit dem Mittelpunkt Kiel, wenngleich die formalen Bindungen an „Frankfurt“ bestehen bleiben.

Der Nationalversammlung gelingt in ganz kurzer Zeit die Aufstellung einer deutschen Reichsflotte in bewundernswertem Umfang; ihre Schiffe stehen während der Erhebung im Gefecht gegen Dänemark. Diese Flotte ist neben der Formulierung der bis heute vorbildlichen Verfassung das andere große konkrete Werk der Demokraten.

Auch schon in „dänischer“ Zeit ist Kiel Militärstadt, Garnisonort von Teilen des 5. Jäger-Corps und des 2. Dragonerregiments. Es gibt Depots und Unterstützungseinrichtungen der dänischen Marine sowie vor der Stadt das Fort Friedrichsort. Einheiten der Flotte sind hier jedoch nicht auf Dauer stationiert.

Der Aufbau einer vollständigen Marine- und Flottenstruktur ist eine Premiere für Kiel und Schleswig-Holstein und eine große Herausforderung. Sie wird bewältigt, glänzend innerhalb eines guten Jahres. Ein neues Kapitel in der Geschichte dieser alten Stadt.

Der *Ausschuss* geht sofort ans Werk und gibt bei Kieler Schiffbauunternehmen zunächst zwei Kanonenboote in Auftrag, denen acht weitere folgen sollen. Die Herstellung der Bewaffnung wird an die Firma *Schweffel&Howaldt* vergeben. Als der Erhebungskrieg mit dem Waffenstill-

Bewundernswerte Leistung: Die Reichsflotte.

1644 … Ruthen
= 1 geogr. M.

Julius Himmel

SPLAN
n nächster UMGEBUNG
et von H. Speck.
Holtenau
Muschelkathe
Donauschloss
FRIEDERICHSORT
Der Brauneberg 80'
A F E N
Kitzenberg
Schrevenborner Holz
Möllenort
Alt Heikendorf
GRÜNDE
LABOEER SCHANZE
Bemerkung:
Die Zahlen innerhalb der punktirten Linien bedeuten Füsse, à 139,13 Pariser Linien,
die übrigen Zahlen, Faden. _ Die Tiefen gelten für den niedrigsten Wasserstand.

mburg.

Dampfschiff *Bonin* in See.

stand von Malmö am 26. August 1848 in eine Pause eintritt, stehen bereits vier Boote vor der Fertigstellung, die dazu bestimmt sind, den Kieler Hafen von der Festung Friedrichsort, die unter dem Kommando des preußischen Artillerie-Leutnants Werner Siemens ihrer dänischen Besatzung entsetzt worden war, bis in die Hörn zu schützen. Von Siemens wird ein Seeminengürtel angelegt, der eine Beschießung Kiels aus Hafennähe sowie ein Eindringen durch die dänische Marine nach dort verhindern soll. Zu Beginn der Erhebung sind den Schleswig-Holsteinern in Altona zwei dänische Kriegsschiffe in die Hände gefallen, *Kiel* und *Elben*. Außer den in Fertigstellung befindlichen Kanonenbooten tritt zu der sich entwickelnden Schleswig-Holsteinischen Flottille in dieser Frühzeit noch der Fährdampfer *Christian VIII.*, später *Bonin*, hinzu, den der Unternehmer M.T. Schmidt der Regierung, gegen den Widerstand des Prinzen Noer, verkauft. Ankauf und Umbau zum Kriegsschiff werden durch die *Provisorische Regierung* Schleswig-Holsteins und die *Provisorische Zentralgewalt* der Frankfurter Nationalversammlung, deren Exekutivorgan, finanziert. Im Übrigen bilden private Spenden eine der Hauptstützen bei der Realisierung der Flotte.

Diese Aktivitäten finden jedoch noch nicht im Rahmen einer formell vorhandenen Marine Schleswig-Holsteins, sondern in einer Zeit des Übergangs statt.

Die Stunde der eigentlichen Gründung einer Schleswig-Holsteinischen Marine ist auf den 1. Februar 1849 anzusetzen, als die inzwischen etablierte *Gemeinsame Regierung* beschließt, eine besondere Behörde für Marineangelegenheiten zu etablieren. Hintergrund ist die in Schleswig-Holstein schon sehr bald bestehende Überzeugung, dass der Malmöer Waffenstillstand, der den Erhebungskrieg unterbricht, nicht von Dauer sein werde, was sich am 22. Februar 1849 bewahrheitet: Der Krieg entflammt von Neuem und macht weitere Anstrengungen Schleswig-Holsteins unumgänglich. Kiel wird deren Zentrum und besteht seine erste Bewährungsprobe als Kriegshafen. In dieser Zeit wird eine Traditionslinie begründet, die ihren Höhepunkt als größter Kriegshafen des neuen Deutschen Kaiserreichs nach 1871 erleben wird.

Die Leistungen des im Krieg stehenden Schleswig-Holstein können nur Bewunderung hervorrufen: Im Grunde genommen wird während eines Jahres, 1849, eine komplette Marineverwaltung und Flotte mit sämtlichen dazugehörigen Infrastrukturen „aus dem Boden gestampft“, was – auch international – Erstaunen hervorruft und uneingeschränkt Anerkennung erfährt.

An diesem 1. Februar 1849 werden zunächst die organisatorischen Vorbedingungen für den Aufbau der Waffe geschaffen: Das *Department für das Kriegswesen* wird um eine *III. Abtheilung* ergänzt, die in ihrer Spitze aus der von drei Personen gebildeten *Marine-Commission* besteht. Ihr untergeordnet ist das gesamte Personal; sie selbst untersteht direkt dem Minister.

Die *Statuten* (im Ausschnitt) eröffnen einen erstaunlichen Einblick in die hohe organisatorische Kompetenz der erst wenige Monate agierenden Regierung:

Die Commission besteht aus 3 Mitgliedern, unter denen die Geschäfte nach drei Abtheilungen folgender maaßen vertheilt werden.

1. *Die erste Abtheilung befaßt die Allgemeinen Marineangelegenheiten, insbesondere die Engagirung und Organisirung des Marinepersonals, Abfassung von Vorschlägen, wegen Ernennung, Beförderung und Entlassung von Marineofficieren und Officianten, Absetzung und Entlassung niederer Angestellten, Ausarbeitung von Dienst- und Exerciervorschriften, sowie andere Instructionen sowie von Besoldungs- und Verpflegungsreglements, Correspondenz mit anderen Behörden, wegen des Marinepersonals, … sowie die Leitung und Beaufsichtigung des Marinepersonals in Betreff Disziplin, des Dienstes und der Uebungen. – In wie weit in dieser Beziehung nach Ernennung eines Höchstcommandirenden in der Marine Veränderungen eintreten werden, bleibt demnächstiger Bestimmung vorbehalten.*
2. *Zur zweiten Abtheilung gehören die auf den Bau, die Ausrüstung und die Armirung der Kriegsschiffe, die Equipirung und Bewaffnung des Marinepersonals, die Anschaffung und Aufbewahrung des sämtlichen Materials wie der Munition bezüglichen Geschäfte sowie die Inventarienführung über sämtliches Material.*
3. *Die dritte Abtheilung begreift das Casse- Rechnungs- Verpflegungs- und Lazarethwesen bei der Marine, insbesondere die Requisition, Hebung und Distribuirung der für die Marine bewilligten Gelder, die Buchführung darüber, die Besoldung, Verpflegung und Einquartierung des Marinepersonals, die Anschaffung und Aufbewahrung des Proviants, der Kohlenvorräthe und ähnlicher Bedürfnisse, Erwerb und Beaufsichtigung der erforderlichen Localitäten sowie des Mobiliars und anderen Geräths deshalb auch Entwerfung des Budgets …*

Ihren Sitz bezieht die *Commission* im damaligen *Sonnkalbschen Haus* an der heutigen Ecke *Sophienblatt/Herzog-Friedrich-Straße.*

Beim Aufbau dieser Marine geht es selbstverständlich nicht nur um den Bau und den Ankauf von Schiffen und deren Unterhaltung. Ohne eine ausgefeilte Infrastruktur zur Unterstützung der Flotte wäre die Marine nicht lebensfähig. Hier kommt Kiel als Hauptstützpunkt besondere Bedeutung zu: Die Stadt wird Flottenstützpunkt; das Oberkommando der Marine organisiert von hier aus den gesamten Betrieb der Streitkraft.

Die Flotte wird in drei Divisionen unterteilt: Die *Westsee*-Division in Tönning, die *Ostsee*-Division in Neustadt und die *Ersatz*-Division mit dem Heimathafen Kiel.

Weil Kommunikation im Kriege von mitentscheidender Bedeutung ist, ist die während der Erhebungszeit eingerichtete Fernmeldeeinrichtung der Marine, der optische Küstentelegraph, von besonderer Bedeutung in der Aufklärung und zur direkten Unterstützung der taktischen Operationen. Die Einrichtung wird nicht die gesamte Kriegszeit hindurch unterhalten, leistet jedoch im Einzelfall guten Dienst. Der Kieler Ausgangspunkt befindet sich auf dem Turm des

Station des optischen Küstentelegraphen auf dem Gettorfer Kirchturm.

Batterie bei Laboe.

Lokals *Felsenhalle*, gelegen zwischen der heutigen Max-Planck-Straße und dem Kreienbarg in der Nähe des Südfriedhofs.

Zum Schutze Kiels bestimmt die *Marine-Commission*, dass bei Düsternbrook eine Strandbatterie eingerichtet wird, die im März 1849 fertiggestellt ist. Da das Heer die Bemannung dieses Werks nicht stellen kann, übernimmt die Marine. Kurz darauf ergeht die Anordnung, die Batterie aufzulassen und an deren Stelle eine neue, näher bei der Stadt, zu errichten. So geschieht es; die neue Verteidigungsanlage erhält den Namen eines an seinen im Kampf empfangenen Wunden verstorbenen Armee-Offiziers, des Hauptmanns Carl von Delius. Weitere feste Artillerie-Stellungen bilden die *Laboer Schanze*, die den Eingang der Binnenförde bestreichen kann, und die Schanze bei Möltenort.

An der Kieler Förde wird schon lange Schiffbau betrieben. 1849 sieht die *Marine-Commission* die Notwendigkeit zur Gründung einer eigenen Werft; dieses wird genehmigt, und so entsteht zwischen Sandkrug und Ellerbek die erste staatliche Werft, eine Vorgängerin der späteren *Königlich-preußischen* und der *Kaiserlichen Werft*.

Der Ausbau der Infrastruktur setzt sich fort. Das Kanalpackhaus am Eider-Kanal in Holtenau wird zur Kaserne umgebaut mit zusätzlichen Funktionsräumen für den täglichen Dienstbetrieb. Ein Nebengebäude nimmt ein Hospital für leicht Erkrankte auf. In Kiel selbst entsteht ein höheren Ansprüchen genügendes Marinekrankenhaus mit dreißig Betten. Auch die *Westsee*-Division in Tönning verfügt über ein eigenes Hospital.

In Düsternbrook wird ein Haus als Waffendepot angemietet, dort ein Marinelaboratorium installiert, ein Pulverturm erbaut. Auch das Packhaus am Binnenhafen wird der Marinenutzung als Fouragedepot zugeführt.

Der Aufbau der Flotte selbst grenzt für dieses kleine, kriegsgebeutelte Land an ein Wunder. So berichtet das *Department des Kriegswesens* schon am 10. Februar 1849,

es habe mit dem Dampfschiff Christian VIII. (Bonin), dem Schooner Elben und dem Dampfschiff Kiel drei, was man größere Schiffe nannte, deren Brauchbarkeit aber noch zweifelhaft sei. Das zuerst erwähnte Dampfschiff sei noch in Umänderung, werde den 7. April fertig und könne dann 200 – 250 Mann Landungstruppen an Bord nehmen. An Kanonenbooten seien 4 vom Kieler Flottenverein, und 1 vom Rendsburger Frauenverein gebautes fertig. 7 Kanonenboote, davon 6 Ruder-, 1 Dampfschraubenboot seien noch im Bau; sie würden in Eckernförde, Arnis, Tönning, Glückstadt, Elmshorn und Nübbel gebaut; das letztgenannte werde 64 Fuß lang und erhalte eine Maschine von 36 Pferdekraft, mit der es eine durchschnittliche Geschwindigkeit von 6 Seemeilen per Stunde fahren könne und werde Heizmaterial für 30 Stunden haben. Von den Kanonenbooten erhalte jedes eine 60pfündige Bomben- und eine 30pfündige Vollkugelkanone von Lüttich. Dort seien im ganzen vierzig 60pfündige Bombenkanonen, à 2 476 Kilo bestellt, und würden sie in vier Serien à zehn Kanonen, geliefert. Die erste Serie sei unterwegs, die ferneren würden von fünf zu fünf Wochen folgen; anfangs April würden 30 Geschütze vorhanden sein. Von

Nutzung für die Marine: Das Kanalpackhaus am Eider-Kanal in Holtenau.

diesen seien 18 zur Armierung der Fahrzeuge bestimmt und 22 würden dann über den Bedarf zur Verfügung stehen.

Insgesamt verfügt die Schleswig-Holsteinische Marine bis zu ihrem Ende über folgende neunzehn bewaffnete Einheiten:

Das hochmoderne, in der Welt fast einmalige Dampfschraubenkanonenboot *Von der Tann*, die Raddampfer *Bonin* und *Löwe*, den Schoner *Elbe*, die Kanonenboote 2 bis 12, das Tauchboot *Brandtaucher*, das allerdings nicht zum Einsatz kommt, sondern bei einer Probefahrt verlustig geht, sowie über einen Segelkutter, einen Zoll- und einen Schleppdampfer. Die Flotte fährt zahlreiche Einsätze in ihren beiden Seegebieten und wird von der dänischen Marine durchaus ernst genommen.

Zum Schluss sei der überaus wichtige Personalfaktor schlaglichtartig beleuchtet:

Die Gewinnung qualifizierter Besatzungen ist die andere große Herausforderung der *Marine-Commission*. Mit viel Phantasie, ungeheurem Engagement und geradezu Abenteuermut wird sie bewältigt. Bis zu 826 Mann dienen an Bord ihrer Schiffe. In diesem Zusammenhang:

Eine wichtige Entscheidung für die personelle Zukunft ist bereits im Herbst 1848 getroffen worden, als am 31. Oktober im Hause der späteren *Commission* eine Schule zur Ausbildung des Seeoffiziernachwuchses einer künftigen deutschen Marine eingerichtet wird. Eintrittsalter ist das vollendete 12. Lebensjahr. Anregungen für die Lehrpläne liefern die Ausbildungsvorschriften Dänemarks und der Niederlande. Die theoretische Ausbildung begleiten Übungen auf See. Vier bis fünf Jahre soll die Ausbildung dauern, so dass zwar etliche junge Leute die Schule besuchen, keiner von ihnen jedoch einen regulären Abschluss erreichen kann. In der Folge der politischen Entwicklung schließt die Schule am 31. Mai 1851 ihre Pforten. Fachleute der Zeit loben die Qualität der Ausbildung. Die Kadetten wechseln zur preußischen Marine, treten in die Royal Navy ein, in Handelsmarinen oder wählen gänzlich andere Berufe.

Technische Avantgarde: ein erstes U-Boot.

1852: Kein gutes Ende für Schleswig-Holsteins Marine.

Die Jahre 1851 und 1852 sind, nach dem traurigen Scheitern der Erhebung, von der Abwicklung der Schleswig-Holsteinischen Marine bestimmt: Dänemark übernimmt das Gros der Schiffe, die Einrichtungen an Land werden weitgehend geschlossen, sind sie doch stumme Zeugen einer Rebellion, die als nachhaltiges Symbol für das Versagen der dänischen Politik und den Widerstandsgeist in den Herzogtümern im Schicksalsjahr 1848 andauernd im Gedächtnis des Landes bleiben wird. Eine besonders traurige Pointe in dieser Erzählung ist es, dass Prinz Noers Prognose, man werde doch nur für Dänemark bauen, sich am Ende bewahrheitet.

Schleswig-Holsteins und Kiels erste Marinegeschichte ist das Resultat des Beginns der Staatwerdung eines eigenständigen Schleswig-Holstein, zugleich untrennbar verknüpft mit der Gründung einer deutschen Marine durch die Nationalversammlung in Frankfurt. Doch auch ohne diese wäre die Schaffung einer eigenen Marine durch die schleswig-holsteinische Erhebung unabweisbar gewesen: Die Einschnürung des meerumschlungenen Landes durch die dänischen Seestreitkräfte verlangte dieses auf jeden Fall gebieterisch.

Mit der formellen Kommandoübergabe an die Dänische Marine am 4. März 1852 ist die Schleswig-Holsteinische zur Episode der Geschichte geworden und mit ihr Kiel als deren Hauptstützpunkt. Doch es wird Fortsetzungen geben.

„Sie bleiben in Kiel …“

Immer für Kiel: Vize-Admiral Jachmann.

Nach dem Zusammenbruch der schleswig-holsteinischen Erhebung gegen Dänemark endet im März 1852 Kiels erste kurze Geschichte als Marinestadt.

Unter dem erneuerten dänischen Gesamtstaatsregime tritt die Stadt zurück in ihre überkommenen Funktionen als Ort von Verwaltung, Justiz und Handel, als Sitz der Universität.

Das ändert sich erst wieder, als die politischen Verhältnisse im Norden 1864 zum Deutsch-Dänischen Krieg führen, den Dänemark nach kurzem Feldzug verliert, und es in der Folge dieser Niederlage seiner Rechte an den Herzogtümern verlustig geht. Die den Krieg tragenden Mächte Preußen und Österreich regieren und verwalten Schleswig und Holstein gemeinsam in der staatsrechtlichen Form des Condominiums. Differenzen belasten das Verhältnis von Beginn an. Hierzu gehört auch die ohne Konsultation des Verbündeten erfolgte Verlegung des preußischen Flottenstützpunktes, der Marinestation der Ostsee, von Danzig in die Kieler Förde im März 1865. Auf den matten Protest Wiens hin reagiert der preußische Ministerpräsident Otto von Bismarck gelassen-zynisch: Es stünde jeder der Parteien frei, an welcher Stelle der gemeinsam beherrschten Ostseeküste auch immer einen Stützpunkt zu errichten. Selbstverständlich ist in Berlin bekannt, dass Österreich ausschließlich in der Adria und dem übrigen östlichen Mittelmeer strategische maritime Interessen verfolgt.

So, wie Bismarck es im privaten Kreis bereits am Vorabend des Krieges angekündigt hat, plant er – vor jeder völkerrechtlich verbindlichen vertraglichen Regelung der Zukunft der Herzogtümer – das Projekt der vollen staatlichen Integration Schleswigs und Holsteins in Preußen als dessen jüngste Provinz. Fakten werden geschaffen.

Am 30. März 1865 erhält der mit Teilen seines Geschwaders vor Kiel ankernde Admiral Eduard Jachmann von seinem Oberbefehlshaber, Prinz Adalbert von Preußen, die Anweisung:

Sie bleiben in Kiel, wohin die Station verlegt werden soll. Ihre Flagge bleibt wehen.

Schicksalhaft für die Herzogtümer: Otto von Bismarck.

Dem war am 24. März die Order König Wilhelms I. vorausgegangen:

1. Die Marinestation der Ostsee ist von Danzig nach Kiel zu verlegen. 2. Demzufolge sind die Flotten-Stamm-Division, die Werft-Division, die Allgemeine Oekonomie Commission und das See-Bataillon unter Zurücklassung des Bedarfs für den Werft- und Wachtdienst von Danzig nach Friedrichsort eventl: nach Kiel zu dislocieren.

Beigeschlossen sind dieser Anordnung die Liste der nach Kiel zu verlegenden Schiffe und die zu berücksichtigenden logistischen Anforderungen.

Dass es so kommt, ist keine Selbstverständlichkeit. Heftige Grundsatzdebatten über diesen künftigen Standort sind vorausgegangen; auch nach dem Erlass des Verlegungsbefehls gibt es Widerstand. Noch im Februar 1865 gehen Marineminister Albrecht von Roon und Oberbefehlshaber Prinz Adalbert davon aus, dass die Marinestation der Ostsee in Danzig, wenngleich in gemindertem Umfang, erhalten bleibt. Kiel als künftiger Hauptstützpunkt spielt in keiner der angestellten Überlegungen zur Zukunft der Preußischen Marine zu dieser Zeit eine Rolle. Wohl aber ist man politisch und militärisch der Auffassung, dass die Kieler Bucht befestigt und stark geschützt werden müsse. Der große Zukunftsplan allerdings sieht die Anlage eines vollständig neuen Hauptkriegshafens im Jasmunder Bodden auf Rügen vor, vergleichbar dem nur wenige Jahre später für die Marine des Norddeutschen Bundes aus dem Nichts entstehenden Wilhelmshaven. Jasmund aber ist auch auf lange Sicht nicht finanzierbar, so dass eine zeitlich umfängliche Zwischenlösung notwendig wird.

Schon im Dezember 1864 hatte das Ministerium einen Plan für eine ausgedehnte Befestigung von Friedrichsort zum Schutz des Kieler Hafens vorgelegt. Die mit einhundertfünfundvierzig Geschützen und sieben Forts gewaltige Fortifikation wird auf Kosten von fast zweieinhalb Millionen Thalern geschätzt. Im Januar und Februar 1865 verfeinern die *Denkschrift über die Anlage eines Marine-Etablissements in der Kieler Bucht bei Friedrichsort* und das *Votum des Kriegs- und Marine-Ministers betreffend die Anlage eines Marine-Etablissements im Kieler Hafen* den Planungsstand. Im Vordergrund der Überlegungen der Denkschrift steht der wirksame maritime Schutz der *Elbherzogthümer*, der nur dann als gewährleistet angesehen wird, wenn zugleich der Bau mehrerer Panzer-Fregatten realisiert werde. Im Text heißt es:

Den angestellten Untersuchungen nach eignet sich die Friedrichsort zunächst liegende Bucht des Kieler Hafens vorzugsweise zu einer solchen Flottenstation, da, abgesehen von günstigen

Prinz Adalbert: „Vater“ der Preußischen Marine.

Ein Brandbrief von Bord der *Arcona*.

Wasserverhältnissen, das an dem Ufer anzulegende MarineEtablissement einem Bombardement von der Seeseite entzogen, auch gegen ein solches von der Landseite mit verhältnismäßig geringen Kosten sichergestellt werden kann (…) Mit der Herstellung eines solchen Marine-Etablissements in der Kieler Bucht muss sogleich vorgegangen werden, weil der den Herzogthümern Schleswig-Holstein zu gewährende Schutz eine Beschleunigung des Baues einiger Panzer-Fregatten als Kern der eigentlichen Schlacht-Flotte erforderlich macht.…

Doch so weit ist es noch lange nicht. Der den Planungsstand in Berlin recherchierende, absolute Befürworter Kiels als künftigem Hauptkriegshafen der Preußischen Marine Admiral Jachmann stößt im Ministerium nach seinem Eindruck auf Pessimismus und Verzagtheit. Als der prominenteste der im Deutsch-Dänischen Krieg kampferprobten Offiziere der Flotte beschließt er, der Sache einen – möglichst entscheidenden – kraftvollen Schub zu verleihen. Am 20. Februar 1865 verfasst er in Kiel, wo er sich auf seinem Flaggschiff *Arcona* befindet, einen Brandbrief an Adalbert. Er schildert die Lage in den Herzogtümern in Bezug auf die Situation Preußens und seiner Flotte dort und lässt sein Schreiben in diese Forderungen gipfeln:

Als das, was die Marine zu erstreben habe und sich als nächstes Ziel stecken müsse, schien mir

1. *Indiensthaltung eines Ostseegeschwaders von drei Schiffen und einem Aviso.*
2. *Verlegung des Marine Commandos und des gesamten Seedienstes, mit Ausnahme der Werft, von Danzig nach Kiel.*
3. *Besetzung von Friedrichsort durch die Marine.*
4. *Ernennung Kiels zum Kriegshafen, Commando eines Admirals und ausschließlichen Seeplatz.*

Seine Einflussnahme trägt Früchte, einen Monat später erreicht er sein Ziel: Kiel wird Standort der Marinestation der Ostsee.
Zugleich stößt Jachmann in Verbindung mit diesem Projekt die Schaffung eines die Ost- mit der Nordsee verbindenden Kanals an, dessen Realisierung allerdings noch dreißig Jahre auf sich warten lassen wird:

Der projektierte Canal ist von großem und ich möchte sagen hauptsächlichem Interesse für die Flotte, eine geeignete Einwirkung auf die Anlage desselben darf die Marine sich nicht entgehen lassen.

Obwohl mit dem 24. März 1865 die Entscheidung getroffen ist, gibt es dennoch Widerstand durch den Generalstabschef des Heeres, Generalleutnant Hellmuth von Moltke. Er will nicht anerkennen, dass mit der Entscheidung für Kiel letztlich schon mehr als nur eine provisorische, nämlich eine nachhaltige getroffen wurde. Er hält am – auch vordergründig offiziell noch vertretenen – Gedanken des Provisoriums fest und sieht die Flotte ungleich kostengünstiger vor Sonderburg stationiert. Das Problem der dort nicht vorhandenen Infrastruktur ignoriert er.
Obwohl die Macht des Faktischen, nämlich die der Finanzen, Jasmund längst in utopische Fer-

ne gerückt hat, führt das Ministerium Moltke gegenüber das, was man getrost als Scheingefecht qualifizieren darf. Es räumt ein,

daß für die Vertheidigung der Preußischen Ostseeküsten die Stationierung der Flotte im Jasmunder Bodden entschieden der Vorzug vor jedem anderen Orte verdienen würde; daß in dieser Hinsicht schon Kiel nicht günstig liegt.

Sonderburg allerdings sei noch ungünstiger. Weiterhin sei Jasmund der richtige Hauptkriegshafen; aber:

Um den Elbherzogthümern einen wirksamen maritimen Schutz angedeihen lassen zu können, würde es indessen nötig sein, einen Neben-Kriegshafen an ihrer Ostsee-Küste – auch selbst wenn schon ein Hauptkriegshafen im Jasmunder Bodden existierte – zu gründen.

Nur Nebelkerzen, kein Bezug mehr zur Realität, die sich ganz anders entwickelt. Moltke gibt nicht auf, setzt beim König die Einberufung einer Kommission durch; dieser macht Jachmann zum Vorsitzenden! Einstimmiges Votum für

Widerstand gegen Kiel: Hellmuth von Moltke (Mitte).

Kiel. Eine von Moltke persönlich eingesetzte Kommission: ohne Bedeutung.

Während dieser Zeit verschärfen sich die Spannungen zwischen den Besatzungsmächten Österreich und Preußen stetig. Um wenigstens eine geordnete Verwaltung, unter Beibehaltung gemeinsamer Souveränität, zu gewährleisten, schließen die Mächte am 14. August 1865 die so-

Schön, aber ungeeignet: Der Hafen von Sonderburg.

Preußen rüstet auf: Maskierte Batterie bei Laboe …

genannte *Gasteiner Convention* ab, die vorsieht, dass Österreich Holstein, Preußen Schleswig verwalten soll. Kiel betreffend enthält der Vertrag die Regelung zu Artikel 2.:

Die hohen Contrahenten wollen im Bunde die Herstellung einer deutschen Flotte in Antrag bringen, und für dieselbe den Kieler Hafen als Bundeshafen bestimmen. Bis zur Ausführung der desfallsigen Bundesbeschlüsse benützen die Kriegsschiffe beider Mächte diesen Hafen und wird das Kommando und die Polizei über denselben von Preußen ausgeübt. Preußen ist berechtigt, sowohl zur Vertheidigung der Einfahrt Friedrichsort gegenüber die nötigen Befestigungen anzulegen, als auch auf dem holsteinischen Ufer der Bucht, die dem Zweck des Kriegshafens entsprechenden Marine-Etablissements einzurichten. Diese Befestigungen und Etablissements stehen gleichfalls unter preußischem Kommando, und die zu ihrer Benutzung und Bewachung erforderlichen preußischen Marinetruppen und Mannschaften können in Kiel und Umgebung einquartiert werden.

…und 96-Pfünder in Friedrichsort.

Obwohl es hierzu in Folge des Deutsch-Deutschen Krieges 1866 nicht mehr kommen wird, gibt der Text doch Hinweis auf die starke Position, die Kiel inzwischen in der Planung Bismarcks einnimmt. Jasmund ist dabei, in Vergessenheit zu geraten, und so tritt es auch ein.
„Gastein“ beflügelt die Marineplaner in Kiel geradezu. Zahlreiche Gebäude und Grundstücke werden erworben, ein Depot angelegt, eine Werft gebaut, die Mannschaftsstärke der Garnison entscheidend aufgestockt. Praktisch das gesamte Ost-Ufer der Förde von Laboe bis Dorfgarten (Teil des heutigen Gaarden) sowie Teile von Düsternbrook und der Wik werden der preußischen Marine freier Hand zur Verfügung gestellt; vielfach über die Köpfe der betroffenen Gebietskörperschaften hinweg. Damit wird das Handlungsschema vorweggenommen, das von nun an das Verhältnis der Marine zu Kiel und den Förde-Gemeinden prägt.

Anhaltende Querelen um die Herzogtümer sind Preußen 1866 erwünschter Vorwand für die Führung des Deutschen Krieges gegen das Kaisertum Österreich, der mit dessen Niederlage endet. Dessen Ausgang besiegelt zugleich das Schicksal des Deutschen Bundes, der für einundfünfzig Jahre die Klammer zwischen den deutschen Staaten gebildet hat. Fortan ist eine Rolle der Donaumonarchie in den „deutschen Dingen“ nicht mehr existent. Auch eine der Folgen des Krieges ist es, dass Schleswig und Holstein im Januar 1867 zur preußischen Provinz werden.

Neues Personal in der Festung Friedrichsort.

Nach Kriegsende bildet sich nördlich des Main eine neue staatliche Ordnung: Es entsteht der *Norddeutsche Bund*, dessen Verfassung am 1. Juli 1867 in Kraft tritt. Gemäß Artikel 1. besteht das Bundesgebiet aus den Staaten Preußen mit Lauenburg, Sachsen, Mecklenburg-Schwerin, Sachsen-Weimar, Mecklenburg-Strelitz, Oldenburg, Braunschweig, Sachsen-Meiningen, Sachsen-Altenburg, Sachsen-Coburg-Gotha, Anhalt, Schwarzburg-Rudolstadt, Schwarzburg-Sondershausen, Waldeck, Reuß ältere Linie, Reuß jüngere Linie, Schaumburg-Lippe, Lippe, Lübeck, Bremen, Hamburg, und aus den nördlich des Main gelegenen Teilen des Großherzogtums Hessen. Für Kiel ist der *Marine und Schifffahrt* übertitelte *Teil IX. Art. 53.* geradezu schicksalhaft:

Die Bundes-Kriegsmarine ist eine einheitliche unter Preußischem Oberbefehl. Die Organisation und Zusammensetzung derselben liegt Seiner Majestät dem Könige von Preußen ob, welcher die Offiziere und Beamten der Marine ernennt, und für welchen dieselben nebst den Mannschaften eidlich in Pflicht zu nehmen sind.

Der Kieler Hafen und der Jadehafen sind Bundes-Kriegshäfen.

Der zur Gründung und Erhaltung der Kriegsflotte und der damit zusammenhängenden Anstalten erforderliche Aufwand wird aus der Bundeskasse bestritten.

Die gesammte seemännische Bevölkerung des Bundes, einschließlich des Maschinenpersonals und der Schiffshandwerker, ist vom Dienste im Landheere befreit, dagegen zum Dienste in der Bundesmarine verpflichtet.

Die Vertheilung des Ersatzbedarfes findet nach Maaßgabe der vorhandenen seemännischen Bevölkerung statt, und die hiernach von jedem

Fette Beute: Schleswig und Holstein fallen an Preußen.

Staate gestellte Quote kommt auf die Gestellung zum Landheere in Abrechnung.

Preußen bringt seine Flotte in die neu entstehende *Bundes-Kriegsmarine* ein. Am 1. Oktober 1867 steigt auf den Schiffen die neue schwarz-weiß-rote Flagge auf, die preußische wird eingeholt. Den Oberbefehl übernimmt Prinz Adalbert von Preußen, Organisation und Verwaltung werden nach dem Schema der Preußischen Marine geregelt. Das Marineministerium führt der preußische Kriegsminister, zu dieser Zeit der General von Roon. Der wie ein Löwe für Kiel gekämpft hat, der Admiral Jachmann, wird mit der Leitung des *Marine-Departments* belohnt.

Schon im November des Jahres 1867 nimmt der Bundestag den von Prinz Adalbert verantworteten Flottengründungsplan an, der sich ehrgeizige Ziele setzt: In zehn Jahren den Bau von sechzehn Panzerschiffen, für den Dienst in Übersee zwanzig Kreuzerfregatten und -korvetten sowie acht Avisos und zweiundzwanzig (Dampf-)Kanonenboote. Schon zu dieser Zeit zielt der Ehrgeiz der Marine hoch: Noch 1867 werden Auslandsstationen begründet, um den Einsatz der Flotte weltweit abzustützen: Ihre Zuständigkeiten umfassen Ostasien, Ostafrika, Ostindien, sodann die Ostküste Nordamerikas bis Westindien hinunter, die Westküste Amerikas, die Ostküste Südamerikas sowie das Mittelmeer.

Die Entwicklung beeindruckt: 1868 läuft die Panzerfregatte *König Wilhelm* vom Stapel, bis 1891 größte Einheit der Marine. 1869 dann die

Einweihung des neuen Bundes-Kriegshafens Wilhelmshaven an der Jade, 1853 vom Großherzogtum Oldenburg erworben. 1870 läuft unter dem Kommando des Prinzen Adalbert der erste Panzerschiffsverband, bestehend aus *König Wilhelm*, *Kronprinz*, *Friedrich Carl* und *Prinz Adalbert*, zu Übungen in den Nordatlantik.

Die Geschichte der Marine des Norddeutschen Bundes ist eine kurze, darf aber durchaus als Erfolgsgeschichte gewertet werden. Wenngleich sie im Deutsch-Französischen Krieg nur wenig zum aktiven Einsatz kommt, was Offiziere und Mannschaften tief frustriert, so hält doch ihre wachsame Anwesenheit Frankreich mutmaßlich von Angriffen und dem Versuch von Landungen an den Küsten des Bundes ab. Nach der Gründung des Deutschen Kaiserreichs am 18. Januar 1871 geht die Marine des *Norddeutschen Bundes* in der *Kriegsmarine des Reichs* auf. Wiederum *Abschnitt IX. Artikel 53* der Reichsverfassung vom 16. April 1871 regelt deren Verhältnisse:

In blauer Umrandung: Der Norddeutsche Bund 1867 bis 1871.

Schlesw.-Holstein. Landesbibliothek KIEL
Plan
der Stadt Kiel
und Umgegend.
Nach Vermeſsungen von
H. Speck.
zusammengestellt und mit der Feder
auf Stein gezeichnet von
W. H. Meyer.
1866.
Alte
Duben
Prüner Schlag
horst
Brunswiek
Stadtfeldkamp
Papenkamp
Militair Schiessbahn
Neuer Kirchhof
Moorteichs wiese
Moor wiese
Bergkoppel
Kirchhof
Lehmbrook
Krusenrotte
Hornheim
Viehburg
Viehburger Gehölz
Poppenbrügge
von Altona
nach Barkau
nach Bornhöved
Gaarden
Bemerkungen

Preußische Marineplanungen für Kiel 1868: nicht alle sind zu realisieren *wegen Überfluß an Geldmangel.*

Bis 1891 größtes Schiff der Flotte: SMS *König Wilhelm.*

Die Kriegsmarine des Reichs ist eine einheitliche unter dem Oberbefehl des Kaisers. Die Organisation und Zusammensetzung derselben liegt dem Kaiser ob, welcher die Offiziere und Beamten der Marine ernennt, und für welchen dieselben nebst den Mannschaften eidlich in Pflicht zu nehmen sind.

Der Kieler Hafen und der Jadehafen sind Reichskriegshäfen.

Der zur Gründung und Erhaltung der Kriegsflotte und der damit zusammenhängenden Anstalten erforderliche Aufwand wird aus der Reichskasse bestritten.

Die gesammte seemännische Bevölkerung des Reichs, einschließlich des Maschinenpersonals und der Schiffshandwerker, ist vom Dienste im Landheere befreit, dagegen zum Dienste in der Kaiserlichen Marine verpflichtet.

Die Vertheilung des Ersatzbedarfs findet nach Maßgabe der vorhandenen seemännischen Bevölkerung statt, und die hiernach von jedem Staate gestellte Quote kommt auf die Gestellung zum Landheere in Abrechnung.

Das Vorhaben dieser neuen Streitmacht wird ein gigantisches, Kiel führt es in ungeahnte Höhen.

Auf dem Kieler Schloss

Mit Erlass vom 16. August 1873 fügt König Wilhelm I. von Preußen seinen übrigen Titeln die Titel *Herzog von Schleswig* und *Herzog von Holstein* bei. Die Hauptschilde seines Großen und seines Mittleren Wappens werden um die heraldischen Symbole der beiden Herzogtümer ergänzt:

Für Holstein:
Im roten Felde ein von Silber und Rot quergeteiltes Schildlein, welches an den beiden oberen Ecken und am unteren Rande von je einem silbernen, mit der Spitze einwärts gekehrten Nagel, am oberen Rande aber und an beiden Seiten von je einem silbernen Nesselblatt begleitet ist.

Kluge Schachzüge: Der künftige Kaiser Wilhelm II. wird verlobt mit einer schleswig-holsteinischen Prinzessin …

Für Schleswig:
Im silbernen Felde zwei übereinander gehende, blaue, rotbezungte Löwen.

Damit ist der staatsrechtlichen Aneignung der Provinz Schleswig-Holstein in den Verband des Königreichs Preußen die heraldische sowie haus- und protokollrechtliche durch die Hohenzollern gefolgt.

So hat sich diese Familie in die lange Reihe der schleswigschen und holsteinischen Herzöge eingereiht, die, in wechselnder dynastischer und regionaler Konstellation, das Land zur Gänze oder in Teilen regiert hatten. Einfach wird den neuen Herzögen ihre „Integration" in Schleswig-Holstein nicht, ist es doch der Traum fast aller politisch maßgeblichen Schleswig-Holsteiner nach 1864 gewesen, in einem souveränen (Groß-) Herzogtum im Deutschen Bunde über ihr eigenes Schicksal bestimmen zu können.

Doch über die Jahrzehnte gelingt es der Familie, die Landeskinder für sich zu gewinnen.

Sehr dazu bei trägt im Jahre 1881 die Hochzeit des Prinzen Wilhelm mit der Augustenburger Prinzessin Auguste Victoria, für deren Vater, Herzog Friedrich VIII., er als Kaiser im Jahre 1900 im Düsternbrooker Gehölz ein Denkmal errichten lässt. Friedrich ist 1864 der Prätendent der schleswig-holsteinischen Unabhängigkeitsbewegung gewesen.

Auch die Erziehung der späteren Kaisersöhne in Plön sollte zur Aussöhnung beitragen.

Ganz wichtig aber für die Verankerung des Hauses in der neuerworbenen Provinz ist die Person Heinrichs, des jüngeren Enkelsohnes Wilhelms I., der für die Laufbahn eines Marineoffiziers bestimmt wird und, 1862 in Potsdam geboren, von 1877 bis 1918 Dienstsitz und Wohnung in Kiel nimmt und bis zu seinem Tode im Jahre 1929 ein Refugium in Hemmelmark bei Eckernförde besitzt.

Seine erste Zeit in der Marine verbringt er an der Marineschule in der Muhliusstraße in Kiel.

Das Leben in der Kaserne und an Bord der Schiffe, auf die er kommandiert ist, endet mit der Volljährigkeit Heinrichs im Jahre 1881, als der Großvater ihm das Kieler Schloss als feste Residenz zuweist. Es hätte auch eine Villa in Düsternbrook sein können. Dass es das Schloss, eine recht verwahrloste Liegenschaft der Provinz, wird, ist eine weitere kluge Geste gegenüber Schleswig-Holstein. Neben der bedeutenden Repräsentanz des Königs von Preußen als Herzog über das Land und der Bestimmung Kiels zum Hauptkriegshafen der Kaiserlichen Marine, ist der Einzug des Enkels des Kaisers in das Kieler Schloss eine große Verbeugung vor der Geschichte des Landes und der gelungene Versuch der Betonung der Kontinuität dieser Geschichte durch den neuen Landesherrn. Schleswig-Holstein, Kiel und deren Bevölkerung erkennen den Wert dieser Geste und akzeptieren sie. Im Laufe der Jahrzehnte wächst der Bewohner des Kieler Schlosses gleichsam in die Position eines informellen Statthalters für den Großvater Wilhelm I., den Vater Friedrich III. und den Bruder Wilhelm II. hinein. Kiel wird so auch zu einer Quasi-Residenz-Stadt von Königreich Preußen und Kaiserreich, eine Position, die sich durch die ab dem Ende der 80er Jahre sich häufenden Besuche und Aufenthalte des Kaisers im Schloss noch verstärkt. Je intensiver später die Beziehungen Wilhelms II. zur Marine werden, desto größer wird die Bedeutung des Schlosses mit seinen königlich-kaiserlichen Räumlichkeiten auch eben als politisches Symbol. In Kiel

… und der Schwiegervater bekommt ein Denkmal.

Auf dem Kieler Schloss: Prinz Heinrich von Preußen …

Hatten kein Glück miteinander: Zar Peter III., gebürtiger Kieler, und Katharina II.

wird die Wohnungnahme der Fürsten in *dem* historischen Bau der Stadt als deutliche Aufwertung des Ortes empfunden, mit Recht. Man ist und bleibt dankbar dafür.

Im Bereich des späteren Schlossareals dürfte durch den Stadtgründer Adolf von Schauenburg ab 1242 eine Burg zum Schutze der jungen Ansiedlung errichtet worden sein. Im 15. Jahrhundert wird der Platz zum Schloss umgebaut und erweitert. Später ist es Nebenresidenz der Herzöge von Schleswig-Holstein-Gottorf, die von Gottorf aus regieren. Im Laufe der hochkomplexen Geschichte der Herzogtümer Schleswig und Holstein wird es, als Schleswig an Dänemark verloren geht, zeitweilig Hauptsitz des Herzogs Karl Friedrich, dessen Sohn Karl Peter Ulrich hier geboren wird.

Eine Zarin hatte das Kieler Schloss neu gestaltet.

Nach dem frühen Tod seines Vaters wird er 1739 Herzog von Holstein-Gottorf. 1742 bestimmt ihn die kinderlose Zarin Elisabeth zu ihrem Nachfolger. Sowohl am russischen als auch am dänischen Hof ist man daran interessiert, das Verhältnis zwischen den beiden Staaten auf friedlichem Wege zu regeln. So gibt es seit 1744 Verhandlungen, in denen der Gedanke erwogen wird, das Haus Gottorf für den Verlust seines Anteils am Herzogtum Schleswig durch die Grafschaften Oldenburg und Delmenhorst zu entschädigen. Eine Verständigung ist jedoch nicht möglich, weil Peter einzig und allein über eine Rückgabe der Schleswiger Besitzungen verhandelt will. 1762 tritt er die Nachfolge von Kaiserin Elisabeth an. Er plant sogleich einen Krieg gegen Dänemark. Dazu kommt es jedoch nicht: 1762 entthront Sophia, die Frau des Kaisers, ihren Mann und übernimmt als Katharina II. die Macht. Nach seinem baldigen Tod übernimmt die Kaiserin das Regiment in Kiel und lässt den inzwischen entstandenen Renaissancebau in eine opulente barocke Residenz umgestalten. Auch sie will den Ausgleich mit Dänemark. Sie überträgt zunächst ihrem minderjährigen Sohn Paul das Herzogtum Holstein. Für ihn wird jetzt durch den berühmten Caspar von Saldern verhandelt. Das Ergebnis des erst einmal provisorischen Vertrages sieht den Verzicht des Hauses Romanow-Holstein-Gottorf auf die Gebietsansprüche als Herzöge von Holstein-Gottorf vor. Ein bestimmter Anteil am Herzogtum Holstein geht an Dänemark direkt. Das Haus Romanow erhält dafür die Grafschaften Oldenburg und Delmenhorst. Dieser Vertrag tritt nach der Volljährigkeit Pauls als Vertrag von Zarskoje Selo 1773 in Kraft. Holstein und Schleswig haben jetzt nur noch einen herzoglichen Landesherrn in der Person des Königs von Dänemark. Jetzt ist das Schloss mit Ausnahme der Erhebungszeit bis 1864 im Besitz der dänischen Kö-

Nach dem Umbau: Eine Mauer schützt die Bewohner.

nige. Von 1848 bis 1851 tagt hier die Landesversammlung, während des Krieges von 1864 ist es Lazarett, von 1866 bis 1879 residiert auf dem Schloss der preußische Oberpräsident Carl von Scheel-Plessen in heruntergekommener Pracht.

Geschichtsträchtig und symbolmächtig also ist der neue Wohnsitz des Prinzen von Preußen. Nach dem auf seine Bedürfnisse zugeschnittenen, unaufwändigen Umbau bezieht er in der ersten Etage sein Junggesellen-Appartement samt seinem Haushalt, dessen Angehörige im West-Flügel des Hauses leben. Dem jungen königlichen Prinzen stehen ein Kammerdiener, ein Lakai, zwei Hausdiener, ein Hausmädchen, eine Arbeitsfrau, ein Koch, eine Küchenfrau, ein Reitknecht, zwei Kutscher, ein Stallmann und ein Buchhalter jederzeit zur Verfügung. Mobiliar und Porzellan werden aus Berlin angeliefert.

Nach der Verlobung mit der hessischen Prinzessin Irene im Jahre 1887 wird ein weiterer Umbau dringlich, der unter erheblichen technischen Schwierigkeiten vonstattengeht und in der Abrechnung weit über der Kostenschätzung liegt: 1.000.000 Mark veranschlagt, 1.453.681,84 Mark abgerechnet, dazu 20.000 Mark für die Neuanlage des Schlossgartens, weitere 20.000 Mark für die Ergänzung der Inneneinrichtung.

Im Zuge dieses Umbaus werden auch die vorhandenen kaiserlichen Räume neu gestaltet. Sie liegen zur Dänischen Straße hin, im Erdgeschoss das Schlafzimmer des Kaisers mit Nebengelassen, sein Arbeitszimmer hat – natürlich – Fördeblick. Repräsentationsräume sind Wappen- und Rittersaal.

Im ersten Geschoss erstreckt sich der Weiße Saal, dort befinden sich auch die von Heinrich besonders gepflegte Bibliothek, sein Arbeits- und das Billardzimmer. Speisezimmer, Empfangssalons. Die Wohn- und Schlafzimmer vervollständigen das Ensemble.

Angemessenes Ambiente auf dem Kieler Schloss.

Wachen über die Bewohner: Christian Albrecht und Friedrich Wilhelm.

Fürstliche Porträts und Heinrichs Reisemitbringsel aus aller Welt schmücken die Appartements der Brüder.

Am 10. August 1888 bezieht das junge Ehepaar das Schloss, Heimat für Jahrzehnte. Die Huldigung, die den beiden durch die Kieler Bevölkerung dargebracht wird, ist herzlich. Die Magistratsmitglieder, Vertreter von Verbänden, Vereinen, Korporationen, Bürgerinnen und Bürger haben, festlich gewandet, Aufstellung genommen. Nicht endend wollend brandet immer wieder Jubel auf. Ein Festspiel mit *Neptun* und *Kilia* wird aufgeführt. Die Provinz schenkt eine *Diana*, eine Arbeit von Adolf Brütt, die Ritterschaft einen silbernen Tafelaufsatz. Die Stadt Kiel trägt einen Brunnen bei, gestaltet von Eduard Lürssen, gekrönt von der *Kilia* als allegorischer Darstellung der Stadt. Der Magistrat hätte sie gern, zur Freude der Bevölkerung, vor dem Schloss im öffentlichen Raum gesehen; Heinrich entscheidet sich für den Innenhof, leichte Enttäuschung bei den Kielern. Aber ansonsten, von der Stimmung her: „Kaiserwetter".

Der hohe Rang Heinrichs – nicht als Marineoffizier, sondern als Vertreter seines Hauses – kommt auch darin zum Ausdruck, dass das ihm in Kiel zugeordnete Hofmarschallamt nicht autonom agiert, sondern protokollarisch und organisatorisch dem Oberhofmarschall- und dem Zeremonienamt in Berlin untersteht. Sämtliche Vorgänge, die Handlungen des Prinzen zur Folge hätten haben können, insbesondere natürlich die Wahrnehmung von Repräsentationsterminen, sind nach Berlin zu leiten und werden dort entschieden. Bei einem Kaiserbruder kann nichts dem Zufall überlassen bleiben. Heinrich empfängt ausländische Staatsmänner, Diplomaten, Kommandeure und Kommandanten der Kaiserlichen Marine und ausländischer Flotten, Vertreter aus Wirtschaft und Politik, recht selten Vertreter der Stadt Kiel und der Universität. Über alldem wacht Berlin.

Den Winter bestimmt das rege Ballleben, von besonderer Bedeutung für die Familien „tanzender Töchter", das heißt, derjenigen jungen Frauen, die es „unter die Haube zu bringen" gilt.

Heinrich und Familie sind in Kiel außerordentlich beliebt, obwohl sie ein zurückgezogenes Leben führen. Ihre öffentlichen Auftritte werden bejubelt. Bei jeder sich bietenden Gelegenheit, etwa der Geburt der Kinder, werden Umzüge veranstaltet und andere Huldigungen dargebracht. Das Paar akzeptiert all das gern. Heinrich dankt stets mit liebenswürdiger Höflichkeit, aber, wie es sich für einen Seemann gehört: Er macht nicht viele Worte. Dass er das Plattdeutsche vollkommen zwanglos beherrscht, steigert seine Volkstümlichkeit enorm.

Der Prinz sorgt sich sehr um die geistliche Betreuung der Marineangehörigen. Er fördert den Bau der Garnisonkirchen, in Friedrichsort den Bau der hölzernen Kirche für die Werftmitarbeiter und deren Angehörige, aber auch der Jacobi-Kirche am Knooper Weg.. Aus Dankbarkeit für Heinrichs Unterstützung wird in den Grundstein der katholischen Garnisonkirche St. Heinrich ein Bild des Kaiserbruders gegeben.

1899 wird nach intensiver Förderung durch den Prinzen ein Seemannsheim für die Unteroffiziere und Mannschaften der Kieler Garnison und der hier liegenden Schiffe eröffnet.

Die Bitte um Mitgliedschaft in wohltätigen Vereinen schlägt er selten aus. Die Stadt Kiel dankt es ihm. 1911 wird er ihr Ehrenbürger. 1912 erhält er von der Christian-Albrechts-Universi-

Exklusiv im Schloßhof: die *Kilia*.

Entspannt im Schlossgarten, Wilhelm posiert hinten links.

tät die Würde eines Doktor der Philosophie honoris causa verliehen.

Gut vierzig Jahre lebt Prinz Heinrich als Repräsentant seines Hauses auf dem Kieler Schloss. Seine Verwurzelung in Stadt und Land, die noch tiefer wird, als er das Gut Hemmelmark bei Eckernförde als Wochenend- und Sommersitz erwirbt, ist das gelungene Werk einer ursprünglich politisch kühl kalkulierten Implementierung eines Angehörigen des Hauses Hohenzollern, des neuen Herzoghauses, in der – noch – sperrigen neuen Provinz Schleswig-Holstein. Für den Prinzen auf dem Schachbrett werden Kiel und Hemmelmark dann aber zur wahren Heimat.

Heinrich erweist sich in der langen Zeit als würdiger Vertreter seiner Familie. In seiner ruhigen Art passt er zum Land.

Heinrich – ein *Sailor Prince* in Kiel

Doch ist Heinrich nicht nur der Repräsentant seines kaiserlichen Großvaters, Vaters und Bruders und seiner herzoglich schleswig-holsteinischen Familie auf dem Kieler Schloss in der langen Traditionslinie der Bewohner dieses Hauses. Er nimmt zudem – später sollen noch Neffe und Sohn hinzukommen – die für die Marine und das Haus Hohenzollern eminent wichtige Rolle eines *Sailor Prince* ein.

Drei königliche Prinzen von Preußen aus kaiserlichem Hause als „Bürger Kiels" – mehr dynastischer Glanz in der Stadt ist kaum vorstellbar: Prinz Heinrich, Bruder des Kaisers, Prinz Adalbert, dessen drittgeborener Sohn, und Prinz Sigismund, Sohn des Kaiserbruders Heinrich.

Alle drei sind sie Offiziere der Kaiserlichen Marine. Alle drei stehen sie einerseits in der Tradition der Preußischen Marine und des Prinzen Adalbert von Preußen, der mit Recht als deren Gründer gesehen wird.

Prinz Heinrich: Kapitän zur See 1889.

Alle drei aber sind sie zugleich auch Teil eines modernen national- und familienpolitischen Programms.

Denn sie gehören zum Projekt der *Sailor Princes*, das besonders im 19. Jahrhundert dazu führt, dass jüngere Söhne europäischer Herrscherhäuser planmäßig in den Marinen ihrer Staaten platziert werden. Immer nehmen dabei die Seestreitkräfte die besondere Rolle einer Identifikationsplattform ein, deren Bedeutung durch die kaiserlichen und königlichen Präsenzen nur noch unterstrichen und erhöht wird.

Sailor Princes gibt es in neuen Staaten wie dem Deutschen Reich von 1871 und Griechenland, aber auch in altehrwürdigen wie Großbritannien, Dänemark und Russland. Was sie aber alle miteinander verbindet, ist, dass die Flotte in hohem Maße Symbol der nationalen Identität ist, aus ganz unterschiedlichen Gründen.

In Großbritannien ist die *Royal Navy* Erinnerungsträgerin der Überwindung der Spanischen Armada 1588, als Philipp II. Elisabeth I. vom Thron fegen wollte, und sie ist das Symbol der Weltherrschaft des Empire seit Admiral Horatio Nelson am 21. Oktober 1805 die vereinigte französisch-spanische Flotte im Dritten Koalitionskrieg beim Cap Trafalgar in den Grund bohrt und damit ein Jahrhundert britischer Vorherrschaft zur See begründet: *Rule, Britannia! Britannia rule the waves!* Dem familiären Engagement der *Royal Family* kommt entgegen, dass die Marine die Waffengattung ist, die sozusagen dem Königshaus „angehört", während die *British Army* für den Kenner der englischen Geschichte schon in ihrer Bezeichnung signalisiert, dass sie eine Armee ist, die eben nicht *Royal* ist: Unter der Diktatur Oliver Cromwells wird das Heer zu einer Parlamentsarmee, eine Konstruktion, die die wiedererrichtete Monarchie achtet, und die so – im Grundsatz bis heute – den Charakter der britischen Landstreitkräfte bestimmt.

In dem hier betrachteten Zeitraum ist es Prinz Alfred, zweiter Sohn der Königin Victoria und des Prinzen Albert, den das Haus Sachsen-Coburg-Gotha in den *Senior Service*, wie die Marine auch bezeichnet wird, entsendet. Das im Ersten Weltkrieg in Windsor umbenannte Haus behält diese Tradition bei. Jüngste Beispiele sind die Söhne Königin Elisabeths II., Charles und Andrew, die beide ihren Dienst bis zum Range von *commanders*, Korvettenkapitänen, in der *Royal Navy* ableisten.

Der 1844 geborene Alfred kommt zwar, wie alle *Sailor Princes*, aus politischem Kalkül zur Marine, hat aber selbst auch eine starke persönliche Neigung zum Dienst auf See, den er 1856 im Alter von zwölf Jahren als Kadett antritt, eine Neigung, die er mit seinen hier vorgestellten Kameraden durchaus teilt. Keiner von ihnen ist unglücklich in dem Beruf, für den er bestimmt ist. Alfred wird ein glänzender Offizier, der vermutlich auch ohne seine königliche Abstammung die Admiralsränge erreicht hätte. Von strenger Pflichterfüllung beseelt, gilt er seinen Vorgesetzten und Kameraden als ausgesprochen guter Kommandeur. Ein Glücksfall für das Königshaus.

Dänemark, die alte Seemacht des Nordens, hat nach zwei verheerenden Angriffen der Briten auf Kopenhagen in den Jahren 1801 und 1807 seine gesamte Flotte verloren und diese in den Jahrzehnten danach mühsam und unter enormen finanziellen Anstrengungen wieder zu einer regionalen Ostsee-Streitkraft aufgebaut. Die neue Flotte ist Symbol für die Heilung der Kränkung, die diese traditionelle Handels- und Kriegsmarinenation hatte hinnehmen müssen. Ihre Aufgabe ist es also auch, die Erinnerung an die große Schmach zu mildern.

Klug ist es daher, dass König Christian IX. aus dem Hause Schleswig-Holstein-Sonderburg-Glücksburg seinen jüngsten Sohn Waldemar 1875 als Kadett in die Marine entsendet, deren höchste Ränge er erreichen wird. Hinzu kommt, dass das Haus seinen Thron der Londoner Konferenz verdankt, die am 8. Mai 1852 den endlos schwelenden Streit um die Nachfolge des Hauses Oldenburg, das absehbar ohne männliche Erben in der aktuellen Generation bleiben sollte, beendet und die im Herzogtum

Sailor Prince Alfred.

Waldemar der Däne.

Schleswig beheimateten Glücksburger zum künftigen Herrscherhaus bestimmt.

Es ist eine kühne, riskante Entscheidung Christians angesichts der immer noch aufgeheizten deutschfeindlichen Stimmung nach dem unglückseligen Bürgerkrieg von 1848 bis 1851 und dem Verlust der Herzogtümer 1864, diesen Sohn gerade in die Marine zu entsenden, eine der herausragenden Symbolträgerinnen dänischer Tradition. Die Entsendung ist aber zugleich der Königsweg, die nationale Gesinnung des neuen Herrscherhauses unter Beweis zu stellen. Wie bei Alfred, treffen sich auch bei Waldemar Neigung und Pflicht in idealer Synthese. Er absolviert die Königliche Marineakademie, wird 1879 Unterleutnant, bald Leutnant. Er nimmt an mehreren Expeditionen teil, wird ein geachteter Offizier, der sein Leben der Marine verschreibt. Sie dankt es ihm mit großer Loyalität. Er ist der erste Präsident des dänischen Seemannsvereins. Eine kleine Anekdote am Rande: Seine Frau Marie d'Orléans lässt sich aus Verbundenheit mit der Marine einen Anker auf den Oberarm tätowieren. Es wird Mode.

Griechenlands Georgios.

Ganz anders dagegen stellen sich die Verhältnisse in Griechenland dar: Nach Jahrhunderten seiner Existenz als unterdrückte, vernachlässigte, armselige Randprovinz des Osmanischen Reichs formuliert sich das Land in der Jetztzeit das erste Mal als Nation. Nach dem erfolgreichen Aufstand gegen die Hohe Pforte, der am 3. Februar 1830 mit dem Londoner Protokoll die Unabhängigkeit unter internationaler Anerkennung bringt, tritt das Land mit Kernbereichen des heutigen Griechenland als noch vollkommen instabiles Gebilde in die Staatenwelt des 19. Jahrhunderts ein. Die mit dem Wittelsbacher König Otto 1832 nach Athen gekommenen bayerischen Beamten versuchen, durch den Aufbau einer korrekten Verwaltung gefestigte Verhältnisse im Innern zu entwickeln. Zum Schutz vor äußeren Gefährdungen gilt es, eine schlagkräftige Marine zu schaffen, ist doch das Land mit seinen tausenden Kilometern ungeschützter Küsten und der schier unübersehbaren Zahl seiner Inseln auf das Höchste verwundbar. Mithilfe eines ausländischen Offizierkorps beginnt der Aufbau eines verlässlichen, professionell geführten Instruments griechischer Sicherheitspolitik. Zu den Offizieren der ersten Stunde gehört übrigens auch Karl Rudolf Bromme (*Brommy*), der nach seinem Dienst im Mittelmeer Befehlshaber der Reichsflotte wird, die während der schleswig-holsteinischen Erhebung gegen Dänemark im Seegefecht vor Helgoland am 14. Juni 1849 ihre Feuertaufe erlebt.

Nachdem Otto durch einen Militärputsch seinen Thron verloren hat, holen die Griechen 1863 Prinz Wilhelm von Dänemark als Monarchen ins Land, wo er den Namen Georg I. annimmt. Vor dem historischen Hintergrund und der geopolitischen Lage Griechenlands erschließt sich der hohe nationale Wert von Marine und Flotte zwanglos. Und so ist es nicht verwunderlich, dass Prinz Georgios, zweiter Sohn Georgs, zum Seeoffizier bestimmt wird und

1883 seinen Dienst antritt. Seine Ausbildung erfolgt an der Marineakademie in Kopenhagen. Mit seinem Cousin, dem russischen Thronfolger Nikolaus, unternimmt er an Bord einer Panzerfregatte eine ausgedehnte Ostasienreise. Während der Olympischen Spiele 1896 in Athen ist er Vorsitzender des Unterausschusses für die nautischen Sportarten. Im türkisch-griechischen Krieg von 1897 befehligt er ein Landungsunternehmen auf Kreta und wird anschließend dort bis 1906 Hochkommissar des *Kretischen Staates*. 1909 wird er auf Druck revolutionärer Offiziere, wie alle anderen königlichen Prinzen auch, aus dem Dienst entfernt. Reaktiviert, dient er im Ersten Balkankrieg 1912 seinem Vater als Flügeladjutant im Range eines Admirals. Eine ruhige Entwicklung haben ihm die verworrenen griechischen Verhältnisse nicht gestattet.

Dass auch Russland mit dem Großfürsten Alexei Alexandrowitsch Romanow, Sohn Alexanders II., einen *Sailor Prince* stellt, verwundert nicht, ist doch die seit Peter dem Großen geschaffene Flotte *das* Symbol der Modernität und Weltzugewandtheit dieses rückständigen Landes.

Geboren 1850 als vierter Sohn, ist er seit seiner Kindheit für die Marine vorgesehen. Ab 1858 erhält er eine exklusive Ausbildung in einer Kombination aus seemännischer Theorie und Dienst an Bord. 1866 zum Leutnant ernannt, macht er an Bord unterschiedlicher Einheiten der russischen Flotte ausgedehnte Reisen, die seinen beruflichen Horizont immer mehr weiten.

Das Jahr 1873 sieht ihn als Chef der Kaiserlichen Marinegarde, 1875/76 befehligt er eine Fregatte. 1883 erfolgt seine Beförderung zum Generaladmiral und damit zum höchsten Offizier der Kriegsmarine. Er macht seinen Einfluss zur Modernisierung und erheblichen Vergrößerung der Flotte geltend, wie auch zur Verdichtung der Infrastruktur durch Schaffung neuer

Großfürst Alexei.

Stützpunkte, Werften und Docks. Als Kritik an seiner Führung laut wird, verlässt er 1905 Russland und lässt sich in Paris nieder.

Es ist kein Zufall, dass der bedeutsamste aller dem Hause Hohenzollern entstammenden Marineoffiziere, Prinz Adalbert von Preußen, im Zusammenhang dieses Beitrages nicht als *Sailor Prince* behandelt wird. Er war kein politisch „gesetzter" Prinz, sondern als bedeutendster Wegbereiter der Preußischen und später der Marine des *Norddeutschen Bundes* ein „echter" Marineoffizier „aus eigenem Recht", einflussreich und von überragendem Sachverstand. Dass seine Bedeutung relativ früh schwinden wird, steht auf einem anderen Blatt.

„Echt" sind Heinrich, Adalbert und Sigismund auch; aber eben als *Sailor Princes*, wobei Heinrich unter ihnen wie ein „Flaggschiff" herausragt, sein Neffe und sein Sohn folgen nur noch der Dramaturgie eines eingespielten Stücks: Ein herausgehobener Prinz des Hauses wird Marineoffizier. Bei Heinrich ist das noch anders. Sein Auftritt ist Premiere. Zwar ist dem Hause Brandenburg/Hohenzollern eine gewisse Seemachtaffinität seit dem Versuch des Großen Kurfürsten, sich in Übersee festzusetzen, nicht ganz fremd. Die kurbrandenburgische Flotte und die kurzfristigen Inbesitznahmen an der westafrikanischen Küste, etwa verbunden mit der Errichtung der Festung Groß-Friedrichsburg, legen hiervon Zeugnis ab. Seine Nachfolger, dann als Könige in und von Preußen, stehen maritimem Denken jedoch ablehnend bis nicht wirklich nahe gegenüber. Besonders ist es Friedrich II., der in keiner Weise an den politischen und militärischen Wert von Seestreitkräften glaubt. Es gibt zwar im 18. und frühen 19. Jahrhundert immer wieder die eine oder andere maritime Aktion, sogar einen Flottenbauplan legt im Jahre 1796 der Generalmajor Ernst von Rüchel vor. Zu einer stringenten Flottenpolitik kommt es indes nicht. Erst in der Folge des Wiener Kongresses unternimmt Friedrich Wilhelm III. die Gründung einer Preußischen Marine, deren erster formeller Schritt die Bestimmung einer besonderen Kriegsflagge am 16. November 1816 ist. Einen großen Sprung bedeutet der Erlass des Flottenbauplans von 1837, den König Friedrich Wilhelm IV. energisch fördert. Der Bau der Schulkorvette *Amazone*, die 1843 vom Stapel läuft, ist ein kraftvolles symbolisches Zeichen.

Auch, wenn in der Folgezeit der Aufbau noch zögerlich verläuft: Die Preußische Marine ist geschaffen und bleibt fortan ein nicht nebensächliches Projekt der Landmacht Preußen unter der Ägide des Prinzen Adalbert.

Es wäre schlüssig gewesen, wenn Heinrich, dieser früh schon see- und marinebegeisterte Prinz, schlicht, wie jeder andere seiner späteren Kameraden auch, den Beruf eines Seeoffiziers ergriffen hätte. Hieran wird bei ihm aber nicht gedacht: Er soll ein Propagandainstrument, ein *brand*, ein *Inbegriff* im neuen Kaiserreich werden, in dem die Marine eine Schlüsselinstitution der gerade gewonnenen Einheit werden soll. Heinrich verliert dadurch viel von seiner Wahrnehmbarkeit als Charakter, als Individuum, er wird zum Typus.

1869 bei einem Besuch in Wilhelmshaven darf der Siebenjährige das Panzerschiff *König Wilhelm* besichtigen. Der Koloss mit seinen an

Zögerlicher Beginn einer großen Unternehmung: Preußische Marine formiert sich.

die tausend Mann Besatzung und seinen 21-cm-Geschützen imponiert dem Jungen so sehr, dass er den Wunsch äußert, Marineoffizier zu werden. Dieser Wunsch verstärkt sich noch, als er an Bord der Gedeckten Korvette *Hertha* eine kurze Reise macht, die ihn mit seinem Vater, Kronprinz Friedrich Wilhelm, nach Toulon führt. Dort besichtigt er ein französisches Panzerschiff. Besuche in England bei der Großmutter, zu denen auch Besichtigungen von Einheiten der *Royal Navy* gehören, wirken auf ihn wie Verstärker.

Diese Vorgeschichte von Heinrichs Marinelaufbahn wird von der Familie sorgfältig gepflegt und dient damit der Vorbereitung seiner späteren Funktion als *Sailor Prince*. Folgerichtig ist deshalb die Ernennung zum Leutnant zur See durch den Großvater Wilhelm I. zu seinem zehnten Geburtstag am 8. August 1872. Der Familientradition folgend, werden die Prinzen in diesem Alter zu Leutnants bei preußischen Garderegimentern ernannt. Die Ernennung zum Leutnant zur See ist bereits als erstes politisches Signal des Herrscherhauses an die Öffentlichkeit zu werten: Der jungen Marine des gerade geschaffenen Kaiserreichs, der Waffe, die dem Kaiser allein untersteht, stellt das Herrscherhaus einen der Söhne des künftigen Kaisers Friedrichs III. zur Verfügung.

Nach seinem formellen Eintritt 1877 erlebt er seine ersten Jahre an der Marineschule und an Bord. Er tritt Kommandos auf *Niobe*, *Renown*, *Prinz Adalbert*, *Olga*, *Stein*, *Oldenburg* und dem Torpedoboot *D2*, sämtliche mit dem Heimathafen Kiel, an.

1881 Leutnant zur See, 1884 Kapitänleutnant, 1887 Korvettenkapitän, 1889 Kapitän zur See, 1895 Konteradmiral, 1899 Vizeadmiral, 1901 Admiral, 1909 Großadmiral.

Er durchläuft in dieser Zeit alle in der Marine nur möglichen Land- und Bordverwendungen, vom „einfachen“ Offizier über den 1. Offizier bis zum Kommandanten leichter bis

Heinrich als Kadett 1877.

schwerster Einheiten; er wird Geschwader-Chef, Chef der Marinestation der Ostsee, der *Aktiven Schlachtflotte, der Aktiven Hochseeflotte*, Generalinspekteur der Marine. Auf diesem Höhepunkt seiner Laufbahn ist er in seinem achtundvierzigsten Lebensjahr. Seine Verwendungen dauern häufig nur wenige Monate. Seine Kameraden verfolgen seine Laufbahn mit einem den Verhältnissen angemessenen Gleichmut. Sein freundliches Wesen verschafft ihm Sympathie. Er versieht seinen Dienst ohne Tadel, ist tüchtig, als begabt gilt er nicht. Ein Vorgesetzter, der Heinrich wegen der zahllosen Kommandos, die er innehat, vorhält, er habe nicht den nötigen Ernst, sich wirklich intensiv auf seinen Beruf einzulassen, er schnuppere überall nur, tut dem Prinzen Unrecht: Der Offizier hatte dessen Funktion in der Marine und für die Kaiserfamilie nicht verstanden.

Die erste deutsche Marine ist ein Kind der demokratischen Frankfurter Nationalversammlung. Die nachfolgenden berufen sich nicht auf ein Herkommen aus dieser. Die politisch gewollte und gelebte Tradition der deutschen Marine im 19. Jahrhundert setzt so erst nach den Ereignissen von 1848 mit dem Bemühen Adalberts um den Aufbau einer Preußischen und dann Marine des *Norddeutschen Bundes* ein. Ihr Herkommen ist also aristokratisch fundiert.

Dass die Söhne bürgerlicher Familien, die sich für die militärische Laufbahn entscheiden, dennoch von Anfang an in die Marine drängen, hat einen anderen, sehr einfachen Grund: Erster Stand im Staate Preußen ist der Adel. Seit jeher definiert er sich wirtschaftlich über seinen Grundbesitz, politisch über seinen Monarchen als Souverän einer Landmacht. Die See, und damit die Marine, sind ihm fremd. Seine Söhne dienen in der Garde oder in den feudalen Regimentern der Linie. Natürlich wählen auch Söhne des Bürgertums die Laufbahn im Heer; dort aber endet ihr Avancement im Regelfall als Bataillons- oder höchstens Regimentskommandeur. Ganz anders in der Marine: Hier stehen ihnen alle Ränge offen, und wenn auch, besonders in der Zeit Wilhelms II., zunehmend Söhne adliger Familien eintreten, bleibt der Charakter

Prinz Heinrich: Jung auf der Karriereleiter.

doch eindeutig bürgerlich, verändert sich nicht zugunsten einer Aristokratisierung nach dem Vorbild des Heeres.

Für das Haus Hohenzollern als gerade gekürtem Haus auf dem Kaiserthron gilt es nach 1871, alle gesellschaftlichen Kräfte für sich einzunehmen, an sich zu binden. Für die Marine sollte das über die Person des Prinzen Heinrich erfolgen. Aber nicht nur im dynastischen Sinne, sondern auch in einem anderen, staatspolitischen.

Kronprinz Friedrich Wilhelm, Sohn Kaiser Wilhelms I., hatte eine Tochter aus dem englischen Königshaus, Victoria, geheiratet, die die feudale Struktur des preußisch-deutschen Staates zutiefst ablehnte und als Königin und Kaiserin zweifellos bestrebt sein würde, in bestimmtem Sinne eine politische „Verbürgerlichung" Preußens und dann des neuen Kaiserreichs anzustreben. Eine der Voraussetzungen dafür wäre es, ihren Mann für dieses „Projekt" zu gewinnen, der an sich durchaus hocharistokratischer Gesinnung war, aber doch eine gewisse, zurückhaltende Tendenz zu mehr politischer Liberalität entwickeln könnte. Sicher würde Victoria eine Stärkung des Parlamentarismus anstreben, wie sie ihn aus ihrer englischen Heimat kannte. Friedrich Wilhelm, ihr immer ergeben, würde ihr folgen. Zu diesem breit angelegten politischen Konzept würde ohne Zweifel auch die Einbindung der Marine gehören, der Victoria als Engländerin ohnehin nahe steht. Der Königsweg, das „Herz" der Marine zu gewinnen, ist die Entsendung des zweiten Sohnes des Paares, des Prinzen Heinrich. Wilhelm I. fördert den Gedanken.

Doch ist dieses nur die eine Seite der *public-relations*-Medaille. Der Prinz sollte auch in einer weiteren Umgebung zur Ikone gemacht werden. Das sind zunächst Kiel und Schleswig-Holstein, dann das ganze Deutsche Reich. Und so kommt es: Heinrich wird nach Kaiser Wilhelm I. und seinem Bruder die dritte bedeutende Identifikationsfigur des deutschen Volkes mit dem Haus Hohenzollern. Dabei nimmt dieser unaufgeregte Mann keine Bäder in der Menge, hält keine pompösen Reden wie sein Bruder; er wirkt langfristig eher durch die um ihn herum aufgebaute Propagandainszenierung. Ohne dass er Besonderes leistet, sieht man einmal von der Kreation der *Prinz-Heinrich*-Mütze und der Erfindung des Autoscheibenwischers ab, gelangt er schon allein durch sein Dasein zur Berühmtheit. So ist er, im heutigen Sprachgebrauch, ein *it-man*.

Heinrich bringt das Haus Hohenzollern nachhaltig nach Kiel. Seine gesamte berufliche Laufbahn verbringt er in dieser Stadt oder auf Einheiten, die hier ihren Heimatstandort haben. Von vornherein ist es ganz wesentlicher Teil des Programms *Heinrich*, gerade auch das Kieler und schleswig-holsteinische Bürgertum zu gewinnen, ist doch die Zustimmung dieses Teils der Bewohner zu den neuen politischen Verhältnissen noch nicht gefestigt. *Wie* schnell es gelingt, Heinrich zu einer schleswig-holsteinischen Figur zu machen, zeigen zwei Gedichte des berühmten Kieler Bürgers und Dichters Klaus Groth, in denen er Ausfahrt und Rückkehr des Seekadetten Heinrich von Preußen zu und von seiner Ausbildungsfahrt um die Welt auf SM Korvette *Prinz Adalbert* zwischen Oktober 1878 und Oktober 1880 mit Begeisterung thematisiert. In den wärmsten Tönen wird der junge Mann nicht nur als künftiger Admiral, sondern erkennbar auch schon als Landeskind, als *einer von uns* gefeiert, das vertrauliche *Du* umarmt den jungen Prinzen geradezu:

Uns künfti Admiral

Nu richt Di hoch, Du Königskind!
Nu geit dat rut in See!
De Segeln dühnt sik in den Wind,
Nu reck de Hand noch mal geswind;
To'n letzten Mal: ade!

Weltreise auf *Prinz Adalbert*, poetisch begleitet.

En letzten Kuß, en letztes Wort –
Wi weet ja, wen dat gelt:
Dat geit vun Vader un Moder fort,
Dat geit hinut vun Ort to Ort
Un rundum um de Welt.

Doch hett dat Gangspill ok en Klang,
As gung dat bet an't Hart –
En Seemann is dat as Gesang,
Dat singt em to: Nu man ni bang!
Un denn en glückli Fahrt!

Un steist Du denn un sühst torügg,
Wo Land un Strand verswindt,
Denn wisch de Thran'n Di ut Gesich,
Denk an den swaren Affscheed nich,
Dü büst en Königskind!

Na Di dar süht de Seemann rop
Vun'n Schippsjung bet to'n Maat,
Un heet dat: Prinz is baben op;
So hevt sik jede Hart un Kopp,
De seewarts mit Di gat.

Klaus Groth: Zunehmend ein Herold der Hohenzollern.

Un kumt voer uns de Ogenblick,
Wo Schipp un Rok verswindt,
So denkt, mit Vader un Moder glik,
Mit uns dat ganze dütsche Rik:
Gott seg'n dat Königskind!

Wi wünscht Ju All en glückli Fahrt
Un fröhli Wedderkehr.
Blivt uns in Gnaden wul bewahrt,
Un makt uns dütschen Nam un Art
Rund um de Welt en Ehr!

Doch ward Ju mal dat Weltmeer sehn
In Storm un Wogenschall,
Denn – vun den Kopp bet an den Toen,
Denn wis' Du Di as Kaiserssoen,
As künfti Admiral!

Un nu „Fahrwol" denn noch en Mal,
Un noch en letzten Blick!
Dar – mit de letz Kanonenschall:
En Kaiserwedder oewerall,
Un Hohenzollernglück!

Als der Kadett dann zwei Jahre später, am 9. Oktober 1880, nach Kiel zurückkehrt, wird er wiederum von Groth enthusiastisch begrüßt.

Willkom' to Hus

Dar gungn se hin, na't Westen rut,
Wi stunn'un sehn se na.
Allmähli lütter war dat Schipp
Un lisen dat Hurah.

De Damp vertrock, de Ton verklung
Nix mehr to hörn un sehn –
Wer dar wat mit harr, gung to Hus,
Nu mit sin Hart alleen.

Alleen! – Wat sä de junge Fru,
As Kindjen Vader reep?
Wat sä de Ole to sik sülbn,
De leeg un doch ni sleep?

Wat sä, de sunst en Hart inn Liv,
Voer dütsche Ehr tomal,
Vun unse Prinz, dat junge Blot,
Uns künfti Admiral?

De beste Mann in't dütsche Rik
De sä: Min Kind, wat weenst?
Wes' still, he steit in Gottes Hand,
He steit, as ik, in Deenst.

So tröst wi uns. So gung en Bed
Um Glück un günsti Wind
Doer't ganze Dütschland, voer den Maat
Bet to dat Kaiserkind.

Un dat hett holpen. – Um de Eer
Dar drogen se uns Nam.
Na't Westen rut, vun't Osten her
So sünd se wedder kam'.

Un wo se keem'– un wo se gungn
Vun'n Prinzen bet to'n Maat –

Dar weer de dütsche Art en Rohm,
De dütsche Flagg en Staat. –

Dar kamt se an – desülwe Weg –
Nu bald, so sünd se da:
Al jümmer dichter ward de Damp
Un luder dat Hurah.

Wat seggt denn nu de junge Frau,
Wenn Kindjen „Vader" röppt?
Wat seggt de Ole to sik sülbn,
De lang al nich mehr slöppt?

Wat seggt, de sunst en Hart inn Liv,
Voer dütsche Ehr tomal,
Vun unse Prinz, dat junge Blot,
Vun unse Admiral?

De beste Mann int't dütsche Rik
De seggt: Min Kind, wat weenst?
Freu di, dat is de Lohn dervoer,
He de, as ik, sin Deenst.

So de'n se All, un fröhlich kamt
Se wedder alltosam,
Un voer en Jeden sprickt en Hart:
Willkam'to Hus! Willkam'!

Un Allemann in't dütsche Land,
Wi Alle alltomal,

Der Empfang des Prinzen Heinrich von Preußen im Kieler Hafen nach der Rückkehr von seiner zweiten großen Seereise. Originalzeichnung von Hans Petersen.

Glückhafte Heimkehr Prinz Heinrichs: Nach Großer Fahrt …

Wi ropt: Uns Kaiser Glück un Heil
Un unse Admiral!

Im Mai 1888 heiratet Heinrich die Prinzessin Irene von Hessen und bei Rhein; das Paar nimmt Wohnung auf dem Schloss.

Das Prinzenpaar ist überaus populär im Lande, besonders natürlich in Kiel. Es entspricht der Natur des Kaiserbruders, dass er zurückgezogen lebt. Aber selbstverständlich nimmt er neben seinem Beruf repräsentative öffentliche Aufgaben in erheblichem Umfang wahr. Seine Frau ist umfangreich karitativ tätig, was ihr Bewunderung einbringt.

… empfangen ihn am 13. März 1884 in Kiel die Arme des Vaters.

Frühe Liebe: Heinrich und Irene.

Heinrichs Anwesenheit wirft Glanz auf die Stadt. Als er 1896 das Gut Hemmelmark bei Eckernförde erwirbt und es nach dem Umbau 1904 zu seinem privaten Wohnsitz macht, ist seine Identifikation mit Schleswig-Holstein vollendet.

Schon der Name dieses 1884 in Potsdam geborenen, dritten Sohnes Kaiser Wilhelms II. und seiner Frau Auguste Victoria, Adalbert, verrät das Programm. Mit dem Namen des Schöpfers der Preußischen Marine versehen, ist sein Weg bestimmt:

Er wird der nächste *Sailor Prince* des Hauses Hohenzollern in der *Kaiserlich Deutschen Marine*. Im Prinzenhaus und auf der Prinzeninsel in Plön durchläuft er eine wesentlich von militärischen Formen geprägte Erziehung. 1894 wird auch er mit zehn Jahren in den Rang eines Leutnants zur See erhoben. Er durchläuft die Ausbildung in der Marineschule und an Bord in Kiel. Danach unternimmt er einige Reisen als Offizier nach Übersee, vertritt bei offiziellen Anlässen seinen Vater beim Kaiser von China in Peking und beim König von Griechenland in Athen.

Auch er wird Kieler „Bürger" mit dem Wohnsitz in der *Villa Seelust* am *Düsternbrooker Weg*; wie sein Onkel Heinrich verfügt er über eine eigene (kleine) Hofhaltung, nimmt Repräsentationspflichten wahr. 1911 ersucht er um Erhöhung seiner Apanage, da die gegenwärtigen Mittel die Kosten nicht abdeckten. Er verweist auf die ungleich höhere Ausstattung seines Onkels.

Naturgemäß steht dieser junge Prinz tief im Schatten Heinrichs. Er darf aber mit guten Gründen hoffen, dass er – wie dieser – eines Tages an

Vielfältige Aufgaben: Als Schutzherr des Deutschen Flottenvereins zu Hause…

… und zu Gast bei Präsident Roosevelt in den USA.

Wohnsitz des Prinzen Adalbert: Palais mit Litfaßsäule am Düsternbrooker Weg

der Spitze der Marine stehen wird. 1917 ist er Kommandant des Kleinen Kreuzers *Danzig*, im Jahr darauf der neuen *Dresden*, des letzten vor Kriegsende in Dienst gestellten Schiffs der *Hochseeflotte*. Das Kriegsende begräbt die Träume von kaiserlicher Seemacht unwiderruflich. Auch seine, die ihn in die Führung der Marine hätten bringen können. Er verwindet den Untergang seiner Welt zeit seines Lebens nicht.

Im Sommer 1919 verlässt Adalbert mit seiner Familie Kiel und zieht nach Bad Homburg. Nach einem unauffälligen Leben stirbt er 1948 in der Schweiz.

1889 und 1896 werden auf dem Kieler Schloss Waldemar und Sigismund, die Söhne Heinrichs und Irenes geboren. Damit ist die Verwurzelung des Hauses Hohenzollern in Kiel vollständig. Während der unter der Bluterkrankheit leidende Waldemar Jurist wird, wird Sigismund zur Marine gehen. Er besucht die Oberrealschule an der Waitzstraße, der Vorgängerin der heutigen Hebbel-Schule. 1914, bei Kriegsbeginn meldet er sich als Freiwilliger, wird aber wegen seines Alters von erst siebzehn Jahren noch nicht akzeptiert. Erst im Spätherbst kann er bei der I. Matro-

Prinz Adalbert: *Sailor Prince* der zweiten Generation.

Ein Spätgeborener: Prinz Sigismund.

senartillerie-Abteilung in Falkenstein bei Kiel seine Ausbildung beginnen. Nach kurzem Einsatz in Flandern fährt er dann im Range eines Leutnants zur See als Wachoffizier auf U-Booten. Genau wie sein Bruder Waldemar, der nach dem Kriege in seiner Heimatstadt Kiel arbeitet, bleibt auch Sigismund seiner schleswig-holsteinischen Heimat zunächst treu. Er lebt bis 1922 auf dem väterlichen Gut Hemmelmark. Dann, nach Absolvierung einer kaufmännischen Lehre, übersiedelt er nach Mittelamerika, wo er 1978 verstirbt.

Er ist der letzte *Sailor Prince* des Hauses Hohenzollern in der Kaiserlichen Marine.

Es ist gewiss nicht übertrieben festzustellen, dass das Projekt des Hauses Hohenzollern, auch auf dem Wege über die *Sailor Princes* das Kaiser- und Königshaus und die Marine in der Öffentlichkeit gleichsam eins werden zu lassen, von Erfolg gekrönt war.

Sicherlich hat auch die enorme deutschlandweite Popularität Heinrichs dazu beigetragen, dass über eine lange Strecke die Öffentlichkeit die überehrgeizigen Pläne der Flottenrüstung begeistert mit getragen hat.

Prinz Heinrich ist in seinem Leben für eine Rolle vorgesehen worden, der es durchaus innewohnte, sein Selbstwertgefühl als Mensch zu verletzen. Er wäre vielleicht lieber ein ganz normaler Fregattenkapitän gewesen. Er hat aber klaglos seine Pflicht erfüllt, und er hat immer seine Würde bewahrt. Auch wenn er als Mensch schemenhaft bleiben muss, hinterlässt er doch den Eindruck eines Mannes, der geachtet zu werden verdient.

Die *Kaiserlich Deutsche Marine* – Fakten, Zahlen, Strukturen

Nach der Reichsgründung 1871 übernimmt die *Kaiserlich Deutsche Marine* von der Marine des *Norddeutschen Bundes* eine heterogene Sammlung von Schiffen, sechs Panzerschiffe, zehn Korvetten, drei Avisos und dreiundzwanzig Kanonenboote. Zusätzlich zu den übernommenen Einheiten werden bis 1889 in Dienst gestellt: acht Panzerfregatten für den Dienst in den Schutzgebieten sowie sieben weitere gepanzerte Schiffe, davon vier Ausfallkorvetten.

Ab 1881 findet ein durchgreifender Aus- und Erweiterungsbau der Häfen Kiel und Wilhelmshaven statt, zugleich beginnt der Ersatz der veralteten Torpedoboote durch eine Flottille moderner Einheiten.

Nachdem der Heeresgeneral Leo von Caprivi 1883 die Leitung der Admiralität übernommen hat, wird eine eigene Torpedoboot-Inspektion gebildet; zudem wird in seiner Amtszeit der Bau von Kreuzern zum Einsatz in den deutschen Überseegebieten forciert.

Wilhelm II. löst 1889 die Admiralität auf, die bis dahin die Marine führt. An ihre Stelle treten unter ihm als *Chef* der *Kaiserlich Deutschen Marine* das Reichsmarineamt, das Oberkommando der Marine und das Marinekabinett, dem Kaiser unmittelbar, *immediat*, berichtspflichtig und berichtsberechtigt.

Ab 1895 wird in Ostasien ein ständiger Kreuzerverband stationiert.

Veraltete Panzerschiffe werden durch Linienschiffe der *Brandenburg*-Klasse ersetzt.

Nachdem Alfred Tirpitz 1897 die Leitung des Marineamts als Staatssekretär übernommen hat, beginnt auf der Grundlage von Flottengesetzen und der dazu ergangenen Novellen der Prozess des Aufbaus der *Aktiven Schlacht-* bzw. *Hochseeflotte*.

1899 übernimmt der Kaiser persönlich den Oberbefehl, löst das Oberkommando auf. Ihm sind jetzt direkt unterstellt der Admiralstab, die Chefs der Nord- und Ostseestation, der Inspekteur der Marine, der Chef des I. und des Kreuzergeschwaders, bald tritt noch der Flottenchef in diesem Kreis.

1903 wird aus zwei Linienschiffgeschwadern erstmalig ein ständiger Flottenverband gebildet als Kern der späteren *Aktiven Schlachtflotte* (ab 1907 *Hochseeflotte*), die bis zum Ende des Ersten Weltkrieges erheblich vergrößert wird.

1905 beginnt der serienmäßige Bau von Unterseebooten, die 1910 zur U-Boot-Flottille zusammengefasst werden; 1911 erfolgt die erste Kiellegung dieselgetriebener Hochseeboote.

1914 bilden die *Hochseeflotte* (*Aktive Flotte* und *Reserveflotte*), die *Auslandsflotte* (Ostasien), die weltweit stehenden Stationskreuzer und die *Mittelmeerdivision* den politisch bedeutsamen Kern der Kaiserlichen Marine, die es in kaum zwei Jahrzehnten geschafft hat, ein Zahlenverhältnis von 2:3 bei den schweren Schiffen im Verhältnis zur *Royal Navy* herzustellen.

Die sich gegenseitig blockierenden komplizierten Kommandoverhältnisse führen im August 1918 zur Bildung der *Obersten Seekriegsleitung*, der der Chef des Admiralitätsstabes vorsteht.

Während des Krieges stehen folgende Neubauten im Dienst: Sieben Großkampfschiffe (Großlinienschiffe, Linienschiffe, Große Kreuzer), zwölf Kleine Kreuzer, einhundertdreiundneunzig Torpedoboote und zweihundertdreiundneunzig U-Boote. Da – bis auf die U-Bootwaffe und die Torpedoboote – die größeren Einheiten nur selten zu ihrem eigentlichen Auftrag entsprechenden Kampfeinsätzen kommen, gehen lediglich ein Linienschiff, ein Schlachtkreuzer, sechs Große und siebzehn Kleine Kreuzer verloren. Von den insgesamt dreihundertvierundsiebzig U-Booten gehen einhundertneunundneunzig unter, die Torpedowaffe verliert einhundertfünf Einheiten. Eine der Hauptaufgaben der *Hochseeflotte*, die erhebliche Kräfte bindet, ist der Begleitschutz für auslaufende und rückkehrende U-Boote bis gegen Ende Oktober 1918.

Der Personaletat der *Kaiserlich Deutschen Marine* beträgt 1914 3.612 Offiziere, 3.183 Deckoffiziere

Karte III. Kirchhoff, Unsere Marine.

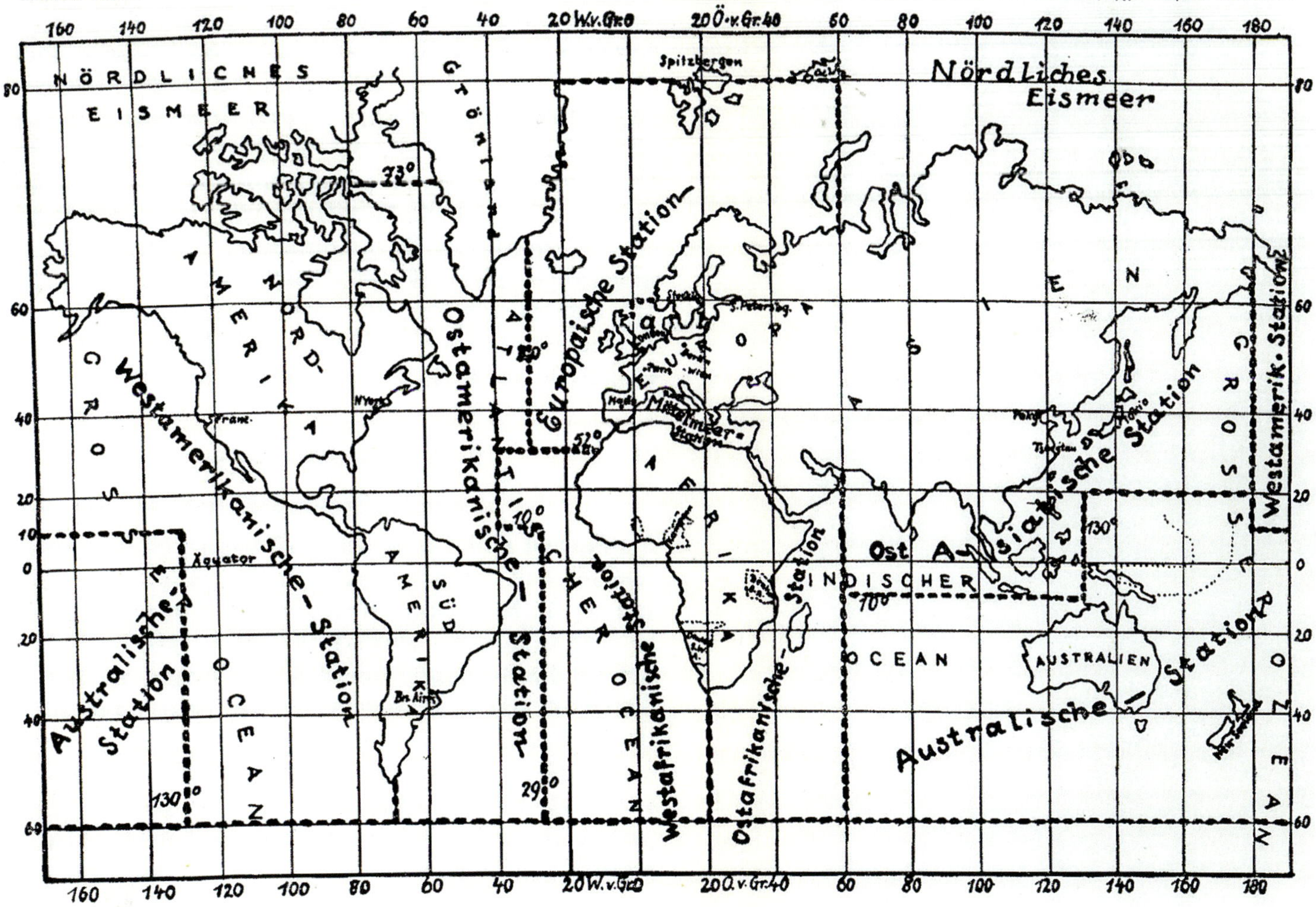

Die deutschen Marine-Auslands-Stationen
a = Nordsee-Station, *b* = Ostsee-Station.

sowie 72.285 Unteroffiziere und Mannschaften. Zu Beginn des Krieges verfügt sie über eine Personalreserve von ca. 160.000 Mann, die bis 1918 kontinuierlich fortgeschrieben wird. Bis Kriegsende verliert die Marine 34.833 Soldaten, darunter 25.197 Mannschaftsdienstgrade.

Um einen Eindruck von der geballten Konzentration der Marine in Kiel zu vermitteln, folgt hier eine Auflistung der in der Stadt dislozierten Teile der Seestreitkräfte für das Beispieljahr 1912:

In Kiel residiert der Chef der *Hochseeflotte* mit seiner Dienststelle. Hier liegt das II. Geschwader mit acht Linienschiffen und einem Spezialschiff. Die in Wilhelmshaven beheimatete V. Division hat zwei Linienschiffe in Kiel stationiert.

Der Befehlshaber der Aufklärungsflotte mit einem großen und einem kleinen Kreuzer sowie einem Tender und drei Torpedobooten hat hier seinen Standort.

Der *Hochseeflotte* in Kiel sind zeitweilig die I. und die III. Torpedoflottille unterstellt.

Das Kreuzergeschwader mit dem Flaggschiff *Scharnhorst* und zwei großen und zwei kleinen Kreuzern sowie, ihm unterstellt, zwei Kanonenbooten, einem Flusskanonenboot und einem Torpedoboot haben Kiel zum Heimathafen.

Ein Teil der Schiffe

Die Auslands-Stationen: Symbole der weltweiten Präsenz der Marine.

- der *Australischen Station*, ein kleiner Kreuzer und ein Spezialschiff,
- der *Ostafrikanischen Station*, ein kleiner Kreuzer,
- der *Ostasiatischen Station*, zwei Kanonenboote und zwei Flusskanonenboote,
- der *Westafrikanischen Station*, ein Kanonenboot und das Spezialschiff *Möwe*,

werden von Kiel von der Marinestation der Ostsee aus geführt.

Die *Hohenzollern* und ihr Begleitschiff *Sleipner* sind hier beheimatet, wie auch untergeordnete Unterstützungseinheiten.

Die U-Bootflottille einschließlich eines kleinen Kreuzers und eines Spezialschiffs garnisoniert in Kiel.

Bei der Marinestation der Ostsee ressortieren:

Neben den genannten Schiffen im Ausland sowie *Hohenzollern, Sleipner* und dem Torpedodivisionsboot *Carmen* das Linienschiff *Braunschweig* und der kleine Kreuzer *Stralsund*.

Sodann

- die I. Marineinspektion mit dem Linienschiff *Wittelsbach*
- die I. Matrosendivision
- die I. Werftdivision
- die I. Matrosenartillerieabteilung
- die Inspektion des Bildungswesens der Marine mit den großen Kreuzern *Hertha*, *Hansa* und dem Schulschiff *König Wilhelm*
- die Marineakademie
- die Unterseebootsschule mit dem Spezialschiff *Vulkan*
- die Unterseebootsabteilung
- die Inspektion des Torpedowesens
- die I. Torpedodivision
- das Torpedoversuchskommando
- die Torpedowerkstatt
- das Artillerieversuchskommando
- die Minenversuchskommission mit zwei Spezialschiffen und dem kleinen Kreuzer *Arcona*
- die II. Minensuchdivision
- die I. Minensuchreserve-Division
- die Inspektion der Marineinfanterie
- das I. Seebataillon
- das Artilleriedepot zu Friedrichsort
- das Munitionsdepot zu Dietrichsdorf
- das Minendepot zu Dietrichsdorf
- der Chef der Marinestation der Ostsee als Gouverneur mit unterstellten Gouvernementsdienststellen in Friedrichsort, Wilhelmshaven, Cuxhaven, Geestemünde und Helgoland
- die Werft zu Kiel
- die Schiffsprüfungskommission in Kiel
- das Küstenbezirksamt Kiel
- das Marinebekleidungsamt Kiel
- das Sanitätsamt der Marinestation der Ostsee
- das Sanitätsdepot zu Kiel
- die Marinelazarette in Kiel, Kiel-Wik, Friedrichsort
- die Marine-Intendantur
- die Marine-Stationskassen Kiel, Kiel-Wik
- das Verpflegungsamt der Marinestation der Ostsee
- die Garnisonbauämter Kiel I. und II.
- die Garnisonverwaltungen Kiel I., II. und Friedrichsort
- die Marinewaschanstalt
- das Chronometer-Observatorium.

Angesichts dieser enormen Massierung von schwimmenden Einheiten und Dienststellen an Land mit ihren zehntausenden Soldaten und Mitarbeitern ist es nicht übertrieben, von Kiel als von einer riesigen Garnison mit einer daneben auch noch existierenden, vom Militär dominierten zivilen Stadt zu sprechen.

In Übersee

Yuripik od. Kama In
Losap In
Admiralitäts In
St Matthias I.
Bismarck Archipel
Kaiser Wilhelms Ld.
Long I.
Neu Pommern
Papua

Als Deutschland sich daranmacht, ein Kolonialreich zu gründen, spielt die Marine eine maßgebliche Rolle. Hier soll der Hintergrund ihres Einsatzes in Übersee skizziert werden.

1871 ist das große Werk der deutschen Einigung getan. Am 18. Januar 1871 wird im Spiegelsaal des Versailler Schlosses das Deutsche Kaiserreich gegründet, das Werk Otto von Bismarcks, der deutschen Fürsten und deutscher Städte.

Von da an ist es das Bestreben des Kanzlers, das junge Reich im Innern zu festigen und es im Äußeren – mit Klugheit – im Konzert der europäischen Mächte zu positionieren. Für ein Ausgreifen in die Welt sieht er keinen Raum und keine Notwendigkeit. Nach seinem Plan ist das Deutsche Reich saturiert. Deshalb auch formuliert er 1881, als die Frage des Erwerbs kolonialer Gebiete die europäischen Mächte wieder einmal bewegt: *Solange ich Reichskanzler bin, treiben wir keine Kolonialpolitik.* Kolonien wären für ihn sinnlose Prestigeobjekte, *genau so wie der seidne Zobelpelz in polnischen Adelsfamilien, die keine Hemden haben.*

Kolonialbesitz würde darüber hinaus nach seiner Auffassung die Position Deutschlands im Konfliktfall schwächen; diese Gebiete wären nicht zu halten. Ihr Verlust würde die Interessen des Reichs diplomatisch und real belasten: *Wir haben eine Flotte, die nicht fahren kann, und wir dürfen keine verwundbaren Punkte in fernen Erdteilen haben, die den Franzosen als Beute verfallen, sobald es losgeht.* Er verfolgt damit die Linie, die er schon 1868 in einem Brief an den preußischen Kriegs- und Marineminister Albrecht von Roon formuliert hatte:

Einerseits beruhen die Vorteile, welche man sich von Kolonien für den Handel und die Industrie des Mutterlandes verspricht, zum größten Teil auf Illusionen. Denn die Kosten, welche die Gründung, Unterstützung und namentlich die Behauptung der Kolonien veranlasst, übersteigen sehr oft den Nutzen, den das Mutterland daraus zieht, ganz abgesehen davon, daß es schwer zu rechtfertigen ist, die ganze Nation zum Vorteil einzelner Handels- und Gewerbezweige zu erheblichen Steuerlasten heranzuziehen. – Andererseits ist unsere Marine noch nicht weit genug entwickelt, um die Aufgabe nachdrücklichen Schutzes in fernen Staaten übernehmen zu können.

Doch selbst er kann die rasante Entstehung eines neuen Zeitgeistes nicht verhindern, der gebieterisch Deutschlands Präsenz im Kreise der Kolonialmächte verlangt. Schon bald setzt eine gewaltige Propaganda für den Erwerb überseeischer Gebiete ein. Von der tonangebenden Bevölkerung begeistert aufgenommen, entwickelt sich rasch die Meinung, dass Deutschland ohne Kolonialbesitz in der Welt nicht ernstgenommen, nichts gelten werde. Bismarck spricht später von *Kolonialhysterie.*

Schon 1873 ist die *Afrikanische Gesellschaft in Deutschland* gegründet worden, die zunächst einmal den Kontinent nur geographisch erforschen lassen will, wenn man ihre Vereinsstatuten zugrunde legt und ihnen Glauben schenkt.

18. Januar 1871: Der König von Preußen wird zum Deutschen Kaiser Wilhelm I. im Spiegelsaal von Versailles proklamiert.

1882 und 1884 entstehen der *Deutsche Kolonialverein* und die *Gesellschaft für Deutsche Kolonisation*, die sich 1887 zur *Deutschen Kolonialgesellschaft* zusammenschließen. Mächtige Förderung erfährt sie durch Industrie, Banken, Handel und Gewerbe, besonders auch – naturgemäß – durch die Kaufmannschaften in Hamburg und Bremen, die schon lange in der Südsee und in Afrika engagiert sind. Konservative und bürgerliche Presse und eigene Propagandaorgane sorgen für das Entstehen einer günstigen und bald schon fordernden Stimmung in den Eliten. Ihre Argumente:

- *Kolonien werden riesige Absatzmärkte für deutsche Produkte sein.*
- *Die Auswanderung deutscher Arbeitskräfte und Familien, insbesondere in die USA, wird in die deutschen Kolonien umgeleitet. So gehen diese Menschen und ihre Produktionskraft Deutschland nicht verloren.*
- *Die Arbeiterschaft wird sich in die begeisternde nationale Aufgabe voll einbringen, sich damit, weil sie in das große Konzert des Nationalen eingebunden sein wird, von der Sozialdemokratie abwenden.*
- *Das Reich hat die sittliche Verpflichtung, seine überlegene Kultur in der Welt zu verbreiten, hat eine „Cultur-Mission".*

Bismarck, schon halb umgestimmt, leistet nur noch hinhaltenden Widerstand, wenn er formuliert:

> *Unsere Absicht ist, nicht Provinzen zu gründen, sondern kaufmännische Unternehmungen, aber in der höchsten Entwicklung, auch solche, die sich eine Souveränität, einer schließlich dem Deutschen Reich lehnbar bleibende, unter seiner Protektion stehende kaufmännische Souveränität erwerben, zu schützen in ihrer freien Entwicklung sowohl gegen die Angriffe aus der unmittelbaren Nachbarschaft als auch gegen Bedrückung und Schädigung von seiten anderer europäischer Mächte.*

Dann gibt er auf. In rasendem Lauf entsteht unter seinem Ministerium das deutsche Kolonialreich, in Afrika und im Pazifik. Nur innerhalb eines guten Jahres, 1884/85, verfügt Deutschland über riesige überseeische Schutzgebiete, wie diese Kolonien offiziell genannt werden, die bald zum formellen Besitz des Reiches werden; dessen integraler Bestandteil sie jedoch nicht sein können, weil Artikel 1 der Reichsverfassung dieses verbietet.
Bis zu ihrem Verlust nach dem Ersten Weltkrieg sollen sie ein gewaltiger politscher, wirtschaftlicher, militärischer und moralischer „Klotz am Bein" des Kaiserreichs werden. Wertlos in jeder Beziehung.

Bismarck behält Recht. Aber das nützt niemandem mehr.

Mit der Schaffung des Deutschen Kaiserreichs hat Bismarck par excellence und in des Wortes wuchtigster Bedeutung Weltpolitik betrieben, die zu dieser Zeit in ihrem Kern noch eine Politik unter den *Playern* Großbritannien, Russland, Frankreich und Österreich-Ungarn ist. Und jetzt ist das Deutsche Kaiserreich dabei. Er platziert einen völlig neuen Spieler auf der politischen Bühne, der schon nach kurzer Zeit sein internationales Gewicht entfalten wird. Indem unter seiner Kanzlerschaft das Reich in die überseeische Welt ausgreift, eröffnet er seiner Politik eine weitere, eine ganz andere Dimension. Da er jetzt die Schutzgebiete in sein „Spiel" mit einbeziehen muss, muss er plötzlich eine moderne Weltpolitik gestalten, die so gar nicht zu seinem herkömmlichen Bild von europäischer „Binnen-Weltpolitik" passt. Sie ist durchaus als eine frühe Verwandte der *Weltpolitik* Wilhelms II. zu sehen, artikuliert sich doch auch in ihr schon das – Bismarck sehr fremde – Gefühl, in der Welt nicht zu kurz kommen zu dürfen, dabei sein, auch überseeisch auf Augenhöhe mit den anderen Mächten sein zu müssen, weltweit Präsenz zu zeigen. Diese Politik folgt keinem stringenten Programm, sie nimmt mit, was sie bekommen kann und was sich ihr anbietet. So ist sie Ouvertüre zur späteren *Weltpolitik* des dritten deutschen Kaisers.

Dass es ausgerechnet Otto von Bismarck ist, der dieses von ihm vehement abgelehnte Kind noch zu der Zeit seiner beginnenden politischen Abenddämmerung in die Welt setzt, ist eines der Rätsel seiner Ära; er selbst hat sich nicht zu seiner Motivation geäußert. Deshalb wird zahlreich spekuliert: Sind es Gründe des nationalen Prestiges? Kann er politisch dem Druck der rapide anwachsenden Kolonialbewegung nicht standhalten? Will er durch diese neu erfundene Rolle Deutschlands die Wahl zum 6. Reichstag im Herbst 1884 in seinem Sinne beeinflussen? Lässt er sich vor den Karren der Interessen der deutschen Wirtschaft daheim und „draußen" spannen? Glaubt er, mit den Überseegebieten doch einen weiteren Hebel zur Gestaltung der europäischen Machtverhältnisse in Händen zu halten? Oder ist er einfach nur müde und lässt geschehen? Vieles spricht hierfür.

Den ersten Sündenfall begeht er selbst schon früh, als er 1880 im Reichstag die *Samoa*-Vorlage einbringt: Der Hamburger Johan Cesar Godeffroy, einer der deutschen Handels-„Könige" in der Südsee, gerät mit seinem Unternehmen in eine schwere Krise. Er ist gezwungen, seine sämtlichen Besitzungen auf Samoa der Londoner Baring Brothers Bank zu verpfänden. Im Falle seines Bankrotts droht sein Unternehmen in britische Hände zu fallen. Um dieses zu verhindern, wendet sich Godeffroy an die Reichsregierung, um eine Garantie für die Zinsen einer geplanten Anleihe zu erhalten. Bismarck, der in der drohenden Übernahme durch ein englisches Unternehmen einen erheblichen Ansehensverlust der deutschen Überseewirtschaft voraussieht, befürchtet zugleich, dass die deutschen ökonomischen Interessen in Übersee zu einem Spielball der anderen Kolonialmächte werden könnten, sollte Deutschland sein bisheriges Prinzip der Freihandelspolitik weiter verfolgen und nicht in Zukunft den Weg des Wirtschaftsprotektionismus beschreiten. Also reagiert er positiv und bringt eine entsprechende Gesetzesvorlage in Bundesrat und Reichstag ein. Den Bundesrat überzeugt er; der entsprechende Beschluss ergeht am 15. April 1880. Im Reichstag gelingt das nicht. Seine Begründung ist *ein leidenschaftlicher Appell zum nationalen Patriotismus mit dem Ziel, das deutsche Ansehen und den deutschen Handel in der Südsee zu schützen.* Den tragenden Grund der Ablehnung im Reichstag formuliert der Abgeordnete Dr. Ludwig Bamberger von der *Liberalen Vereinigung*, wenn er feststellt, dass es sich bei der Vorlage um den ersten Schritt zu einer staatlichen Kolonialpolitik handele, *da die Reichsregierung mit Übernahme der Zinsgarantie eine Kontrollgewalt über die Besitzungen des Godeffroyschen Unternehmens in Samoa erhalten würde, die ein politisches Protektorat auf der Inselgruppe zur Folge haben könnte.* Ein Sturm der Entrüstung erhebt sich in der Öffentlichkeit. Üppige private Zuwendungen retten Godeffroy, und es entsteht in den nächsten Jahren die übermächtige Koloniallobby.

Mit der Schutzerklärung für Angra Pequena feuert Otto von Bismarck am 24. April 1884 den Startschuss ab zur eigentlichen Eröffnung des deutschen Kolonialzeitalters; es ist dessen Stunde Null. Diesen Ort an der lebensfeindlichen Südwestküste des afrikanischen Kontinents, später Lüderitzbucht genannt, hat der Bremer Kaufmann Adolf Lüderitz 1883 örtlichen Häuptlingen abgekauft und für seine Firmeninteressen um den Schutz des Deutschen Reichs ersucht. Die Bucht wird zur Keimzelle des späteren Schutzgebietes Südwest-Afrika.

Damit brechen die Dämme: Im Juli erfolgt die Unterschutzstellung von Teilen des späteren Togo, gleich darauf die der Besitzungen des Hamburger Kaufmanns Adolph Woermann im Kamerungebiet. Im Februar 1885 folgen die ostafrikanischen Gebiete, die der spätere Kriminel-

Von Otto von Bismarcks so nicht gewollt: Schwarz-Weiß-Rot in Übersee.

le Dr. Carl Peters mit der *Gesellschaft für Deutsche Kolonisation* dem deutschen Einfluss sichert. Im April desselben Jahres kommt noch das Wituland (im heutigen Kenia) hinzu, das die Brüder Clemens und Gustav Denhardt erwerben. 1886 greift das Reich dann in den Pazifik aus: Es erfolgt zunächst die Unterschutzstellung Nord-Neuguineas (Kaiser-Wilhelm-Land) und des vorgelagerten Bismarck-Archipels. Hinzu kommen die Marshall- und mehrere Solomonen-Inseln, 1888 die Insel Nauru.

Zunächst versucht Bismarck noch, seinen ursprünglichen Plan durchzusetzen und die Schutzgebiete von den erwerbenden Gesellschaften sichern und verwalten zu lassen. In Ost-Afrika scheitert dieses Konzept spätestens 1890, die Neuguinea-Kompanie streicht 1899 die Segel, die auf den Marshallinseln tätige Jaluit-Gesellschaft hält immerhin bis 1906 durch. In West- und Südwest-Afrika kommt es nicht zur Anwendung dieser Konstruktion. Die dortigen Betreiber sind entweder tatsächlich nicht in der Lage zum Aufbau eines gleichsam „staatlichen" Systems oder aber, und das ist die viel wahrscheinlichere Variante, sehen angesichts der extrem hohen Kosten der Schaffung einer personalen und Sachstruktur den Ruin ihrer privaten Unternehmensinteressen voraus.

Schon aus Gründen des nationalen Prestiges gibt es für das Reich überhaupt keine Möglichkeit, aus dieser kolonialen Falle wieder herauszukommen; außenpolitisch entstünde eine unerträgliche Situation des Ansehensverlustes, innenpolitisch bräche ein Sturm los, den keine Regierung überstehen könnte. Und so ist das Reich cleveren Kaufleuten und einer aufgeputschten öffentlichen und veröffentlichten Meinung „auf den Leim gegangen“ und das unter der Führung des großen Mannes.

Die Dinge laufen stets nach dem gleichen Schema ab: Durchaus auch nach Machtdemonstrationen durch Einheiten der Marine, werden gegen vollkommen unangemessene oder auch nur symbolisch zu nennende „Vergütungen“ sogenannte Schutzverträge mit indigenen Führern abgeschlossen, die häufig kaum wissen, was sie tun und die oft über Landstriche verfügen, an denen sie keinerlei Rechte geltend machen können. An dem gezahlten Geld und den „Glasperlen“ bereichern sie sich stets persönlich. Über Waffen und Alkohol schweigen die offiziellen Quellen. Beide, besonders attraktiv, dürften sie in großem Maße die Besitzer gewechselt haben. Dass sie „Verhandlungspartner“ großer europäischer Herren sind, hebt ihr Prestige in ihren Gesellschaften unerhört, auch ihre Einbindung in die teilweise pompösen Übergabezeremonien. Als beispielhaft kann die Schilderung Eduard Woermanns, des Bruders Adolphs, gelten, der die Übernahme der ersten Gebiete von Kamerun im Juli 1884 anschaulich schildert:

… Sonnabend, den 12. Juli, kam nun die >Möwe< ganz den Fluß herauf nach oben, ein Triumph für uns Deutsche, ein Mahnzeichen für die Schwarzen, daß auch wir Kriegsschiffe haben. Das Staunen war auch allgemein: That be German man-of-war, und entschieden nützte uns dies wieder für unsere Seite …

Montag morgen – es war der 14. Juli 1884 – wurde nun die Feierlichkeit vorgenommen. In Belltown, Akwatown und Didotown war je eine Flaggenstange errichtet: auf jeder wurde eine Flagge unter einer Ansprache von Nachtigal und drei Gewehrsalven gehißt, und nachdem dies geschehen, salutierte die >Möwe> unter einundzwanzig Schuß die deutsche Flagge in Kamerun. Es war ein festlicher Augenblick, selbst die Eng-

Deutsche Marine in Fernost: Stützpunkt Tsingtau.

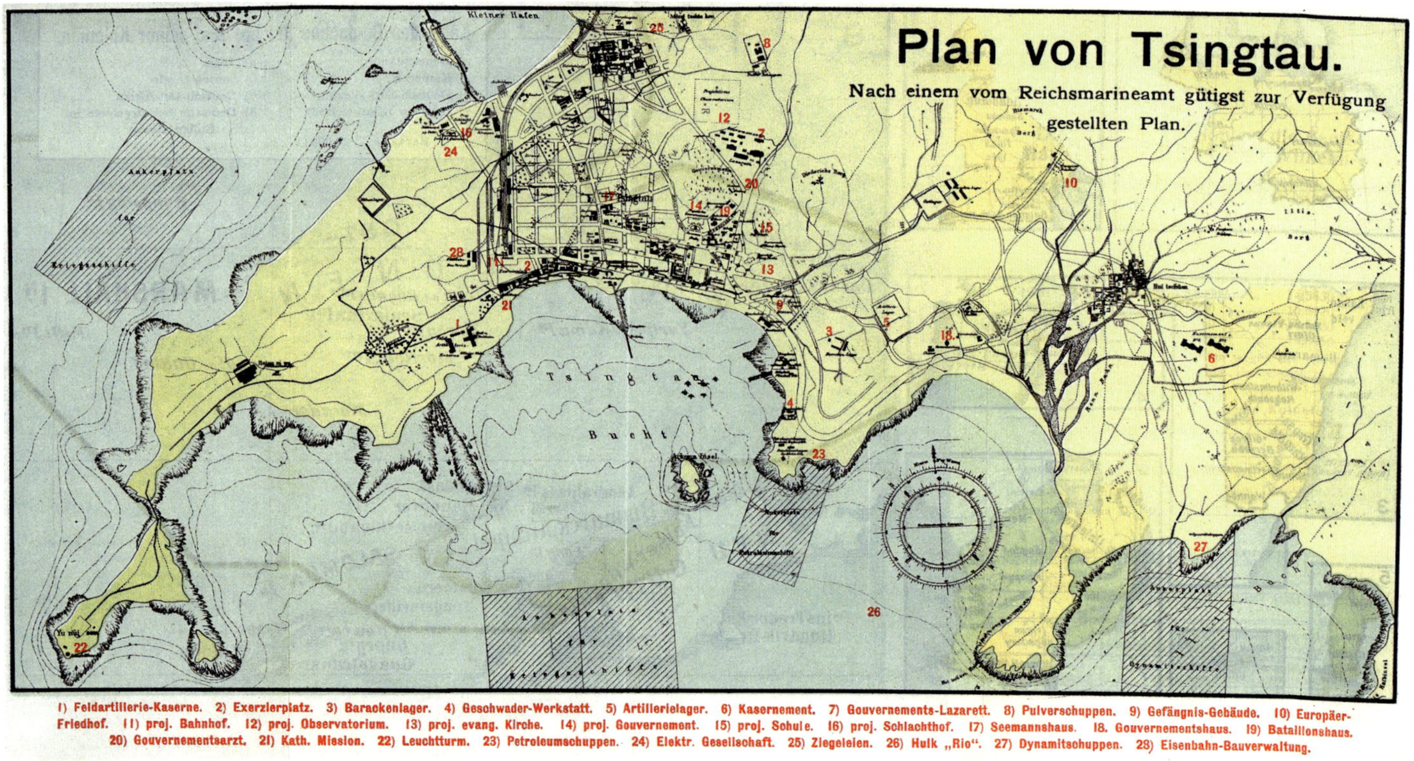

länder kamen mit ihren Flaggen heraus, und trotz der Regenzeit schien die Sonne wohlgefällig auf das neue deutsche Eigentum herab. Camerons ist und bleibt nun hoffentlich deutsch.

Die Reichsregierung bestätigt die Verträge, überträgt zunächst bestimmte hoheitliche Rechte auf die Privaten. Das Schutzgebietsgesetz vom 17. April 1886 schafft dann den ersten verbindlichen Rechtsrahmen für die neu erworbenen Territorien.

Die Entwicklung hin zu rein staatlichen Strukturen wird schon nach kurzer Zeit unumgänglich. Das Reich ist in die Rolle der klassischen Kolonialmacht mehr *nolens* denn *volens* „hineingerutscht".

Dieses koloniale Engagement des Deutschen Reichs in den achtziger Jahren des 19. Jahrhunderts wäre ohne den ständigen Einsatz der Marine nicht möglich gewesen. Ihre Rolle findet in Politik, Öffentlichkeit und Fachwelt Anerkennung: Sie hat eine Aufgabe zu bewältigen, die sich ihr bisher nicht gestellt hatte. Kiel ist der Heimathafen vieler Schiffe, die zum Einsatz kommen.

Schon bevor die grundstürzenden Strategiereformen infolge der neuen *Weltpolitik* Wilhelms II. zum Tragen kommen, die Kiel als Mega-Standort noch vor ganz andere Aufgaben stellen werden, ist die Stadt einer der operativen Dreh- und Angelpunkte deutscher Kolonialpolitik. Und das alles unter Kaiser Wilhelm I., was nur allzu oft vergessen wird.

Für Otto von Bismarck bleibt das Thema der Schutzgebiete ein Ärgernis, ein Störfaktor, eine Beunruhigung. Einem Journalisten, der ihn 1885 interviewt, und dabei die Forderung nach weiteren Kolonien formuliert, um international nicht ins Hintertreffen zu gelangen, antwortet er:

Ihre Karte von Afrika ist ja sehr schön, aber meine Karte von Afrika liegt in Europa. Hier liegt Russland und hier liegt Frankreich, und wir sind in der Mitte, das ist meine Karte von Afrika.

In der letzten Zeit seiner Kanzlerschaft versucht Bismarck immer einmal wieder, sich des Kolonialbesitzes oder erheblicher Teile davon zu entledigen, etwa durch Verkauf an Italien, um ein Beispiel zu nennen. Da scheitert er; gegen den Zeitgeist ist nicht anzukommen.

Als Wilhelm II. seine eigene *Weltpolitik* beginnt, zu der ja auch der weitere Erwerb bedeutenden Kolonialbesitzes gehören soll, ist das deutsche Kolonialreich allerdings im Wesentlichen bereits „fertig".

Nach dem Sonderfall des Erwerbs des chinesischen Kiautschou in der Hauptsache für Zwecke der Marine, erfolgt 1899 durch den deutsch-spanischen Vertrag die Inbesitznahme der Karolinen, der Marianen und Palaus im mittleren pazifischen Ozean, 1899 wird der Samoa-Vertrag abgeschlossen, der Deutschland den Westteil der Inseln sichert; Deutsch-Ost-Afrika wird um die Königreiche Burundi und Ruanda erweitert, so, wie 1911 ein Teil des französischen Kongo zu Kamerun kommt (Neukamerun). Nur noch Arrondierungen. Kein Raum mehr für einen großen Wurf des ehrgeizigen Kaisers.

1902 scheitert sein ambitioniertes Projekt, Niederkalifornien von Mexiko zu erwerben. Hier hätte die zweite deutsche Flottenbasis am Pazifischen Ozean entstehen sollen.

Politisch, militärisch und volkswirtschaftlich belasten die Schutzgebiete das Reich über die Maßen. Bis auf das kleine Togo trägt keines sich selbst, geschweige denn, dass eines Gewinn hervorbrächte. Und wiederum mit der Ausnahme Togos erwirbt sich das Deutschtum kein Ansehen oder erweckt gar Zuneigung bei den Einheimischen, keines der anderen Gebiete kommt im positiven Sinn zur Ruhe, Zeiten ohne Aufstände sind Zeiten der Friedhofsruhe. Fast ohne Unterlass ist die Marine damit beschäftigt, diese aufrecht zu erhalten; das wird eine ihrer wesentlichen Aufgaben. Sie wird in erheblichen Teilen eine Polizeitruppe zur See.

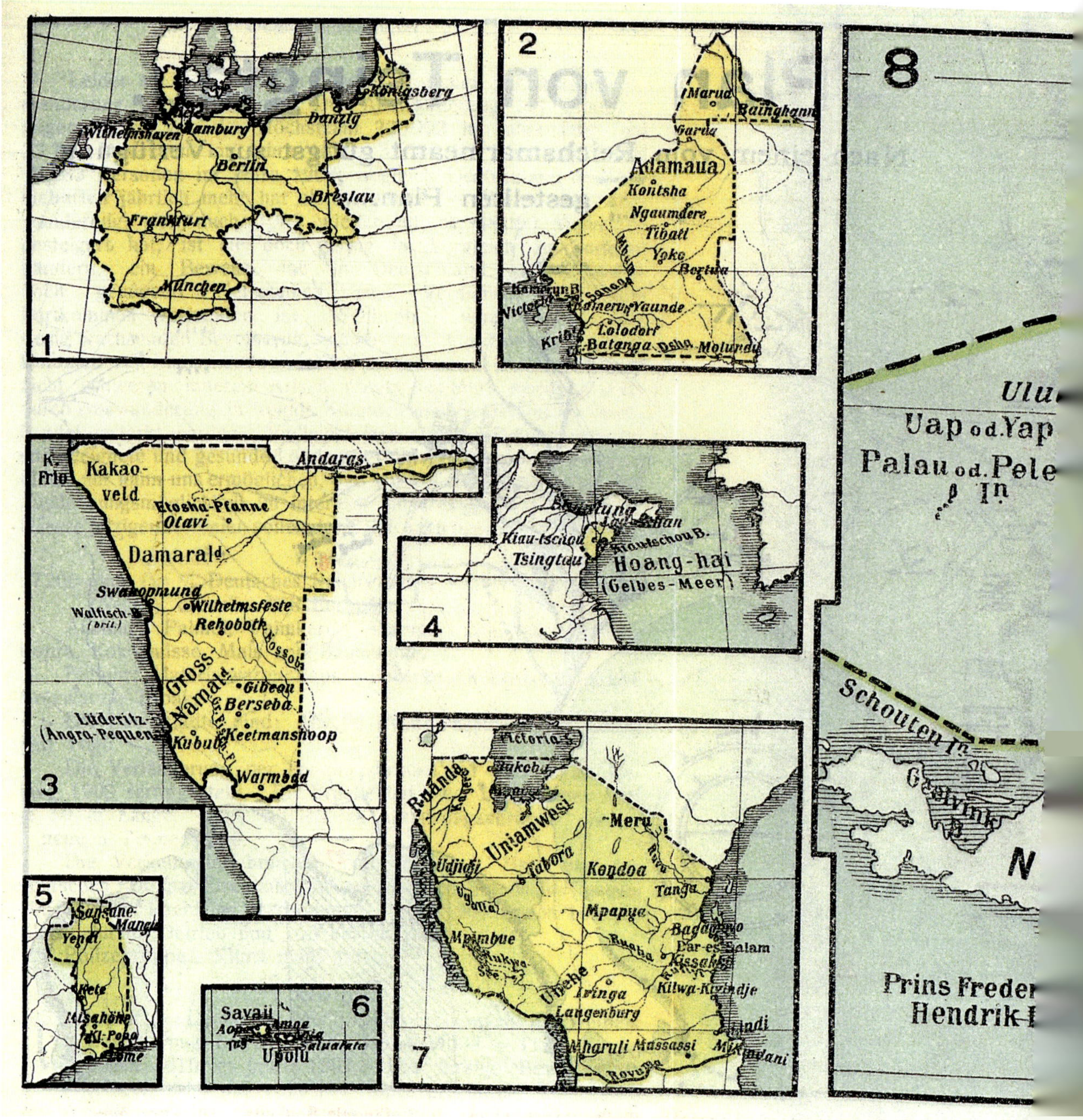

Das Deutsche Reich, seine Schutzgebiete und Tsingtau im Größenvergleich.

Die afrikanischen Besitzungen sind Togo, Kamerun, Deutsch-Südwest- und Deutsch-Ost-Afrika.

Togo, mit 87.000 Quadratkilomentern ungefähr von der Größe Bayerns (im Vergleich: Deutsches Reich von 1871 ca. 541.000 Quadratkilometer, Bundesrepublik Deutschland ca. 357.000 Quadratkilometer), ist dabei so etwas wie die „Musterkolonie“. Die dort lebenden Nationen sind die Ewe, die Guang und die Ashanti mit einer Bevölkerungszahl von etwa zweieinhalb Millionen. Nach der Unterschutzstellung der Gebiete der Häuptlinge Meapa von Togo und Gassu von Bagida an der Küste am 5. Juli 1884, beginnt rasch auch die Inbesitznahme des Hinterlandes. Das Schutzgebiet kommt auf Dauer ohne Subventionen durch das Reich aus, da die Hamburger und Bremer Gesellschaften, die hier

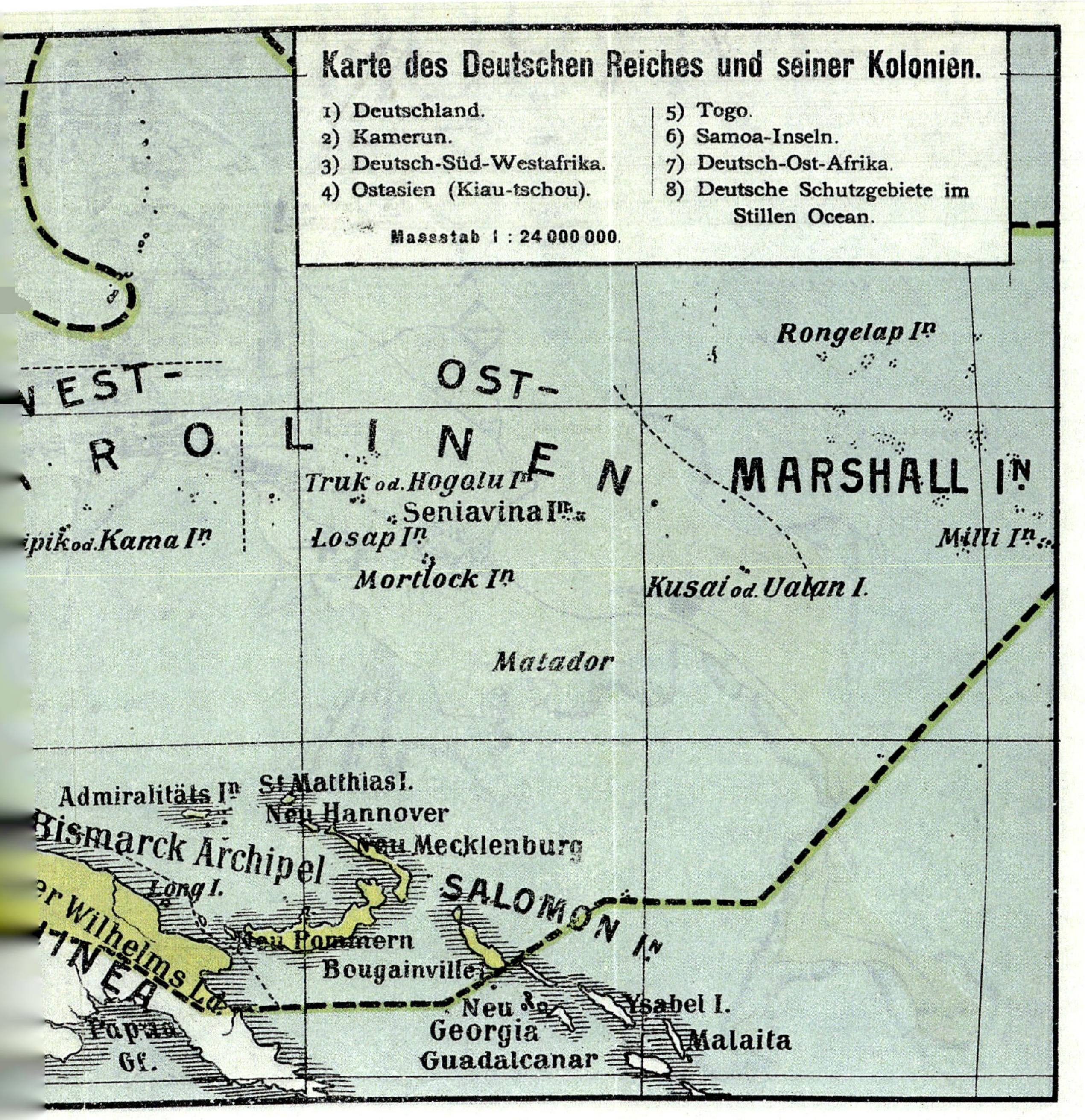

wirtschaften, durch den Handel mit Palmöl, Kakao, Kautschuk, Kaffee, Baumwolle, Elefantenstoßzähnen und edlen Hölzern so glänzende Geschäfte machen, dass sich Togo infolge der entsprechenden Steuereinnahmen selbst trägt.

Am 14. Juli 1884 erfolgt im Golf von Biafra im Kamerun-Gebiet die Flaggenhissung an drei Orten der Küste. 495.000 Quadratkilometer wird das Gebiet umfassen, es grenzt an den Atlantischen Ozean, Französisch-Äquatorial-Afrika, Belgisch-Kongo, reicht im Norden bis zum Tschad-See. Tropischer Regenwald, das Hochland mit mildem Klima und trockenes Steppenland nach Norden hin prägen Kameruns Landschaftsbild. Etwa zweieinhalb Millionen Menschen bewohnen das Land zur Zeit der deutschen Besetzung, zahlreiche Plantagenunternehmen produzieren Mais, Kakao, Kautschuk und Palmöl. Der Handel mit Edel-Hölzern und die Viehzucht sind weitere bedeutende Zweige der kolonialen Wirtschaft.

Bis in den Ersten Weltkrieg hinein erschüttern immer wieder Aufstände die Region. Kamerun kommt nicht zur Ruhe. So findet hier dann auch vor Ausbruch des Ersten Weltkrieges die letzte Machtdemonstration der Kaiserlichen Marine statt, als im August 1913 der Kreuzer *Bremen* „nach dem Rechten sieht".

Die indigenen Bewohner des späteren Deutsch-Südwest-Afrika machen zur Mitte des 19. Jahrhunderts die Bekanntschaft christlicher Missionare. Zur Zeit der deutschen Herrschaft bewohnen im Ovamboland, im Herero- und Namaland etwa 200.000 Ovambo, Herero, Nama, Damara und Bondelswart das Schutzgebiet. Es umfasst ca. 835.000 qkm. Gold, Erze, Diamanten, Kupfer und andere Bodenschätze sowie Marmor, Hölzer, landwirtschaftliche Produkte aus der Viehzucht und Guano zur Düngerherstellung bilden das wirtschaftliche Rückgrat. Aufstände, so 1893/94 der *Witbois* und 1904/05 der *Herero* erschüttern das Land schwer und werden durch die Art der deutschen „Krieg-Führung" mit etwa 100.000 Toten zu einem der großen Makel der deutschen Kolonialgeschichte.

Deutsch-Ost-Afrika ist mit einer Ausdehnung von etwa einer Million Quadratkilometern das größte deutsche Schutzgebiet auf dem afrikanischen Kontinent mit etwa sechs Millionen einheimischen Bewohnern. Der Indische Ozean im Osten, der Belgische Kongo mit dem Tanganjikasee, Rhodesien mit dem Nyassasee im Westen, Mozambique im Süden und der Victoriasee mit Britisch-Ost-Afrika begrenzen das reiche, landschaftlich äußerst vielfältige reizvolle Land. Sisal und Kaffee, Hirse und Kopra, Kautschuk, Kopal, Elfenbein, Hanf, Kaffee und Erdnüsse sind Hauptprodukte der Wirtschaft. Die Deutschen schaffen eine vorbildliche Infrastruktur, die noch heute die Grundlage bei der weiteren Erschließung des Landes bildet. Kopfsteuer, Hüttensteuer, Zwangsarbeit und Willkürjustiz bedrücken die Bevölkerung. An Menschenleben und Gütern außerordentlich verlustreiche, mit von beiden Seiten mit großer Grausamkeit geführte Aufstände sind die Folge. Allein der *Maji-Maji*-Aufstand in den Jahren 1905 bis 1907 fordert bis zu 300.000 Opfer unter der einheimischen Bevölkerung.

Die Schutzgebiete in der Südsee bringen dem Reichsbesitz einen Landzuwachs von etwa 250.000 Quadratkilometern.

Die schon vor der Kolonialzeit auf den Inseln ansässigen deutschen Plantagenbesitzer und Kaufleute produzieren und handeln mit Palmöl und Kopra, Baumwolle, Tabak, Bananen, Zuckerrohr, Reis und Kokos. Größere, koordinierte Aufstände gegen die deutschen Herren, wie in Afrika, gibt es in der Südsee nicht. Dennoch sind die Marine und ihre Landungskontingente kontinuierlich damit beschäftigt, Kleinkriege zwischen verschiedenen Stämmen zu beenden und schwerste kriminelle Straftaten, etwa gegen Missionare, Nonnen und deutsche Beamte zu verfolgen und exemplarisch hart zu bestrafen.

Nur wenige Deutsche beherrschen diese riesigen Besitzungen: 1899 sind es in Togo etwa einhundert, in Kamerun gut zweihundertfünfzig; Deutsch-Südwest-Afrika weist knapp unter zweitausend deutsche Staatsangehörige aus, Deutsch-Ost-Afrika etwas mehr als sechshundertfünfzig. In den bis dahin erworbenen Südseebesitzungen sind es nicht mehr als zwei- bis dreihundert. Hinzu kommt in wechselnder Stärke das Militär, das im Regelfall jedoch keine ständige Präsenz aufweist.

SMS *Möwe*

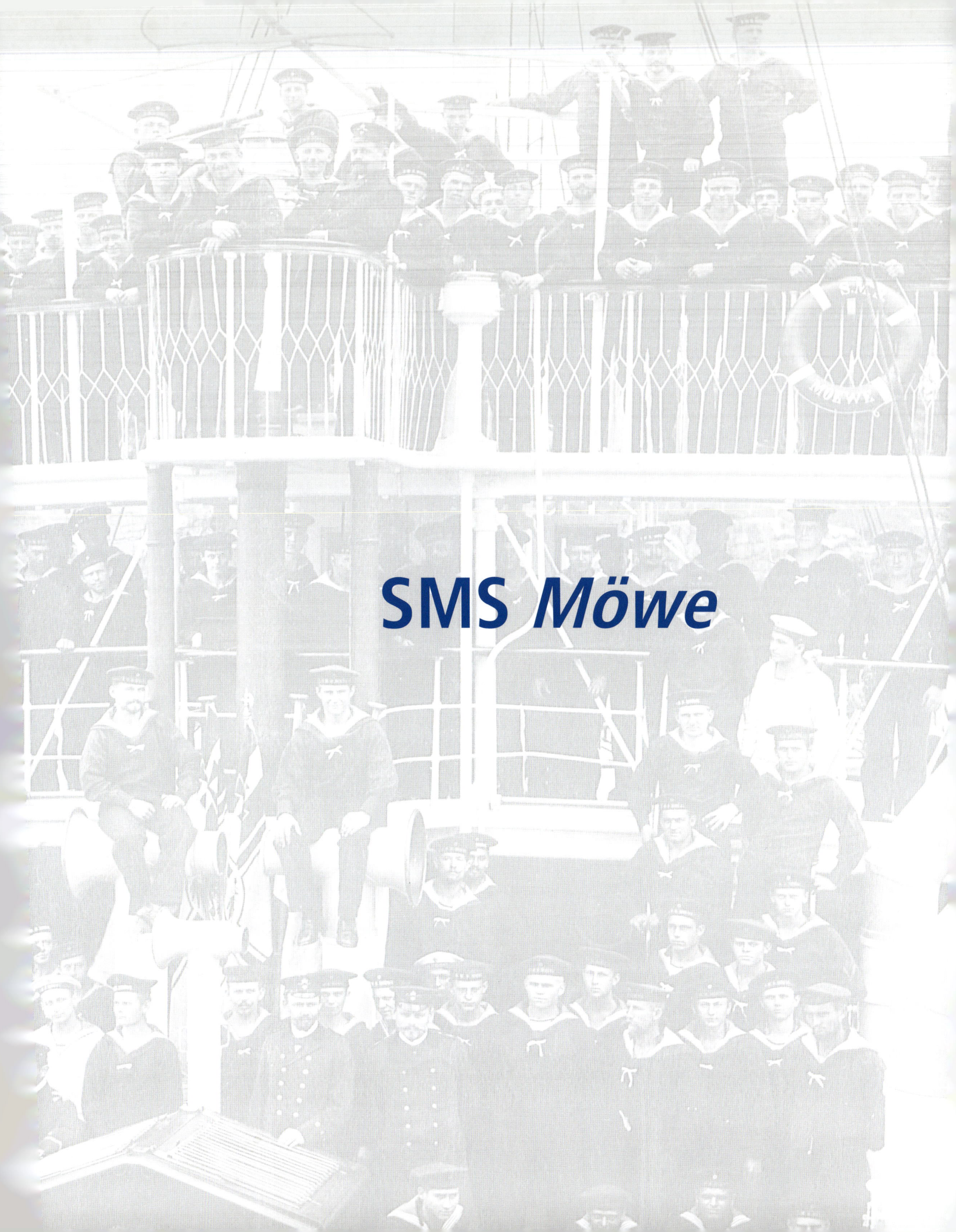

Die *Kaiserlich Deutsche Marine*. Unser kollektives Gedächtnis ist geprägt von dem Bild, das die gewaltigen grauen Kolosse der Großlinienschiffe und Schlachtkreuzer bieten, die den Kieler Hafen besetzen, sich auf Schillig-Reede vor Wilhelmshaven drängen, die in voller Manöverfahrt in Kiellinie laufen, die sich im Skagerrak mit der *Royal Navy* eine sinnlose Schlacht liefern. Dieses Bild zeigt die Flotte als den Inbegriff Wilhelminischer *Weltpolitik*. Es ist nicht falsch, aber sehr unvollständig. Denn diese Marine besteht keineswegs nur aus diesen Großkampfschiffen, die mit ihren Verbänden die Seemacht des Reichs verkörpern und sein politisches Abschreckungs- und Offensivinstrument darstellen sollen.

Zur Flotte gehören genauso die überaus zahlreichen leichteren und kleineren Einheiten, von den Kreuzern über die Torpedoboote hin zu den Kanonen- und U-Booten, die die tägliche Arbeit leisten, die die Arbeitspferde des Meeres, die Lastesel der See sind. Sie tragen in den fast fünfzig Jahren des Bestehens dieser Marine den militärischen Alltag. Und *sie* sind das Gesicht der Kaiserlich Deutschen Marine in der Welt.

Diese Schiffe nehmen repräsentative Aufgaben gegenüber fremden Staaten und im Inland wahr, leisten Hilfe beim Schutz deutscher Interessen und Staatsbürger, führen gemeinsam mit temporären Partnermarinen Aktionen an fremden Küsten durch und sind beim Erwerb und der späteren Sicherung deutscher Schutzgebiete ganz unverzichtbar. Doch nicht nur schiffsgebundene Aktivitäten entfaltet die Marine, zunehmend bewegen sich ihre Vertreter auch auf diplomatischem Parkett.

Einige Beispiele verdeutlichen das breite Spektrum des Einsatzes von Marine und Flotte:

Ein Schiff aus Kiel: SMS *Möwe.*

Eine geradezu exklusive Funktion kommt der Marine im Zusammenhang mit dem Erwerb des Gebietes Kiautschau mit dem Hafenort Tsingtau auf der Halbinsel Schantung zu, der der einzige große Überseestützpunkt des Deutschen Reiches werden wird. Er wird als essentiell für den Schutz der deutschen Interessen, der militärischen, aber auch der wirtschaftlichen, in Ostasien angesehen. Nach der Ermordung zweier deutscher Missionare erfolgt als völkerrechtliche Repressalie die Besetzung am 14. November 1897; am 6. März 1898 werden die faktischen Verhältnisse in die Form eines neunundneunzigjährigen Pachtvertrages gegossen.

Verantwortlich ist nicht das Reichskolonial-, sondern das Reichsmarineamt, das schnell darangeht, in Kiautschau geradezu den Idealfall deutscher überseeischer Entwicklung zu schaffen. Umgehend wird das Gebiet zur Freihandelszone erklärt; Tsingtau zur Festung umgebaut, wird Stammgarnison des III. Seebataillons. Der Ort selbst wird wirtschaftlicher Motor für das Umland; die Einführung des deutschen Schul- und Justizwesens gilt als vorbildhaft. 1909 nimmt ein Observatorium seine Arbeit auf. Eine deutsch-chinesische Hochschule wird gegründet. Unter der Regie der Marine entsteht militärisch ein überaus schlagkräftiger Stützpunkt und zivil ein blühendes Gemeinwesen.

Der wachsenden Bedeutung der Marine entsprechend, werden zahlreiche Positionen eines Marineattachés etabliert, so in London, Paris, Rom, St. Petersburg, Tokio und Washington, um Schlüsselvertretungen zu benennen.

Auf der 1. Haager Friedenskonferenz im Jahre 1899 ist die Marine genauso vertreten, wie auch 1907 auf der Nachfolgekonferenz.

Stark ist ihr Einsatz beim sogenannten Boxeraufstand 1900 in China, an dessen Bekämpfung vier Linienschiffe der *Brandenburg*-Klasse, Einheiten des Kreuzergeschwaders und das Kanonenboot *Iltis*, das sich besonders auszeichnet, teilnehmen.

1900 gegen die „Boxer" in China.

Beutekanonen und -fahnen für die Marineschule.

Das Schwesterboot der SMS *Möwe*.

Unglückliches Agieren vor Marokkos Küste: SMS *Panther*.

Die 1900 zwischen Deutschland, Österreich-Ungarn und Italien vereinbarte *Marine-Konvention* zur Zusammenarbeit im Mittelmeer im Kriegsfall nimmt die formale Konstellation zu Beginn des Weltkriegs (bis 1915) vorweg.

1902 greift sie mit anderen Seestreitkräften vor Venezuela ein, das sich zuvor geweigert hatte, europäische Gläubiger zu befriedigen. Häfen werden blockiert, ein Kanonenboot des südamerikanischen Staates beschlagnahmt.

Als 1904 Südwest-Afrika in Aufruhr gerät, ist sofort das Kanonenboot *Habicht* zur „Hilfeleistung" zur Stelle.

1905 bis 1907 werden Kreuzer und das I. und II. Seebataillon zur Bekämpfung des *Maji-Maji*-Aufstandes in Deutsch-Ost-Afrika eingesetzt.

1908 leisten die Schulkreuzer *Hertha* und *Luise* Hilfe bei der Erdbebenkatastrophe von Messina.

1909 ist die Marine auf der Internationalen Seerechtskonferenz in London vertreten.

1911 sind u.a. die Kreuzer *Cormoran*, *Emden* und *Nürnberg* an der Niederschlagung von Unruhen auf den Karolinen beteiligt.

Eines der misslungensten Abenteuer deutscher Außenpolitik mit dem sogenannten *Panthersprung von Agadir* sieht 1911 das („Kieler") Kanonenboot *Panther* vor Marokkos Küste.

Die Marine ist im Bereich von Ozeanographie und Meteorologie weltweit wissenschaftlich im Einsatz, erforscht Teile des Amazonas,

Möwe in Kapstadt, Urlaub und Überholung.

Geselligkeit an Bord nach anstrengendem Dienst.

des Rio Paraná und des Yangstekiang, hilft in Chile und Norwegen bei Katastrophen.

Diese wenigen Fakten vermitteln ein durchaus anschauliches Bild der Kaiserlichen Marine jenseits der *Schlacht-* oder *Hochseeflotte*. Es erscheint jedoch reizvoll, einmal ein ganz konkretes Bild vom Lebenslauf eines einzelnen Schiffes zu vermitteln, um sehr plastisch vor Augen zu haben, wie überraschend sich der Alltag im Laufe von dessen „Leben" gestalten kann.

Versuch einer Biographie:

In diesem Buch geht es um Kiel.

Deshalb soll es ein „Kieler" Schiff sein, dem gefolgt wird. Die Wahl fällt auf das Kanonenboot *Möwe*. Im Laufe seiner fünfundzwanzigjährigen Dienstzeit wird es erst zum Kreuzer auf-, dann zum Spezial-Vermessungsschiff umgerüstet.

Am 8. Oktober 1879 läuft es auf der *Schichau*-Werft in Elbing vom Stapel, am 31. März 1880 wird es zum ersten Mal in seinem künftigen Heimathafen in Dienst gestellt. Am 9. Dezember 1905 erfolgt die Streichung aus der Liste der Kriegsschiffe. *Möwes* einziges Schwesterboot ist die in Wilhelmshaven beheimatete baugleiche *Habicht*.

Im Frühherbst 1880 erhält das Boot, gemeinsam mit *Habicht*, den Befehl, die *Australische Station* zu übernehmen. Diese *Stationen*

Fürs Familienalbum: *Meine schöne Dienstzeit.*

sind festumrissene Seegebiete, in denen die jeweilige Nation ihre Interessen durch die Anwesenheit von Kriegsschiffen demonstriert und schützt. Das Deutsche Reich, aber auch schon vorher Preußen und der Norddeutsche Bund, richten im Laufe der Zeit mehrere solcher *Stationen* ein. Da die Marine in diesen Gebieten zunächst keine eigenen Stützpunkte unterhält, ist sie auf fremde Hilfe zum Bunkern, zur Überholung und Reparatur sowie zur Erholung der Besatzung angewiesen. Dank der guten Beziehungen Deutschlands funktioniert das System weltweit reibungslos. Zu dieser Zeit umfasst die *Australische Station* wesentliche Bereiche der späteren deutschen Südsee-Schutzgebiete.

Am 1. Oktober 1880 verlässt das Boot Kiel und erreicht im Januar 1881 nach Aufenthalten in Funchal auf Madeira und Rio den Hafen von Kapstadt, wo es sein Schwesterboot trifft. Der Weitermarsch führt die Boote nach Melbourne, wo sie das Deutsche Reich während der dortigen Weltausstellung vertreten und repräsentieren. Von April bis Oktober 1881 tut das Boot dann seinen Dienst auf der *Station*, wo es gemeinsam mit *Habicht* operiert, nachdem zuvor *Hyäne* und *Nautilus*, die bisherigen Stationsschiffe, abgelöst worden sind. Im April 1882 wird *Möwe* durch die Glattdeckskorvette *Carola* abgelöst und tritt die Heimreise nach Kiel an.

Unterwegs erreicht den Kommandanten der Befehl, Ägypten anzulaufen, wo Spannungen zwischen Großbritannien und dem Khediven als dem Statthalter des Sultans – Ägypten gehört dem Osmanischen Reich an – zu militärischen Auseinandersetzungen führen könnten: Gemeinsam mit anderen Einheiten soll *Möwe* Leben und Eigentum deutscher Reichsangehöriger schützen. In Port Said wird zunächst ein Landungskorps von fünfundzwanzig Mann an Land gesetzt, um mögliche Übergriffe auf das deutsche Konsulat zu verhindern. Danach operiert das Boot im Suez-Kanal, wo es einhundertfünfzig Deutsche, Österreicher, Franzosen und Italiener von Ismailia nach Port Said in Sicherheit bringt und Konvois deutscher Handelsschiffe Geleitschutz bietet.

Nach Erledigung dieser Mission geht es mit seiner Besatzung von einhundertsiebenundzwanzig Mann endgültig auf Heimatkurs. In Kiel erfolgt eine einjährige Überholung, während der das Boot zum Kreuzer aufgerüstet wird.

Die nächste Mission führt *Möwe* mit wichtigem Auftrag nach Westafrika, allerdings ist dabei auch eine besonders kuriose Angelegenheit zu erledigen: Die Rückführung rebellischer „Neger" in ihre Heimat: Deutsche Firmen hatten in den britischen Gebieten Ober-Guineas Handel getrieben. Wegen verschärfter zollrechtlicher Vorschriften hatten sie ihre Tätigkeit an die nicht von Europäern okkupierte Sklavenküste (heutiges Togo, Benin, westliches Nigeria) verlagert. Unter englischem Einfluss kommt es zu Gewalttätigkeiten gegenüber Deutschen, aber auch zu Machtkämpfen unter dortigen Herrschern. Nach dem Erscheinen der Glattdeckskorvette *Sophie* gelingt es zunächst, eine labile Ruhe herzustellen. Um die Haupträdelsführer von der Macht und Größe des Deutschen Reichs zu überzeugen und sie von weiteren Übergriffen auf deutsches Leben und Gut abzuhalten, werden drei von ihnen nach Berlin und in große Hafenstädte gebracht, um ihnen zu zeigen, mit wem sie sich angelegt haben. Nach Beendigung dieses Spektakels erhält *Möwe* den Auftrag, sie in ihre Heimat zurückzubringen, in erster Linie jedoch einen vorrangigen Befehl, der die Präsenz des Deutschen Reichs in Westafrika betrifft:

Chef der Admiralität
An
den kaiserlichen Kontre-Admiral und Chef der Marinestation der Ostsee
Herrn von Wickede Hochwohlgeboren
Kiel
1791 *Berlin, den 8. April 1884*

In Erwiderung des Telegrammes vom 7. d. Mts. betreffend Abgang S.M. Kbt. „Möwe", ersuche ich Euer Hochwohlgeboren ergebenst, dem Kommandanten , Korvettenkapitän Hoffmann, den Befehl ertheilen zu wollen, den Hafen von Kiel erst am 15. d. Mts. zu verlassen und die Reise anzutreten.
Demselben bitte ich ferner mitzutheilen, daß der bisherige Generalkonsul von Tunis, Dr. Nachtigal, als Kaiserlicher Kommissar nach der Westküste von Afrika entsendet werden wird.
Dr. Nachtigal und der zu seiner Unterstützung eventl. Vertretung bestimmte Afrika-Reisende, Dr. Büchner, werden sich in Lissabon, letzterer vielleicht auch erst in Gibraltar, an Bord S.M. Kbt. „Möwe" einschiffen; der ferner als Kanzlei-Gehülfe der Kommission beigegebene bisherige Kanzlei-Sekretär bei dem Kaiserlichen General-Konsulat in London, Möbius, wird sich in Plymouth zur Einschiffung bereithalten. Die weiteren Befehle wegen Anlaufen von Lissabon pp. sowie wegen eventl. Aenderung der dem Korvetten-Kapitän Hoffmann ertheilten Segelordre in Folge der Entsendung des Kaiserlichen Kommissars werden dem genannten Offizier direkt,

eventl. nach Plymouth zugehen; da die genannten 3 Herren während des Aufenthalts auf der Station jedenfalls häufig und auch für längere Zeit an Bord des Kanonenboots eingeschifft sein werden, so wird es nothwendig sein, daß das Kommando die zur Unterbringung derselben etwa erforderlichen Gegenstände und Utensilien von der Werft requiriert sowie, daß die betreffenden Messen sich auf diese Vermehrung der Theilnehmer einrichten; Euer Hochwohlgeboren ersuche ich, hiernach das Erforderliche sehr gefälligst veranlassen zu wollen.

Schließlich theile ich euer Hochwohlgeboren mit, daß ich beabsichtige, 3 Neger, welche S.M.S. „Sophie" als Geiseln von Little Popo mitgebracht hat, mit S.M. Kbt. „Möwe" wieder zurückzusenden. Dieselben sind vom Korvetten-Kapitän Stubenrauch als Bürgschaft für das Wohlverhalten ihrer Landsleute, welche den in L. Popo ansäßigen Deutschen, kontraktlichen Abmachungen entgegen, Schwierigkeiten bereitet und deren Leben und Eigenthum bedroht, in Haft genommen worden. Die 3 Neger werden am 11. d. Mts. Abends in Kiel eintreffen und wollen euer Hochwohlgeboren sehr gefälligst veranlassen, daß sie entweder gleich an Bord eingeschifft oder bis zum Abgang des Fahrzeugs in einer Kaserne untergebracht werden. Euer Hochwohlgeboren ersuche ich, vor dem Abgung der „Möwe" diesen Leuten in geeigneter Weise zu eröffnen, daß sie zwar nunmehr wieder in Freiheit gesetzt werden würden, daß aber jede fernere Ausschreitung gegen Angehörige des Deutschen Reichs, von dessen Größe und Macht sie nun wohl einen kleinen Begriff erhalten, unnachsichtlich geahndet werden würde.

Die durch die Unterbringung und Verpflegung entstehenden Kosten bitte ich mir zu melden, das Begleitkommando ist nach Wilhelmshaven zurückzusenden.

Gez. v. Caprivi

Eine Weltberühmtheit auf *Möwe*: Dr. Gustav Nachtigal.

Am 15. April 1884 verlässt das Schiff Kiel, nimmt am 3. Mai den berühmten Afrika-Forscher und bisherigen deutschen Generalkonsul in Tunis, Dr. Gustav Nachtigal, an Bord und steuert sodann über Tanger die Kap-Verde-Inseln an, wo es auf die Korvette *Elisabeth* trifft. Von dort geht die Reise zu den Los-Inseln vor der Guinea-Küste, wo mit örtlichen Würdenträgern Gespräche über deutsche Faktoreien geführt werden. Dann werden im Togo-Gebiet die drei *chiefs* an Land gesetzt, mit der nochmaligen ernsten Ermahnung, nicht noch einmal gegen das mächtige Deutsche Reich aufzumucken.

En passant werden Schutzverträge mit wichtigen Häuptlingen in Lome und Bagida abgeschlossen, gefolgt von feierlichen Flaggenhissungen unter Salut. Der Grundstein für das künftige „deutsche" Togo-Land ist gelegt.

Im Juli 1884 ankert *Möwe* vor Duala im eigentlichen Zielgebiet der Unternehmung.

Zuvor hatte Reichskanzler Otto von Bismarck zugestimmt, deutsche Wirtschaftsinteressen im Kamerun-Gebiet unter den Schutz des Reichs zu stellen. Nach Verhandlungen mit den wichtigsten Häuptlingen erfolgt am 14. Juli 1884 die Flaggenhissung. Die Fakten für die Gründung dieses deutschen Schutzgebietes sind geschaffen, sie werden intensiviert durch Flaggenhissungen an der ganzen Küste, wobei bereits vorsorglich eine Abgrenzung zum französischen Einflussbereich erfolgt.

Danach geht es ab nach Süden, um Dr. Nachtigal in Lüderitzbucht abzusetzen. Er verlässt das Schiff, um im Hinterland mit lokalen Würdenträgern Verhandlungen über die Unterschutzstellung des Gebiets zu führen. *Möwe* fährt zu Unterhaltungsarbeiten nach Kapstadt, wo die deutsche Marine für solche Zwecke Gastrecht genießt. Danach wendet sich die Reise zurück nach Norden. Dr. Nachtigal geht wieder an Bord und wird nach Walfischbucht gebracht, wo mit den Engländern Grenzregelungen im südlichen Bereich des prospektierten deutschen Hoheitsgebietes getroffen werden.

Mit dem Ablaufen des Schiffes von der Südwestküste Afrikas ist die Rolle der Kaiserlichen Marine beim Erwerb dieses künftigen Schutzgebietes beendet.

Auf der Rückreise nach Norden ergibt sich die Notwendigkeit eines Einsatzes gemeinsam mit dem *Westafrikanischen Kreuzergeschwader* gegen deutschfeindliche Unruhen, die inzwischen in Kamerun und in geringem Maße auch in Togo ausgebrochen sind. Nach Beruhigung der Lage ist das Schiff zur weiteren Aufgabenerfüllung für Dr. Nachtigal an der Nigeria-Küste vorgesehen. Während der Reise bricht bei ihm jedoch eine alte Tuberkulose wieder aus, an der er am 20. April 1885 an Bord verstirbt. In Cap Palmas in Nigeria wird er vorläufig beigesetzt; seine endgültige Ruhe findet er 1888 in Kamerun.

Nach einer Grundüberholung, wiederum in Kapstadt, trifft das Schiff am 17. August 1885 vor Sansibar auf das dort versammelte Kreuzergeschwader, das die dort gerade unruhige Lage hatte calmieren sollen. Als *Möwe* eintrifft, hat

Die wichtigsten Leute: Der Vermessungstrupp.

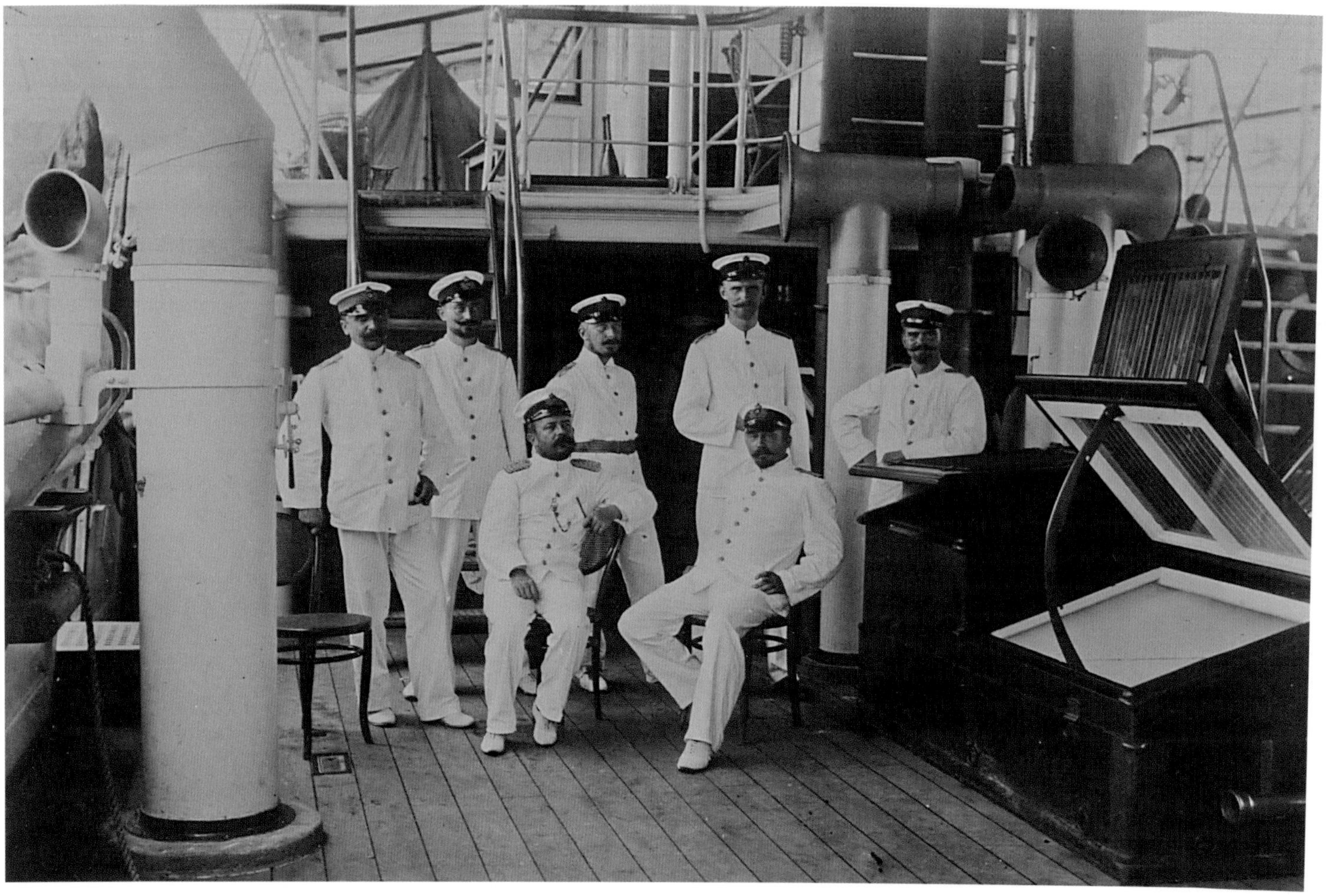

In lichtem Weiß: Offiziere posieren an Deck.

sich die Situation bereits wieder entspannt, sodass die Kreuzer in die Südsee verlegt werden. Nur *Möwe* und *Hyäne* sichern nun die ostafrikanische Küste im deutschen Einflussbereich. Die Einheiten unternehmen Inspektionsreisen entlang der Küste, besuchen Aden und Somali-Land. Von dort geht *Möwe* zur Überholung ins Dock nach Bombay in Britisch-Indien. Danach nimmt das Schiff u. a. navigatorische Untersuchungen in Küstengewässern vor. Auch ist ein besonders ehrenvoller Auftrag zu erledigen: Kaiser Wilhelm I. hatte dem Sultan von Sansibar als Geschenk sechs leichte Feldkanonen in prunkvollem Dekor versprochen. Nachdem diese mit einem Handelsdampfer eingetroffen sind und auf *Möwe* umgeladen, übergibt der Kommandant gemeinsam mit dem deutschen Generalkonsul am 18. März 1887 die kostbaren Stücke dem entzückten und geschmeichelten Herrscher.

Ansonsten geht das Boot auf der *Ostafrikanischen Station* eintönigem Dienst nach, der nur für einen Erholungsurlaub für die Besatzung in Kapstadt unterbrochen wird.

Nach der Rückkehr flammen in der Küstenregion Unruhen unter der arabischen Bevölkerung auf, die ihre Ursache in den zwischen dem Sultan von Sansibar und der faktischen Vorgängereinrichtung der späteren Schutzgebietsverwaltung, der *Deutsch-Ostafrikanischen Gesellschaft (DOAG)* abgeschlossenen Verträgen, haben. Der Sultan hatte Vereinbarungen mit den Deutschen für Teile des Festlandes getroffen; seine Zuständigkeit wird von Mitgliedern der dortigen arabischen Elite nicht anerkannt. Der mögliche wahre Hintergrund: Viele von ihnen

The good life …

verdanken ihren Reichtum dem Elfenbein-, mehr noch dem Sklavenhandel. Dass beides von den Deutschen streng bekämpft werden würde, befürchten sie, würde das für sie doch eine existentielle Bedrohung darstellen. Es bricht das aus, was in die deutsche Kolonialgeschichte als der *Araberaufstand* eingehen soll. Er wird mit großer Erbitterung geführt. *Möwe* ist in die Operation im Verband des aus der Südsee zurückgekehrten Kreuzergeschwaders eingebunden. Der erste Einsatz gilt in der Stadt Pangau unbotmäßigen örtlichen Behörden; dort beruhigt sich jedoch die Lage, zum Waffeneinsatz kommt es nicht. Anfang August und Anfang September 1888 jedoch geht das Schiff mit Artillerie und seinem Landungskorps gegen die Stadt Tanga vor. In einem weiteren Ort erscheint wegen der großen zahlenmäßigen Überlegenheit des Gegners der Einsatz riskant; er unterbleibt.

Bis Ende des Jahres sichert das Schiff Daressalam, um dann – nach Beginn einer offiziell verkündeten Blockade – den Küstenabschnitt von Daressalam bis zur Insel Matifa zu überwachen. Im Januar 1889 wehrt das Schiff – im Verbund mit anderen Einheiten – schwere Angriffe auf Daressalam ab. Den Abschluss seines Einsatzes bilden Teilnahmen an Landungsgefechten in mehreren Häfen. Der Aufstand wird schließlich durch den Reichskommissar und preußischen

… in Australia …

… very british, indeed.

Hauptmann Heinrich Wissmann niedergeschlagen, der Kopf der Rebellion, Buschiri bin Salim, nach aller Erkenntnis kein Sklavenhändler, nach kurzem Kriegsgerichtsverfahren am 15. Dezember 1889 öffentlich gehängt.

Während des Aufstandes sind der Kommandant, der Erste Offizier und zahlreiche Mannschaftsmitglieder schwer an Malaria erkrankt, sodass das Schiff aus dem Verband entlassen wird und am 13. August 1889 auf Heimreise nach Kiel geht, wo es am 16. Oktober eintrifft. Aufreibende und gefährliche Jahre hat es hinter sich.

In der weiten Welt: Straßenszene in Sydney.

Für den jetzt bevorstehenden letzten Abschnitt im „Leben" von *Möwe* hat die Marine einen ganz anderen Plan mit ihr. Ihre künftige Arbeit wird an Bedeutung alles weit übertreffen, was sie bisher zur Aufgabe hatte. Aus der Kampfeinheit soll ein Vermessungsschiff werden.

Für die von Deutschland erworbenen Gebiete in Ostafrika mit seiner langen Küste und in den unendlichen Räumen des „deutschen" Stillen Ozeans existieren weitgehend nur überalterte und höchst ungenaue Kartenwerke. Es ist daher für die dort operierende Marine und die nationale und internationale Handelsschifffahrt von geradezu existentieller Bedeutung, dass moderne Karten hergestellt werden. Hierfür wird *Möwe* binnen eines Jahres auf der *Kaiserlichen Werft* in Kiel umgerüstet. Doch nicht nur Vermessungen soll sie vornehmen. Sie wird zusätzlich schwimmender Außenposten des *Hydrographischen Amtes* der Marine und des *Deutschen Seeamtes*. Die Besatzung wird „umgeschult". Wissenschaftler übernehmen die inhaltlichen Aufgaben.

Am 18. November 1890 verlässt das Schiff Kiel und geht für vier Jahre zurück an die ostafrikanische Küste, die sie weitgehend aufnimmt. Unterbrochen wird diese Zeit durch Erholungs- und Reparaturaufenthalte in Bombay. Zweimal setzt die Marine das Schiff zur Bekämpfung von Unruhen im Einsatzgebiet ein, im Sommer 1892 und im Herbst 1894.

Danach wird *Möwe* ihr neues Arbeitsgebiet zugewiesen, die Südsee, für die nur englische und französische Karten, hauptsächlich aus dem 18. Jahrhundert, existieren. Es beginnt eine jahrzehntelange Arbeit, die auch zum Zeitpunkt des Verlustes der Gebiete in den Jahren 1918/19 noch keineswegs abgeschlossen ist. Es sind das Kaiser-Wilhelm-Land, das Bismarck-Archipel, die Samoa-Inseln sowie die melanesischen und mikronesischen Inselgruppen mit ihren Seegebieten zu vermessen.

Am 15. Juni 1895 nimmt das Schiff, von einer weiteren Überholung in Sydney kommend, und jetzt sogar mit einem Astronomen an Bord, seine Tätigkeit auf. Es wird häufig durch die Feindseligkeit der indigenen Inselbewohner behindert, die für Europäer äußerst belastenden klimatischen Verhältnisse führen zu längeren Erholungsaufenthalten in Hongkong und Sydney. Aber das Schiff erfüllt seinen Auftrag zuverlässig.

Die Südseegebiete sind für die deutschen Kolonialherren ein schwieriges, äußerst unruhiges Terrain. Immer wieder kommt es zu blutigen Unruhen der Inselbewohner untereinander und zu Morden an Europäern. Der Not gehorchend, muss sich an deren Unterdrückung und Verfolgung 1899, 1900 und 1901 auch *Möwe* beteiligen. Immer noch verfügt sie über zwei 12,5-cm-Geschütze und kann ein kleines Landungskorps zusammenstellen.

Nach fünfundzwanzigjähriger Dienstzeit ist das Schiff im Jahre 1905 nicht mehr verwendungsfähig. Zur Außerdienststellung läuft es nach Tsingtau, wo es 1910 verkauft wird. 1914 wird es im dortigen Hafen versenkt.

„Schutzbefohlene"…

… des Deutschen Reichs …

… sind sie …

… nicht freiwillig.

Vom Kanonenboot zum Vermessungsschiff:
In der Biographie von SM Kanonenboot/Kreuzer/Vermessungsschiff *Möwe* spiegelt sich die ganze Vielfalt des Einsatzes der *Kaiserlich Deutschen Marine* in „Friedenszeiten" wider, die dieses jedoch für die großen Mächte nur weitgehend in Europa, keineswegs aber in Übersee sind. Auch am Beispiel der Lebensgeschichte von *Möwe* ist demonstriert, dass die Marine über eine hochaktive Flotte verfügt, die in aller Welt im Einsatz ist, eine Flotte, die sich keineswegs in schiffbautechnischer Schönheit, Repräsentation und Drohgebärde erschöpft. Bei den Marinen der anderen Nationen ist sie hoch angesehen. Und „Kieler Schiffe" sind immer dabei, so wie SMS *Möwe*.

Weltpolitik

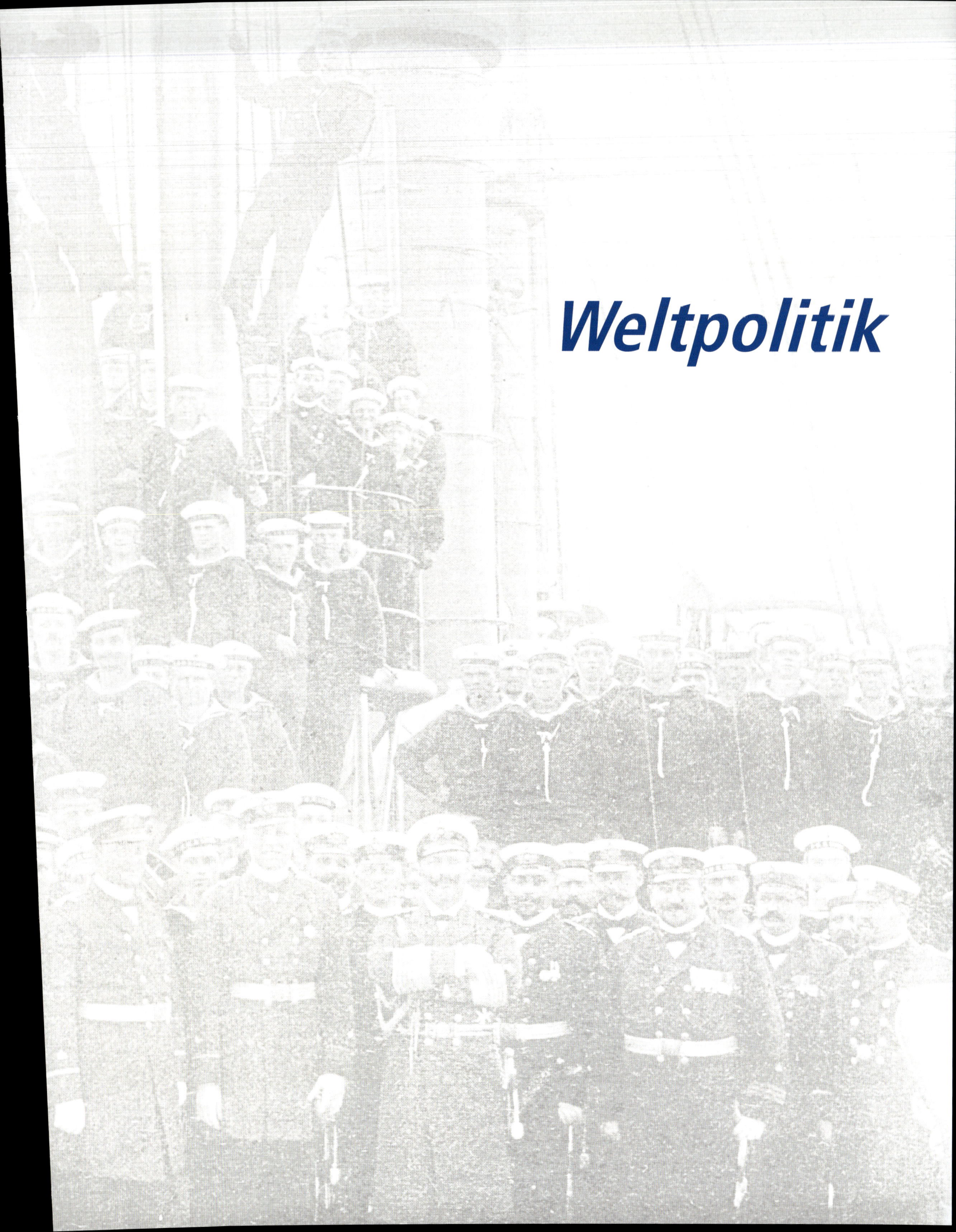

Wilhelm II.:
Global player in spe.

Die Regierungszeit Wilhelms II. ist von dem unbändigen Wunsch geprägt, *Weltpolitik* zu machen. Dabei handelt es sich nicht um ein festumrissenes, präzise zu beschreibendes außenpolitisches Projekt, sondern um die Formulierung des Wunsches und Strebens nach einer anerkannten gleichberechtigten Rolle auf der Bühne der großen Mächte, die die Herrschaft über die Welt ausüben. Das, was gemeint ist, formuliert der Staatssekretär des Äußeren und Reichskanzler von 1900 bis 1909, Bernhard von Bülow, im Reichstag am 6. Dezember 1897 so:

> *Mit einem Worte: Wir wollen niemand in den Schatten stellen, aber wir verlangen auch unseren Platz an der Sonne.*

Mit dieser Grundaussage wird ein Anspruch auf Einflussnahme in der Weltpolitik angemeldet. Mit ihr verleiht Bülow der Auffassung seines Souveräns und des größten Teils der deutschen öffentlichen und veröffentlichten Meinung ihren populären Ausdruck. Er folgt dem Zeitgeist, den der Gedanke des Imperialismus, des Ausgreifens der mächtigen Nationen in die Welt, prägt.

Unseren Platz an der Sonne?

Bülow verlangt, was Deutschland längst hat, und diesen Platz macht ihm niemand streitig.

Die neu heraufkommende Macht der Vereinigten Staaten von Amerika blickt mit Sympathie und Bewunderung auf das junge Reich jenseits des Atlantiks. Trotz konjunktureller Krisen stellt die deutsche Wirtschaft ein starkes Versprechen auf die Zukunft dar. Der Parlamentarismus weist dem Land zunehmend den Weg in

Bernhard von Bülow:
Verlangt *unseren Platz an der Sonne.*

die politische Moderne. Das Kolonialreich ist im Wesentlichen erworben. Die Stärke seiner Streitkräfte ist unbestritten. Die Wissenschaften blühen; die deutschen Universitäten genießen Weltruf. Das künstlerische Schaffen besitzt auf höchstem Niveau Avantgarde-Status.

Was möchte man noch?

Es gibt offensichtlich eine schmerzlich empfundene Leerstelle, die der Jurist, Soziologe und Nationalökonom Max Weber schon vor Bülow in seiner Antrittsvorlesung 1895 in Freiburg so markiert:

> *Wir müssen begreifen, dass die Einigung Deutschlands ein Jugendstreich war, den die Nation auf ihre alten Tage beging und der Kostspieligkeit halber besser unterlassen hätte, wenn sie der Abschluss und nicht der Ausgangspunkt einer deutschen Weltmachtpolitik sein sollte.*

Angesichts der beiden Äußerungen, der des Wissenschaftlers, mehr aber noch der des Politikers, steht der Betrachter einem Paradoxon, einem Phänomen gegenüber: Man macht sich nicht einfach auf den Weg zur Weltmacht mit zu schaffenden Tatsachen, Verhältnissen und Konstellationen, man stellt vielmehr sozusagen den Antrag an die Weltöffentlichkeit, eine sein zu dürfen, man richtet ein Aufnahmegesuch an die Welt.

Dabei kann es nicht mehr darum gehen, in den Kreis der Kolonialmächte aufgenommen zu werden; da ist man ja längst. Bei sinnvoller Deutung der Aussagen und Forderungen Bülows, Webers und unzähliger Anderer kann es nur darum gehen, den Anspruch zu erheben, bei allen Fragen von weltpolitischer Bedeutung institutionell mit am Tisch zu sitzen, das große Wort mitreden zu dürfen. Und das wiederum heißt, und das ist der Schlüssel zu allem: *Bitte, ihr Weltmächte, nehmt uns doch ernst.*

Hier spiegelt eine politische Globalprogrammatik den entscheidenden Wesenszug in der Persönlichkeit des deutschen Staatsoberhauptes, Kaiser Wilhelms II., wider: Den aus tiefem persönlichem Minderwertigkeitskomplex geborenen, geradezu verzweifelten Wunsch, in der Welt als gleichwertig akzeptiert zu werden. Und dieser Wunsch wiederum kennt in seinem tiefsten Innern nur das eine Bestreben: Ernst genommen zu werden von England, der bewunderten und beneideten Heimat der großmütterlichen, der royalen und imperialen Familie. Bewunderung und Neid, Gefühle, die leicht in Hass umschlagen können, wenn das Objekt der Emotionen nicht reagiert wie gewünscht. So wird es kommen.

Deutsche *Weltpolitik*, auch eine Familienangelegenheit: Queen Victoria (vorne Mitte) mit ihrem Sohn, Thronfolger Prince Edward (hinten rechts) und Enkel Wilhelm von Preußen (Zweiter von rechts).

Das ist das innerste Wesen der neuen deutschen *Weltpolitik*: Englands Liebe und Anerkennung zu gewinnen und als „groß", eben als Weltmacht, respektiert zu werden. Dieses Denken missdeutet Englands politisches Wesen vollkommen: Das Land kennt gegenüber niemandem emotionale Beweggründe, es kennt nur nationale Interessen: *Right or wrong, my country.* Und so sind Wilhelm und das Deutsche Reich ihm so lange gleichgültig wie es seine eigene Position nicht berührt sieht.

Wilhelm richtet damit sein Begehren auf ein untaugliches Objekt mit einem untauglichen Anspruch: Ob Deutschland von ihm als Welt-

1900 vor der Ausreise nach China: Der Kaiser verabschiedet *„Seine Kinder"*.

macht anzuerkennen sei, entscheidet Großbritannien keineswegs auf Grund des geäußerten „Wunsches", sondern einzig und allein mit einem kühlen Blick auf die realen Verhältnisse.

Doch bevor die große Anerkennung kommen wird, betreibt das Deutsche Reich schon einmal niedrigschwellige *Weltpolitik*: Es arrondiert sein Kolonialreich in Afrika und in der Südsee geringfügig, setzt sich in China fest, ist bei internationalen Konferenzen überaus präsent, beteiligt sich an der internationalen Mission zur Niederschlagung des *Boxer*-Aufstands in China (Aus Anlass der Abreise der Truppen aus Wilhelmshaven hält der Kaiser die verheerendste Rede seiner Amtszeit, die unrühmlich weltberühmte *Hunnen*-Rede.), meldet Ansprüche auf Einfluss im nordwestlichen Afrika an, mischt sich in einen Krieg in Südafrika ein, versucht einen Flottenstützpunkt in Mexiko zu erwerben. Der Kaiser unternimmt eine vielbeachtete Reise nach Palästina, ins Osmanische Reich. Es begibt sich also das Deutsche Kaiserreich schon deutlich wahrnehmbar in die Welt. Und dabei wird nebenher der Kaiser der bekannteste Mann des Planeten.

Wahre *Weltpolitik* aber treibt das Reich dann mit der Aufrüstung seiner Marine, ihrer schier unglaublichen Vergrößerung und durchgreifenden Modernisierung. Hier stellt es keinen Antrag mehr auf Weltgeltung, hier handelt es mit fordernder Konsequenz. Weil ein bestimmter Mann, der Admiral Tirpitz, die Sache in die Hand nimmt, im Sinne seines Herrn, im Sinne der von ihm konditionierten Öffentlichkeit und unter dem bis 1918 anhaltenden Jubel der Schwerindustrie und des Bankensektors, den ganz großen Gewinnern dieser Aufrüstung.

Die Flotte wird es sein, die Deutschland zum „echten" Mitspieler in der Weltpolitik macht, die Großbritannien Respekt abverlangt, die die Welt verändert. *Weltpolitik als Aufgabe, Weltmacht als Ziel, Flottenbau als Instrument*, so kann man es schlagwortartig formulieren.

Bevor das moderne Flottenprogramm ab 1898 Zug um Zug umgesetzt wird, steht die deutsche Marine an sechster Stelle in der Welt, am Vorabend des Weltkrieges an zweiter nach der Royal Navy. Das Deutsche Reich ist England zu nahe getreten. Dessen Sympathie konnte es nicht gewinnen, wohl aber seine widerwillige Anerkennung. Doch wohl in einem anderen Sinne als Wilhelm es sich vorgestellt hatte.

Deutsche *Weltpolitik* in dieser Zeit führt auch dazu, dass Staaten als Verbündete zueinander finden, die sich dieses noch kurze Zeit zuvor nicht hätten vorstellen können.

Der Meister seines Herrn

Unbeirrbar: Alfred von Tirpitz.

Alfred Tirpitz, im Jahre 1900 in den erblichen preußischen Adelsstand erhoben, seit 1897 Staatssekretär im Reichsmarineamt, 1911 zum Großadmiral befördert: Mit keinem Namen ist der rasante Ausbau der Marine und der Aufbau der deutschen *Schlacht-* und *Hochseeflotte* so verbunden wie mit dem Namen dieses Offiziers.

Wilhelm II., Deutscher Kaiser, will dieses Projekt zur Durchsetzung seines Plans, Deutschland seinen *Platz an der Sonne* zu verschaffen, und das alte England durch den Glanz seiner jungen Macht verblassen zu lassen, um nahezu jeden Preis.

Mit diesen beiden Akteuren treffen zwei Persönlichkeiten aufeinander, die unterschiedlicher nicht hätten sein können, die aber – sich gegenseitig ergänzend – gemeinsam ein gewaltiges Projekt angehen, das gemeinhin in Generationen gewachsen wäre; sie schaffen es in kaum zwei Jahrzehnten. Dort der nervöse, sprunghafte, seinen Launen und fremder Einflüsterung ausgelieferte, aber von seinem ganz großen Traum besessene Herr, hier der durchsetzungs-

Herr und *Meister*: Wilhelm II. und Tirpitz im Gespräch mit einem Heeresgeneral.

starke, rücksichtslose, unbeirrbare „Macher". Beide schmiedet die große Vision zusammen.

Als seine Ernennung zum Staatssekretär im Reichsmarineamt anstelle des glücklosen Admirals Friedrich Hollmann ansteht, charakterisiert der Chef des Marinekabinetts, der Admiral Gustav von Senden-Bibran, Tirpitz gegenüber dem Kaiser so:

T. ist eine sehr energische, man kann sagen rabiate Natur, die eher zu dämpfen ist, als vorwärts zu treiben. Er ist ehrgeizig, in den Mitteln nicht wählerisch, von sanguinischem Charakter, himmelhoch jauchzend, zum Tode betrübt, aber doch nie nachlassend in seiner schaffenden Tätigkeit, mag er sich auch noch so niedergeschlagen zeigen.

Eine Behandlung wie Admiral Hollmann wird er nicht vertragen, dazu ist er zu selbstbewusst und von seiner Güte überzeugt. Er ist kein hingebender Charakter, der eine Anschauung sofort hinnimmt, wie sie ihm wird. Vielmehr erwägt er alles sehr sorgfältig und bringt seine Bedenken dann sehr klar und sachlich zum Ausdruck. Werden seine Bedenken nicht bewilligt, dann nimmt er die Entscheidung hin und fördert sie unentwegt im Sinne des Vorgesetzten.

Er ist in seiner Marine-Karriere sehr verwöhnt worden, und er hat unter den Chefs der Admiralität wohl nie einen Vorgesetzten gehabt, der ihm gewachsen war.

S. M. werden der Tüchtigkeit von Tirpitz sehr viel Nachsicht entgegenbringen müssen, seinen Vorschlägen folgen, ihm freien Spielraum lassen, soll ein Zusammenarbeiten ersprießlich sein.

Ich glaube, Tirpitz ist der geeignete Mann, um in dieser schwierigen Lage die Marine vorwärts zu bringen.

Tirpitz wird ernannt; *der Meister*, wie er in der Marine angesichts frühen Erfolges genannt wird, und sein Herr haben zueinander gefunden. Sie sind sich schon einmal begegnet, als Tirpitz als Kommandeur der Torpedobootflottille Wilhelm während eines prinzlichen Besuchs nach Großbritannien begleitet hatte. Danach besteht kein Kontakt mehr, Tirpitz ist schließlich noch in einem Stadium seiner Karriere, in dem man von Höchster Stelle nicht bemerkt wird.

Ihre wahre gemeinsame Geschichte beginnt am 6. April 1891 auf dem Kieler Schloss, wohin der mit der Entwicklung der Marine völlig unzufriedene Kaiser die führenden Admiräle zu einer Grundsatzbesprechung über Zukunftsfragen der deutschen Marine- und Flottenpolitik

Erstes Schulschiff der Preußischen Marine: *Amazone*.

Auf der *Niobe* wachsen den Kadetten Seebeine.

einbestellt hat. Kapitän zur See Alfred Tirpitz ist zunächst nur am Katzentisch mit dabei.

Die Geschichte, die hier ihren Anfang nimmt, endet mit der Einreichung seines Abschiedsgesuchs am 16. März 1916, mitten in einer entscheidenden Phase des Ersten Weltkriegs.

Alfred Tirpitz wird am 19. März 1849 in Küstrin als Sohn eines Gerichtsassessors geboren. 1850 geht der Vater als Kreisrichter nach Frankfurt an der Oder, wo Alfred die ersten sechzehn Jahre seines Lebens verbringt. Sein Elternhaus bietet ihm die Grundlage für eine harmonische Jugend; als Schüler an der Realschule 1. Ordnung ist er nach seiner Erinnerung *sehr schwankend*, besondere geistige Interessen hat er nicht. 1865 meldet sich sein Freund Carl von Maltzahn als Kadett zur Preußischen Marine. Tirpitz kommt auf eine Idee: Das wäre auch etwas für ihn, dessen schulische Aussichten eben nicht besonders sind, und vor dem bis zum Abitur noch sich dahinschleppende Jahre in der Provinz liegen. Die Aussichten in der Flotte sind nicht schlecht, da 1861 das Schulschiff *Amazone* mit einem kompletten Jahrgang von Offizieranwärtern an Bord vor der holländischen Küste untergegangen ist, und es danach nur wenige Bewerber zum Seekadetteninstitut in Berlin gibt. Er wird zur Aufnahmeprüfung zugelassen, die er am 1. April 1865 als fünftbester von vierundzwanzig Teilnehmern besteht. Nach seiner Ernennung zum *Königlich Preußischen Seekadetten* am 24. April 1865 meldet er sich in Kiel zu seiner ersten Verwendung an Bord der Gedeckten Korvette *Arcona*, eines weitgereisten Schiffs. 1860 hat es eine fast dreijährige Ostasien-Reise angetreten, während derer Japan, China, Siam, Singapur und das Mekong-Delta angelaufen werden. Weiter bewährt es sich besonders als

Bei den Torpedobooten: Hier erlebt Tirpitz seine glücklichste Zeit.

Flaggschiff der preußischen Einheiten während des Deutsch-Dänischen Krieges im Seegefecht bei Jasmund am 17. März 1864, Geschwaderchef und Kommandant der seither berühmte Admiral Jachmann.

Als Alfred Tirpitz seinen Dienst antritt, hat es die preußische Marine schwer, ihre Position zu finden: Das politische Klima ist ihr nicht wohl gesonnen, Stützpunktmangel im Ausland erschwert ihren Einsatz, so ist sie in Übersee auf die – durchaus großzügig gewährte – Unterstützung durch England angewiesen. Sie kann preußische Wirtschaftsinteressen in den transozeanischen Gebieten nicht durchgehend wirksam schützen. Sie ist klein. Dennoch gelingt ihr weltweite Präsenz. Was ihr aber am meisten schadet, ist, dass es keinen einheitlichen, durchformulierten politischen Anspruch auf maritime Geltung und damit auch nicht hinsichtlich der Strukturvorgaben für die Flotte gibt.

Im Juni 1865 wird der Kadett auf das Segelschulschiff *Niobe* versetzt und macht seine erste große Reise nach Westindien. Anschließend, auf der *Musquito*, geht es ins Mittelmeer. Nach erfolgreichem Besuch der Marineschule in Kiel wird er 1869 Unterleutnant zur See. Wie fast die gesamte Marine, inzwischen ist sie die des *Norddeutschen Bundes*, erlebt er den Krieg gegen Frankreich 1870/71 weitgehend im Hafen, eine schwere Kränkung für das Offizierkorps, dem die Zeit der bewaffneten Auseinandersetzung mit Frankreich nicht einmal als Kriegsdienst anerkannt wird.

1872 ist er Leutnant, drei Jahre später Kapitänleutnant, 1881 dann schon außertourlicher Korvettenkapitän; seine Beurteilungen lassen eine bedeutende Karriere erwarten. Er scheint von dem Holze zu sein, aus dem Admiräle geschnitzt werden.

Ist er zuvor noch ein begabter Offizier wie so viele seiner Kameraden, kommt am 1. Januar 1877 für ihn der erste große Sprung: Er wird zur Admiralität versetzt und zugleich Mitglied in der *Torpedo-Versuchs- und Prüfungskommission*, der im Jahr darauf das *Torpedo-Versuchs-Kommando* attachiert wird. In den Sommermonaten der Jahre 1878 bis 1880 ist er Kommandant des Spezialschiffs *Ziethen*, in den Sommern 1881 bis 1884 dann des Torpedo-Schulschiffs *Blücher*. Bis in die neunziger Jahre hinein ist die Flotte nur von Frühjahr bis Herbst aktiv, danach geht sie in die Winterüberholung. Das wird er in seiner Amtszeit als Staatssekretär ändern.

Im Segment des Küstenschutzes von Nord- und Ostsee sieht die deutsche Marine im Torpedo eine Waffe der Zukunft, nachdem die österreichische den Torpedo mit Eigenantrieb entwickelt hat, dieser also als selbstständiges Distanzkampfmittel eingesetzt werden kann.

Für nachfolgende herausgehobene Positionen profiliert er sich mit einer Denkschrift über die Zukunft des Torpedowesens im Herbst 1877, die der Chef der Admiralität, der General/Admiral Albrecht von Stosch, in Auftrag gegeben hatte. Jetzt soll Tirpitz die Torpedo-Waffe zu einem modernen schlagkräftigen Instrument in der Flotte machen. Er wird der Kopf seiner *Torpedo-Bande*, seiner *band of brothers*, wie sich die mit der Entwicklung beauftragten Offiziere selbst nennen. Für sie ist er *der Meister*. Viele begleiten ihn auf seinem Weg an die Spitze. Sie erfüllen ihre Aufgabe glänzend, den Torpedo zu einer zuverlässigen Waffe zu machen. Zugleich entwickeln sie die dazugehörige Trägerplattform: das kleine, äußerst bewegliche Torpedoboot, das als Offensivwaffe in großen Schwärmen auf die Dickschiffe des Feindes losgehen soll. In nur zwölf Jahren gelingt es Alfred Tirpitz, die Torpedobootwaffe als völlig neuen Marineteil zu etablieren, ein Präzisionsinstrument, dem weltweit kein vergleichbares gegenübersteht. Nie betrachtet er seine Schöpfung aber als isolierten, für sich operierenden Bestandteil der Marine; immer sieht er sie nur im Zusammenwirken mit Großeinheiten. Er denkt im Systemverbund. Zu dieser Zeit beginnt er – noch ganz

Er nennt sie: seine *schwarzen Gesellen.*

für sich – über den Aufbau einer Schlachtflotte nachzudenken. Der Keim zu seinem späteren Wirken ist gelegt.

Er durchläuft sämtliche Funktionen im Torpedowesen: Dezernent in der Admiralität, Chef der Torpedobootflottille, Inspekteur. Alles, was ihn später bei der vollkommenen Umstrukturierung der Kaiserlichen Marine auszeichnen wird, zeigt sich schon jetzt: Zielstrebigkeit und Durchsetzungsfähigkeit bis hin zur Rücksichtslosigkeit, höchstes technisches Können, auch bereits kluges politisches Taktieren. Er begeistert und reißt mit. Sein Motto ist jetzt und wird es bleiben: *Ziel erkannt – Kraft gespannt.* Tirpitz selbst beschreibt seine Kieler Jahre in der Torpedowaffe:

> *Die elf schönsten Jahre meines Lebens habe ich im Torpedowesen verbracht, auf ‚unseren schwarzen Gesellen', der wilden verwegenen Jagd. Mit unseren unübertrefflichen Mannschaften verband uns Draufgängerlust und gegenseitige Kameradschaft in Sturm und Gefahr. Wir Offiziere vom Torpedowesen bildeten ein Korps im Korps, dessen einheitlicher Geist von anderer Seite anerkannt, aber auch beneidet und bekämpft worden ist.*

Als im Sommer 1888 ein Wechsel an der Spitze der Admiralität eintritt, setzt ein anderes Denken ein: Das Torpedoboot wird zum kriegsuntauglichen „Paradestück" erklärt. Tirpitz in der Sackgasse? Er zieht sofort die Konsequenzen, wird nach der Beförderung zum Kapitän zur See im Herbst 1888 Kommandant des Panzerschiffs *Preußen*, dann auf *Württemberg*. Zwei Jahre Borddienst in Mittelmeer und Nord- und Ostsee. Danach Chef des Stabes der Marinestation der Ostsee in Kiel. Nota bene nimmt er sich, als er später von alles überragendem Einfluss ist, wieder ganz besonders der Weiterentwicklung „seiner" Torpedowaffe an, die wiederum navale Weltspitze sein wird.

Als Wilhelm II. nach dem Tode von Großvater und Vater im Jahre 1888 Deutscher Kaiser wird, befindet sich die Marine in einer tiefen Krise. Es ist ihr nicht gelungen, ein schlüssiges Konzept für ihre Daseinsberechtigung zu erarbeiten. Und weil dieses Konzept fehlt, treibt der

Reichstag die Marine mit ihren diffusen Vorstellungen vor sich her. Da es auch Wilhelm, der die Marine zu seiner absoluten Chefsache macht, nicht gelingt, zwischen 1888 und 1897 ein den Reichstag überzeugendes Programm künftiger Flottenpolitik vorzulegen, bleibt die Marine in diesem *verlorenen Jahrzehnt*, wie Tirpitz es formuliert, Spielball der Politik. In dieser Zeit wird der Reichstag höchst sachverständig in Marinesachen, was Tirpitz hohen Respekt abnötigen soll, und was er später für seine Anliegen ausnutzen wird.

Eines aber erreicht die Marine, und insoweit sind es dann doch keine verlorenen Jahre: Dadurch, dass die in den Flottengründungsplänen von 1873 (und in der Aktualisierung von 1888) vorgesehenen vierzehn Panzerkreuzer einschließlich notwendig werdender Ersatzbauten vom Reichstag – trotz fehlender Konzeption im übrigen – als Kern einer künftigen Flotte anerkannt werden, ist eine gewisse Hoffnung auf Zukunft gegeben, allerdings langfristig nur dann, wenn endlich vollkommene Schlüssigkeit hinsichtlich des perspektivischen Kurses der Marine hergestellt werden würde. Der Abgeordnete Dr. Heinrich Lieber von der *Deutschen Reformpartei* wird es unwidersprochen 1894 noch einmal so formulieren:

> *Es ist auch nicht nur im Flottengründungsplan von 1873 und seitdem immer von der Reichsmarineverwaltung der Standpunkt vertreten worden, dass abgehende von diesen 14 Panzerkreuzern durch neue ersetzt werden müssten, sondern es hat dieser Grundsatz auch jederzeit im Reichstag Anerkennung gefunden… Ich stelle also fest: Der Grundsatz, dass die Zahl von 14 Hochseepanzern erhalten werden soll, ist auch vom Reichstag anerkannt worden.*

Ein weiteres positives Signal für die Flotte setzt der Reichstag, als er 1889 die ersten Raten für den Bau von vier modernen Panzerschiffen bewilligt, die Auffüllungsbauten für veraltete Einheiten sind und dem Inhalt des Flottenplans von 1873/1888 entsprechen. Immerhin ist mit diesen Schiffen der Kern einer modernen Flotte geschaffen, wohin auch immer ihr Weg sie später führen mag. Bis auf die *Deutsche Freisinnige Partei* Eugen Richters stimmt der Reichstag zu, während Richter in seinem Redebeitrag von *uferlosen Flottenplänen* spricht. Da ahnt er noch nicht, was bald auf den Reichstag zukommen wird.

Tirpitz 1891:
Der unaufhaltsame Aufstieg eines Kapitäns zur See beginnt.

Auf diesem kleinsten gemeinsamen Nenner können Wilhelm und Tirpitz später aufbauen, als sie daran gehen, sich ihrer beider Lebenstraum zu erfüllen, den von der ganz großen deutschen Flotte, die das Staunen der Welt erregen, ihren Respekt begründen soll.

Bis dahin ist es ein langer Weg.

Der politische und marineinterne Streit um die Aufgabenbeschreibung der Marine geht weiter. Der Kaiser verliert die Geduld, *die Schweinerei muß anders werden*. In hoch gereizter Stimmung befiehlt er daher die Marinespitze für den 6. April 1891 zu jener Besprechung in das Kieler Schloss, um endlich weiter zu kommen. Genau das geschieht nicht, die Diskussion endet ergebnislos in der Sackgasse. Schließlich schlägt der Staatssekretär im Reichsmarineamt, Wilhelms Protegé Hollmann, vor, man möge doch den Kapitän zur See Tirpitz vortragen lassen. Der habe sehr feste Vorstellungen. Der Kaiser genehmigt; es ist Tirpitz' große Stunde. Und Wilhelm hat den Mann gefunden, der ihm *Seine* Flotte schaffen wird. Tirpitz trägt aus zwei von ihm verfassten Denkschriften vor und nimmt vermutlich – ein Protokoll ist nicht vorhanden – in Teilen auch bereits den Inhalt einer dritten vorweg, die er im Juli vorlegen wird. Ihre Quintessenz lautet:

> *Die strategische Überlegung über unser Verhalten im nächsten Seekriege hat bereits seit einiger Zeit* (beim Vortragenden, d. Verf.) *zu der Erkenntnis geführt, dass die Entscheidung für unsere Marine in der offenen Seeschlacht gesucht werden muss.*
> *Es entsteht daher die dringende Veranlassung, diese zukünftige Seeschlacht als das unverrückbare Ziel bei unserer Taktik, bei unserer Personalausbildung und bei unserer Organisation im Auge zu behalten.*

Konsequenterweise hätte er den Bau einer großen Schlachtflotte verlangen müssen. Als kluger Taktiker tut er das nicht: Für eine solche konkrete Forderung ist er nicht zuständig und will auf keinen Fall anecken. Das wäre der Sache und damit zugleich der Karriere abträglich. Er vertraut auf die Wirkung seines Konzepts und geht fest davon aus, dass seine Stunde kommen wird.

Nach diesem Auftritt kommt man an ihm nicht mehr vorbei. Wilhelm sieht in ihm den *künftigen Träger der Marine*. Die Position, von der aus er an die Realisierung seiner Pläne gehen könnte, wäre das Staatssekretariat im Reichsmarineamt. Dafür aber ist er noch zu jung. Es muss eine sinnvolle Übergangsverwendung gefunden werden. Schnell wird der absurde Gedanke, diesen „Kopf" zum Oberwerftdirektor der *Kaiserlichen Werft* in Kiel zu machen, verworfen. Am 20. Januar 1892 ist er Stabschef beim Oberkommando, verlässt sein geliebtes Kiel, geht in die Zentrale nach Berlin. Richtiger Platz. Auf Wilhelms II. persönlichen Befehl hat er die Ausrichtung der zukünftigen Flottenpolitik zu entwerfen. In nur zwei Jahren erarbeitet er hinsichtlich strategischer Auffassungen, Taktik und Ausbildungswesen der Marine eine neue Basis. Seine Vorstellungen fasst er am 16. Juni 1894 in der *Dienstschrift IX.* unter dem harmlosen Titel *Allgemeine Erfahrungen aus den Manövern der Herbst-Übungsflotte* zusammen, in der er theoretisch sein späteres Wirken in der Praxis vorwegnimmt: Die Flotte wird – neben dem selbstverständlichen Küstenschutz – für die Offensive gebaut, ihr Ziel ist die Seeschlacht, diese führt zur Seeherrschaft. Hierfür braucht Deutschland ganz konkret zunächst siebzehn Linienschiffe, sechs Torpedobootsflottillen, sechs Kreuzer I. sowie zwölf Kreuzer III. Klasse, zusätzlich Hilfsschiffe.

Es kommt in Berlin zu schweren Konflikten, da das Marineamt nicht den Gedanken der Schlachtflotte vertritt, sondern dem der Kreuzerflotte anhängt. Das wäre keine Flotte, die in einer großen Schlacht die Entscheidung über Deutschlands künftige Seegeltung herbeiführen, sondern eine, die in erster Linie die Küsten und die deutschen Interessen in Übersee schützen würde und im Kriegsfalle die Versorgung Deutschlands durch Freihalten der Nachschubwege garantieren, die Versorgung des Gegners entscheidend stören sollte. Der Gegenwurf zum Tirpitzschen Konzept. Auch Wilhelm ist Anhänger großer Kreuzergeschwader, noch. Aus Tirpitz' schneidigem Vortrag in Kiel hat er noch nicht die auf der Hand liegende Erkenntnis abgeleitet, dass das Konzept nicht den Kreuzer, sondern das Großkampfschiff zur Voraussetzung hat, das darüber hinaus seinen Auftrag ausschließlich in der Nordsee zu erfüllen hat.

Angesichts dieser Widerstände ersucht der herrische Mann um Abkommandierung. Dem Gesuch wird am 4. März 1895 durch den Kaiser stattgegeben. Ohne einer Überinterpretation zu erliegen, wird man sagen dürfen, dass hier ein Warnschuss abgegeben wird: *Ihr werdet schon sehen, was ihr davon habt, wenn ich weg bin.* Auch Wilhelm soll den Schuss hören.

Er wird als Chef des deutschen Kreuzergeschwaders in Ostasien vorgesehen. Nachdem er zur Abkommandierung ansteht, ist sein direkter Einfluss im Amt dahin; er ist aber weiter fest davon überzeugt, dass die Zeit für ihn arbeitet. In der Marineführung sind einstweilen seine Gegner am Werk und genießen die Unterstützung des Kaisers. Aber auch seine *Torpedobande* bleibt äußerst aktiv. In einem ungeheuerlichen Schritt wendet sie sich – unter persönlicher Deckung durch den neuen Chef des Oberkommandos, Admiral Knorr – mit Immediatbericht vom 28. November 1895 direkt an den *Chef* der *Kaiserlich Deutschen Marine, Seine Majestät.* Das Papier fasst Tirpitz' Thesen noch einmal konzise zusammen und fordert im Ergebnis die Erstellung eines Schlachtflottenplans – gegen alle bisherigen Vorstellungen des vorgesetzten Marineamtes. Wilhelm wird nachdenklich und fordert Tirpitz selbst zur Stellungnahme auf. Am 2. Januar 1896 überreicht dieser ein Memorandum mit der Forderung nach zwei Geschwadern zu je acht Schlachtschiffen und einem zusätzlichen Flaggschiff. Am 28. Januar dann ist er zum Bericht beim Kaiser. Tirpitz gewinnt aus dem Gespräch den Eindruck, er habe überzeugt. Das wohl noch nicht, mindestens aber hat er Wilhelm stark schwankend gemacht, der jetzt Zeit braucht.

Wenige Tage später geht Tirpitz als frisch beförderter Contre-Admiral zur Übernahme seines neuen Kommandos nach Fernost ab. Sein vordringlicher Auftrag lautet, an der chinesischen Küste einen Platz vorzuschlagen, an dem Deutschland einen militärisch-wirtschaftlichen Stützpunkt errichten könnte. Nach langwierigen Überlegungen, in die verschiedene mögliche Standorte einbezogen werden, schlägt Tirpitz das eigentlich bereits zu den Akten gelegte Tsingtau vor. Sein Nachfolger beim Geschwader wird dort die Reichsflagge hissen. Auch jetzt hat er sich wieder großartig bewährt, *der Meister*.

Während seiner Abwesenheit geht das Ringen der Marine mit dem Reichstag um Struktur und Finanzierung der zu entwickelnden Flotte weiter, allerdings nicht in einem für die Marine günstigen Sinn. Der Chef des Marineamts, der schon länger unglücklich agierende Admiral Hollmann, muss gehen. Will gehen. Der Karren bleibt weiterhin stecken, was die große Perspektive angeht.

Wilhelm entscheidet sich als Nachfolger für den, der für ihn *die Zukunft der Marine* ist: den Contre-Admiral Alfred Tirpitz.

Ich schied mit schwerem Herzen aus der Front,

schreibt der in seinen *Erinnerungen.* Tatsächlich ist der Rückkehrbefehl ein Triumph für ihn. Er lässt sich Zeit, überquert den Pazifik, bereist die Vereinigten Staaten, gibt Interviews, geht von New York hinüber zum Kontinent. Am 6. Juni 1897 ist er wieder in Berlin. Im anschließenden Gespräch legt Wilhelm ihm *Seinen* Flottenplan vor, der immer noch eine *riesige Auslandsflotte*, in der Hauptsache Kreuzer, vorsieht, die Tirpitz bekanntlich vehement ablehnt. Er erbittet kurze Bedenkzeit; dann sagt er zu, seiner Sache bei dem von ihm als unsicher eingeschätzten Wilhelm gewiss. Jetzt ist er Staatssekretär im Reichsmarineamt.

Am 15. Juni 1897 legt er dem Kaiser in Potsdam eine *streng geheime* Denkschrift mit dem Titel *Allgemeine Überlegungen zur Zusammenset-*

Tirpitz im Zentrum der Macht: Staatssekretär.

zung unserer Flotte nach Schiffsklassen und Konstruktion vor. Vollkommen klar heißt es dort:

> *Für Deutschland ist zur Zeit der gefährlichste Gegner zur See England....*
> *Unsere Flotte muß demnach so eingerichtet werden, daß sie ihre höchste Kriegsleistung zwischen Helgoland und der Themse entfalten kann. ...*
> *Die militärische Situation gegen England erfordert Linienschiffe in so hoher Zahl wie möglich....*
> *Nur der Hauptkriegsplatz ist entscheidend....*
> *Kreuzerkrieg und transozeanischer Krieg gegen England ist wegen Mangels an Stützpunkten unsererseits und des Überflusses Englands an solchen so aussichtslos, daß planmäßig von dieser Kriegsart gegen England bei Feststellung unserer Flottenart abgesehen werden muß....*
> *Die Flotte läßt sich in ihrer Hauptsache bereits 1905 fertigstellen. Die Ausgaben für Schiffsbau einschließlich Artillerie und Torpedoarmierung betragen 408 Millionen Mark oder jährlich 58 Millionen Mark, außerdem* über 1904-5 hinausreichende *Restraten von 72 Millionen Mark....*

In seinen *Erinnerungen* schreibt er:

> *Der Kaiser stimmte im übrigen mit einer mich überraschenden Sinnesänderung sofort meinem Flottenplan zu, und damit verschwand im Juni 1897 endgültig aus den Entwürfen jene Auslandsflotte, die im Kriege zweifellos einen kurzen Atem gehabt hätte.*

Alfred Tirpitz hat die Bühne der Weltpolitik betreten; er wird Ungeheures bewirken. Für die nächsten fast zwei Jahrzehnte „ist" er, wenn auch vielfach umstritten, die *Kaiserlich Deutsche Marine, der Meister* seines Herrn.

Seemacht I

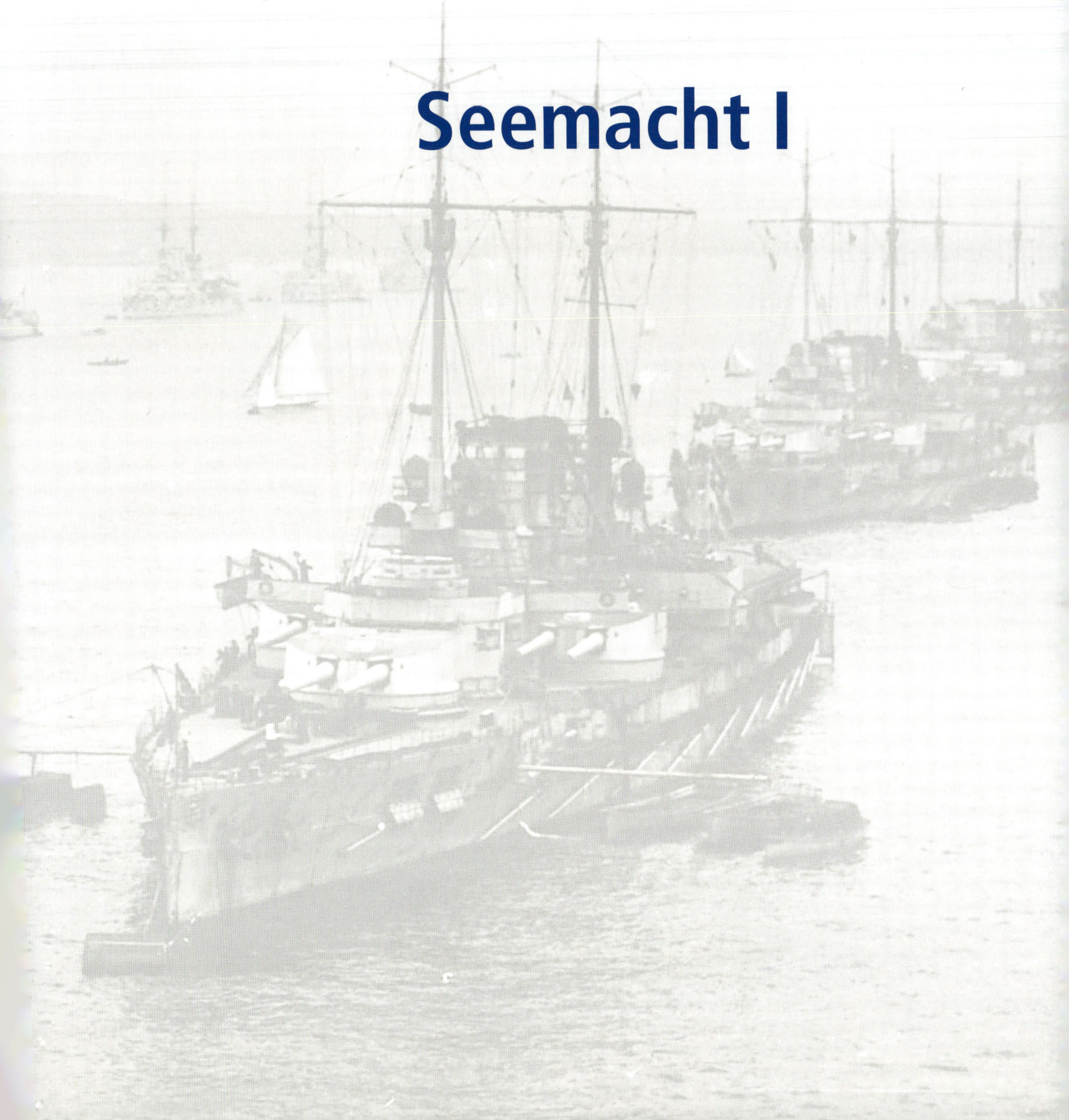

Fordert England heraus: Wilhelm II. in Großadmirals-Gala.

Niemand hat das Denken schon des Kapitäns zur See Alfred Tirpitz so beeinflusst wie der amerikanische Seeoffizier und Seekriegstheoretiker Alfred Thayer Mahan. Auf den Kern zurückgeführt vertritt der die These, dass Weltmacht nur der Staat sein könne, der über Seemacht verfüge. Über Seemacht in des Wortes voller Bedeutung aber verfüge nur der Staat, der bei der Durchsetzung seiner Interessen über eine Flotte gebiete, deren Modernität, Größe und Schlagkraft im Verhältnis zu anderen Seemächten auf Weltmachtniveau geeignet sei, deren Politik durch die Macht der eigenen Flotte im eigenen Sinne zu beeinflussen. Die Marine als präventiv- und offensiv-politisches Instrument von Weltpolitik. Hinter diesem Gedanken verbirgt sich zugleich das *Risikokonzept* oder der *Risikogedanke*: Die eigene Flotte muss so stark gemacht werden, dass der Angriff auf sie mit dem existenziellen Risiko des Verlustes der Seemachtstellung der aggressiven Nation verbunden wäre.

Da sowohl Wilhelm II. als auch Tirpitz und die deutsche bürgerliche Gesellschaft zunehmend davon besessen sind, dass Deutschland Weltmacht werden müsse und man nur zu geneigt ist, Mahans Thesen in griffiger Form deutscher Politik zugrunde zu legen, wird ein US-Navy-Captain zu einem Bestimmer deutscher Politik in dieser Zeit. Nachdem nicht nur Tirpitz, sondern durch ihn auch der Kaiser sein 1890 erschienenes *The Influence of Sea Power upon History 1660-1783* geradezu verinnerlicht haben – Wilhelm kennt ganze Passagen auswendig – wird das Buch zur vollkommenen Richtschnur der Mission der deutschen Marine – und damit zur „Bibel" deutscher *Weltpolitik*. Der Kaiser lässt eine Übersetzung anfertigen, die im Offizierkorps *Seiner* Marine zur Pflichtlektüre wird.

Im Juni 1897 wird Tirpitz zum Staatssekretär im Reichsmarineamt ernannt. Seine Zeit, die Ära Tirpitz ist endgültig angebrochen: *Der Meister* und sein Herr gehen ans Werk. Der Kreuzerplan geht in die Ablage, die Schlachtflotte kann kommen. Unter Tirpitz wird im formellen Sinn keine neue Flotte gegründet; dennoch kann man faktisch von einer Flottengründung sprechen, macht doch das neue Flottendenken einen radikalen Schnitt zum Vorher. Zwar zitiert Tirpitz Planungen der preußischen Admiralität von 1855 und 1859, zwar bezieht er sich auf die Flottengründungspläne des *Norddeutschen Bundes* von 1867 und besonders auf den des Reichs von 1873 und dessen Fortschreibung 1888. Dennoch schafft er tatsächlich den Beginn von etwas revolutionär Neuem.

Beim Inswerksetzen seiner umwälzenden Vorstellungen geht es zunächst darum, den Schlachtflottengedanken in Reichstag und Bundesrat sowie in der Öffentlichkeit zu verankern. Es geht, und hier gibt England mit dem *Naval Defence Act* von 1889 den Takt vor, um Verstetigung des Programms. Tirpitz sieht sehr richtig, dass ein Flottenbauprogramm aufgelegt werden

Amerikanischer Theoritiker als Bestimmer deutscher Reichspolitik: Alfred Thayer Mahan.

muss, das dem Reichstag die Möglichkeit nimmt, von Jahr zu Jahr und nach Wahlen mit wechselnden Mehrheiten immer erneut über den Umfang des Flottenbaus im Einzelnen zu beschließen. So lässt sich keine langfristige Strukturpolitik für die Flotte machen. Im Sinne des Gedankens der Langfristigkeit muss das Parlament davon überzeugt werden, seiner eigenen Teilentmachtung zuzustimmen: Es muss eine weitreichend perspektivische Programm- und Mittelbedarfsplanung beschließen, sich letztlich auf Jahrzehnte festlegen, wenn auch der konkrete Haushaltsansatz formal jährlich der Beschlussfassung zum aktuellen Haushalt unterliegt. Der Reichstag bejaht die Richtigkeit des Konzepts und folgt. Diese Vorgehensweise wird Trend der Zeit, dem auch andere Marinen folgen.

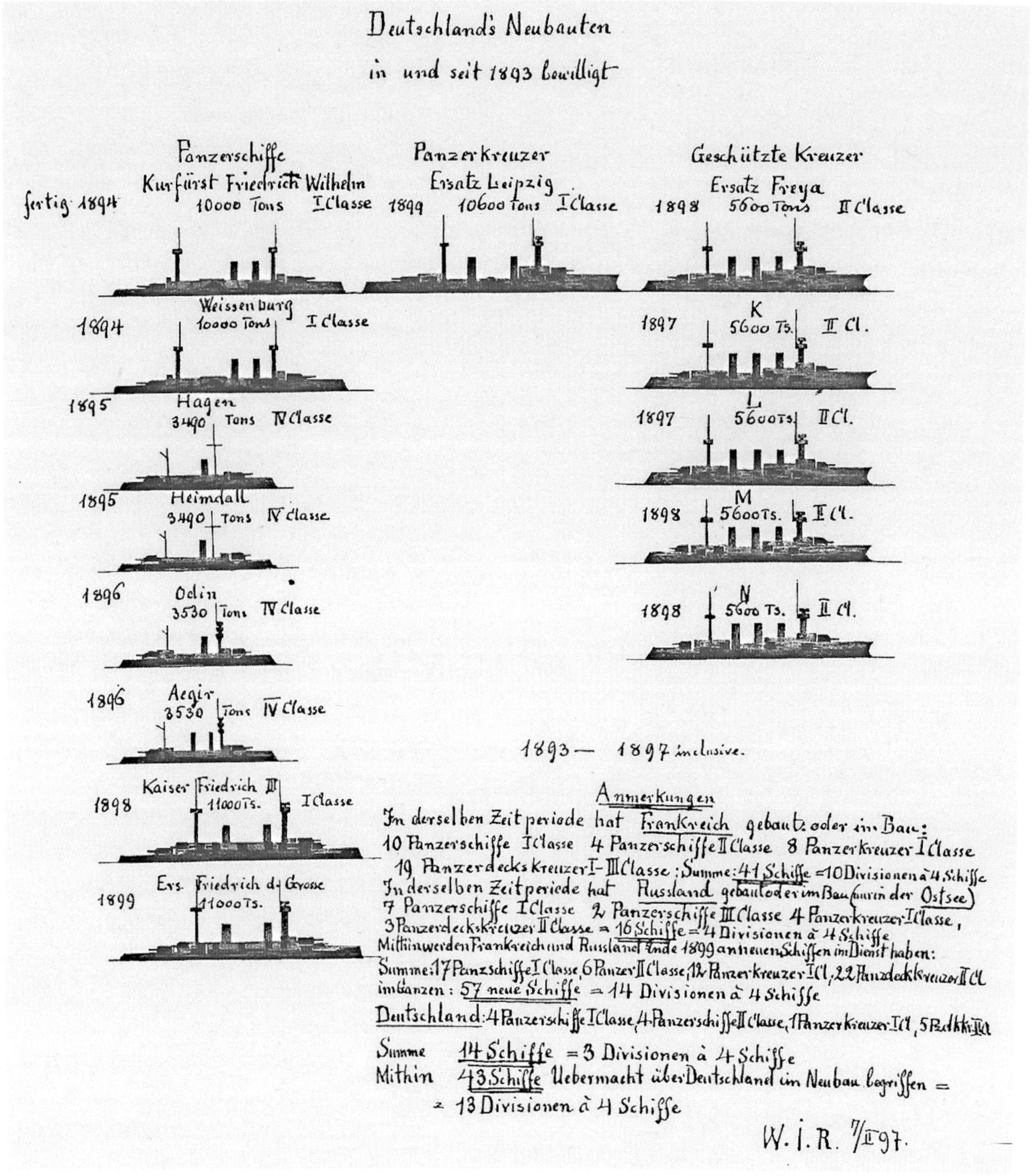

Der Kaiser persönlich erstellt Planungsunterlagen.

Das zweite „Standbein“ der Tirpitzschen Flottenpolitik ist die Vereinheitlichung der Schiffstypen, ein Gebot der Effizienz, und ganz im Trend des Zeitalters der Industrialisierung mit seiner typgebundenen Massenproduktion.

Tirpitz ist zwar ein Meister im Umgang mit dem Parlament, aber er weiß als durch und durch moderner Mensch, dass sich *gegen* die öffentliche Meinung eine komplette Neuformulierung der bisherigen Flottenpolitik nicht durchsetzen lassen würde. Noch im Monat seines Dienstantritts richtet Tirpitz in seinem Amt das *Nachrichtenbüro* ein, sein Instrument, das ausschließlich dem Zweck dient, den Flottengedanken in der gesamten deutschen Öffentlichkeit, vom Reichstag über die Industrie bis zum „Mann auf der Straße“, zu wecken und zu fördern. Überragend wesentliche Verstärkerin ist naturgemäß die Presse. Das hocheffizient arbeitende Büro überschwemmt das Land mit Propagandaschriften, Vorträgen und Artikeln; wichtige Entscheidungsträger und „Meinungsmacher“ sind Gäste im Amt und bei der Flotte. Von besonderer Bedeutung ist daneben die Gründung des *Deutschen Flottenvereins* im April 1898 in Berlin, der *das* Sprachrohr der Marine im Reich werden soll und es auch wird. Hat er im Gründungsjahr schon 70.000 Mitglieder, Einzelpersonen und korporative, die als ein Mitglied zählen, beträgt ihre Zahl im Jahr 1908 bereits über eine Million, davon allein 700.000 körperschaftliche. Die Gründung findet im Reichsmarineamt statt, vor allem Vertreter der Schwerindustrie, der Banken und der Werften sind die energischen Protagonisten bei diesem Gründungsakt. Hinzukommen „geeignete“ politische Kräfte aus dem Reichstag; sie alle tatkräftig unterstützt von den Propagandafachleuten des *Nachrichtenbüros*. Der Verein nimmt den Charakter einer Volksbewegung an; durch die Unterstützung, die er bei Behörden auf allen Ebenen genießt, wächst er in eine geradezu offiziöse Po-

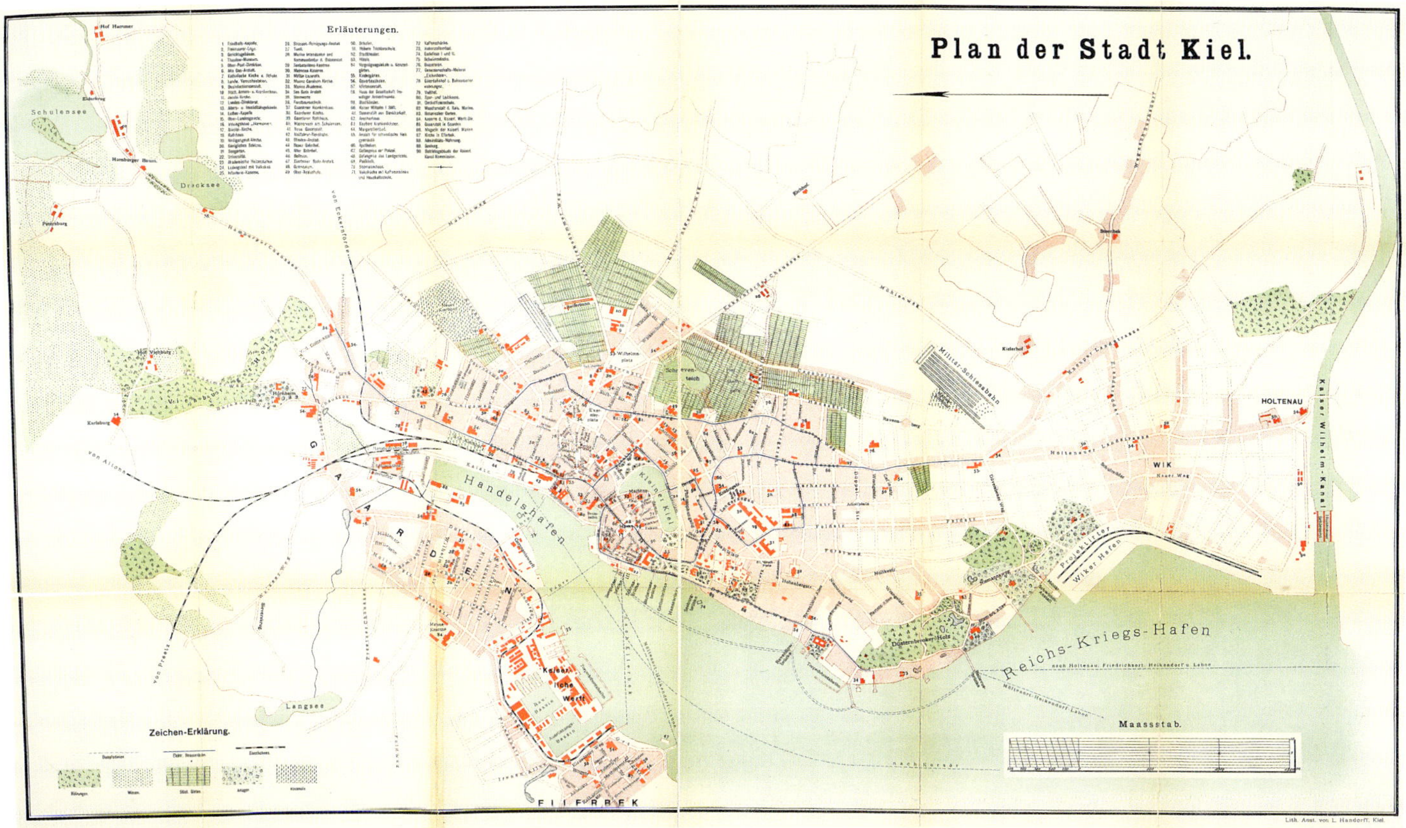

Kiel vor Beginn seiner Hoch-Zeit, nach 1895.

sition hinein, die noch dadurch gestärkt wird, dass Prinz Heinrich persönlich das Protektorat übernimmt. Gleichzeitig ist er Tummelplatz bürgerlicher Allmachtphantasien, ein Paradies der Stammtischstrategen. Der Flottengedanke schäumt über; der Einfluss des Vereins wird umfassend und bestimmend.

Das ist es, was Tirpitz braucht. So wird der Boden für den unaufhaltsamen prozesshaften Gang der Flottengesetzgebung bereitet, der von 1898 bis 1912 andauern wird. Nach entsprechender Vorbereitung, an der sich der Kaiser selbst bis hinein in grafische Darstellungen beteiligt, verabschiedet der Reichstag das *Gesetz, betreffend die deutsche Flotte,* vom 10. April 1898, das sogenannte *Erste Flottengesetz*, das *basic law* der neuen deutschen Flottenpolitik. Nunmehr wird der Schiffsbestand der deutschen Flotte, abgesehen von den Torpedofahrzeugen, Schulschiffen, Spezialschiffen und Kanonenbooten festgesetzt auf:

verwendungsbereit:
1 Flottenflaggschiff,
2 Geschwader zu je acht Linienschiffen,
2 Divisionen zu je 4 Küstenpanzerschiffen,
6 große Kreuzer / *16 kleine Kreuzer* — *als Aufklärungsschiffe der heimischen Schlachtflotte*
3 große Kreuzer / *10 kleine Kreuzer* — *für den Auslandsdienst*

b) als Material-Reserve:
2 Linienschiffe,
3 große Kreuzer,
4 kleine Kreuzer.

Es wird festgelegt, wie viele der existierenden und im Bau befindlichen Einheiten als Bestand auf diese Planung angerechnet werden sollen:

als Linienschiffe 12,
als Küstenschiffe 8,
als große Kreuzer 10,
als kleine Kreuzer 23.

Die aktive Dienstzeit vorhandener und neuer Schiffe wird gestaffelt auf 25 Jahre für Linienschiffe und Küstenpanzerschiffe, für große

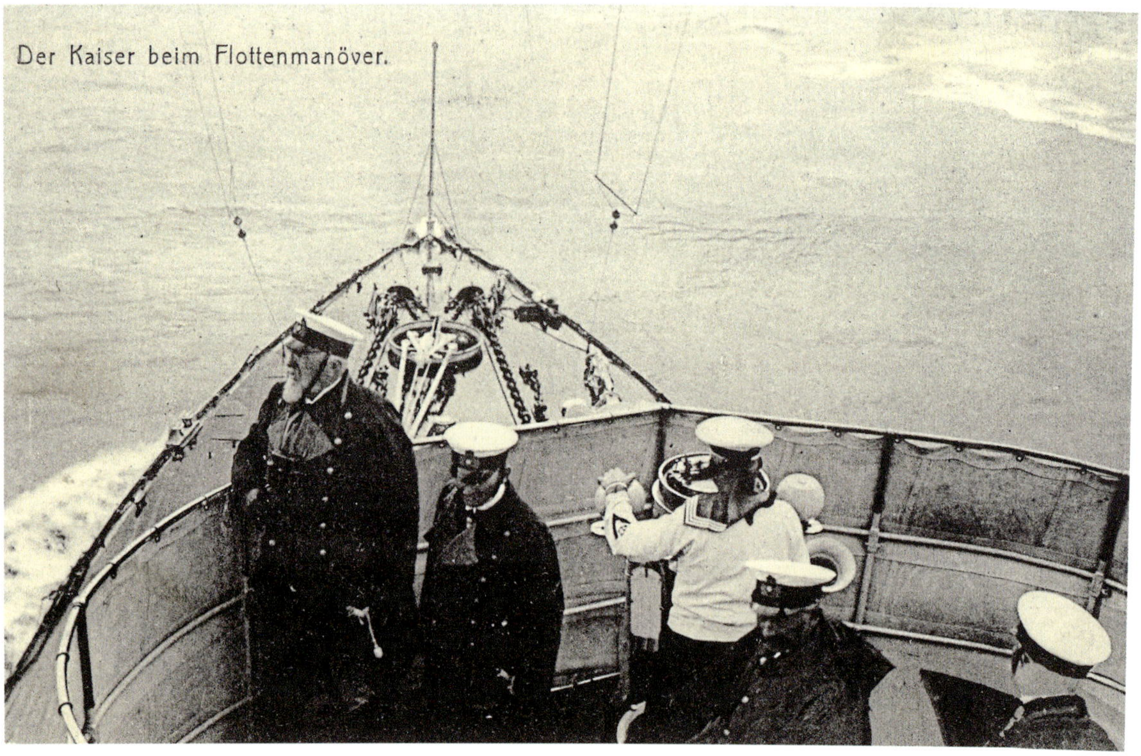

S.M. (unten Mitte) in seinem Element.

Kreuzer auf 20, für kleine auf 15, außer bei Schiffsverlusten, festgesetzt; danach sind sie durch Neubauten zu ersetzen. Damit ist der Reichstag zur jeweiligen Mittelfreigabe gezwungen. Das ist eines von Tirpitz' Meisterwerken!

Der militärische Effekt ist einstweilen gering; auch die durchfinanzierten sieben Schlachtschiffe ändern nichts an der Überlegenheit der französischen und erst recht der englischen Flotte; nur Russland wäre man augenblicklich gewachsen. Prinz Heinrich telegrafiert aus Hong Kong:

> *DEUTSCHER KAISER, BERLIN. HURRAH! HEINRICH!*

1899 bis 1902 wird in Südafrika der *Zweite Burenkrieg* zwischen Großbritannien und den Republiken *Oranje-Freistaat* und *Transvaal* geführt. Deutschlands, und insbesondere des Kaisers Sympathien sind auf Seiten der kleinen Republiken. Deren Bevölkerung, weitgehend niederländischer, also, wie man es sieht, verwandtschaftlicher Herkunft, fühlt man sich emotional verbunden. Während dieser Auseinandersetzung belästigen britische Kriegsschiffe deutsche Postdampfer. Die Empörung der Flottenvereinler, der Presse und des Kaisers ist unbeschreiblich. Ein Glücksfall für Tirpitz! Der Beweis ist erbracht: England bedroht mit seiner *Navy* das Deutsche Kaiserreich, achtet nicht dessen Weltmachtstellung. Fußnote: Zu einem späteren Diner in Anwesenheit des Kaisers ist auch der Kommandant jenes englischen Verbandes geladen. Seine Majestät bricht in schallendes Gelächter aus, als er das hört, und meint, er müsse sich gleich bei diesem Offizier bedanken, der habe ja

Ein Kaiser-Traum wird wahr.

geradezu den Boden für das nächste Flottengesetz bereitet.

So kommt es, dass bereits 1900 unter dem Jubel der Öffentlichkeit der nächste Schritt, der ganz große, getan werden kann. Leitmotiv ist dabei das Kaiserwort vom 18. Oktober 1899: *Bitter not ist uns eine starke deutsche Flotte*, das für Tirpitz einen Freifahrtschein in eine glänzende Zukunft bedeuten soll.

In der Vorlage für das Parlament heißt es:

Deutschland muß eine so starke Schlachtflotte besitzen, daß ein Krieg auch für den seemächtigsten Gegner mit derartigen Gefahren verbunden ist, daß seine eigene Machtstellung in Frage gestellt wird …

Mahan pur!

Und so beschließt das Parlament auch tatsächlich das nächste *Gesetz, betreffend die deutsche* Flotte, vom 14. Juni 1900, das einen enormen Sprung in der Entwicklung einleitet:

Es soll bestehen:

1. *die Schlachtflotte:*
   aus 2 Flottenflaggschiffen,
   4 Geschwadern zu je 8 Linienschiffen,
   8 Großen Kreuzern und
   24 Kleinen Kreuzern als Aufklärungsschiffe;
2. *die Auslandsflotte:*
   aus 3 Großen Kreuzern,
   10 Kleinen Kreuzern;
3. *die Materialreserve:*
   aus 3 Großen Kreuzern,
   4 Kleinen Kreuzern.

Das Bauprogramm ist auf die Jahre von 1901 bis 1917 ausgelegt. Die Indienststellung des letzten der genehmigten Schiffe ist für das Jahr 1920 vorgesehen.

Die Linienschiffe sollen nach 25, alle Kreuzer nach 20 Jahren ersetzt werden.

Für all dieses reichen die Finanzbeschlüsse des Reichstags von 1898, 409 Millionen Reichsmark auf fünf Jahre, naturgemäß bei weitem nicht aus. Einsparungen und Steuererhöhungen sollen das Programm ermöglichen. Außerdem rechnet Tirpitz nicht mehr mit technischen Fortentwicklungen im Linienschiffbau, die er für abgeschlossen hält. Die Zustimmung des Reichstags ist im Übrigen nur durch den Verzicht auf sechs auch vorgesehene Große Kreuzer zu erlangen gewesen. Die aufzubringenden zusätzlichen Kosten sollen 300 Millionen Reichsmark nicht überschreiten.

Für beide Flottengesetze gelingt es Tirpitz, die Zustimmung der Mehrheit im Reichstag zu erlangen, die Gegenstimmen kommen im Wesentlichen aus den Fraktionen der Sozialdemokraten mit August Bebel an ihrer Spitze und den Freisinnigen Eugen Richters.

Bei der Novelle vom 5. Juni 1906 zum *Gesetz, betreffend die deutsche Flotte*, vom 14. Juni 1900 spielt Tirpitz mit den Ängsten der Deutschen vor einer britisch-französischen „Einkreisung“: Zuvor hatte Deutschland versucht, seine Position in Marokko zu stärken, was misslang. Spätestens auf der diese Krise beendenden Algeciras-Konferenz muss Deutschland seine Isolation gegenüber der funktionierenden Zusammenarbeit zwischen Paris und London erkennen.

Die im Jahre 1900 gestrichenen sechs Kreuzer werden nunmehr bewilligt. Der Text lautet:

Einziger Paragraph.

Der im § 1 des Gesetzes, betreffend die Deutsche Flotte, vom 14. Juni 1900 festgesetzte Schiffsbestand wird vermehrt:

1. *bei der Auslandsflotte um 5 Große Kreuzer;*
2. *bei der Materialreserve um 1 Großen Kreuzer.*

Bei diesen Schiffen handelt es sich jedoch keineswegs um die 1900 beantragten konventionellen Großen Kreuzer, vielmehr sieht Tirpitz den Bau von Großkampfschiffen der neuesten Generation, der *Nassau*-Klasse, vor, die den Schlachtkreuzern der neuentwickelten englischen *Invincible*-Klasse entsprechen, Großkampfschiffen, die zwar nicht die Qualität der zugleich aufgelegten überschweren *Dreadnoughts* erreichen, die aber „schlachtfähig" sind. Der finanzielle Mehrbedarf für die Marine beträgt ab dem Jahre 1906 940 Millionen Reichsmark. Der Schiffbau allein ist es keineswegs, der diese Mittel erfordert. Die vorhandenen Infrastrukturen reichten für die neuen Großeinheiten nicht mehr aus: Der Kaiser-Wilhelm-Kanal muss grundlegend erweitert werden (die Kosten hierfür werden die für den seinerzeitigen Neubau übertreffen, 156 zu 242 Millionen Reichsmark), in Wilhelmshaven müssen neue Einfahrten, Docks und Arsenale gebaut werden; das Ausbildungswesen ist auf ganz neue Grundlagen zu stellen, dem Anwachsen des Personalbestandes geschuldet.

Der Reichstag beschließt. Heftige Auseinandersetzungen über diesen finanziellen (und militärischen) Gigantismus werden die kommenden Jahre bestimmen.

Schon am 6. April 1908 folgt das *Gesetz zur Änderung des § 2 des Gesetzes, betreffend die deutsche Flotte*, vom 14. Juni 1900, das die Dienstzeit der Linienschiffe auf 20 Jahre herabsetzt; bei den Kreuzern wird der 20-Jahre-Rhythmus von 1900 beibehalten. Hierdurch wird die Zahl der jährlichen Neubauten von Großkampfschiffen erheblich erhöht, die Flotte wesentlich schneller modernisiert. Eine Regelung, die es in ihren Auswirkungen in sich hat. Wieder ein großer Erfolg für *den Meister*.

Die *Novelle zu den Gesetzen betreffend die deutsche Flotte, vom 14. Juni 1900 und 5. Juni 1906*, vom 14. Juni 1912 ist das letzte der Vorhaben in der deutschen Flottengesetzgebung. Wieder

Stolz und Freude bei jedem neuen Koloss.

Großkampfschiffe und Torpedoboot hohe Fahrt laufend: Tirpitz' Favoriten.

nutzt Tirpitz die Stimmung im deutschen Volk aus, die infolge des Misserfolgs der Diplomatie Deutschlands während der *Zweiten Marokko-Krise* 1911 zwischen Wut und Furcht schwankt.

Im Kern wird beschlossen:

Artikel I.

Es soll bestehen:

1. *die Schlachtflotte:*
   aus 1 Flottenflaggschiff,
   5 Geschwadern zu je 8 Linienschiffen,
   12 Großen Kreuzern
   30 Kleinen Kreuzern als Aufklärungsschiffen;
2. *die Auslandsflotte:*
   aus 8 Großen Kreuzern,
   10 Kleinen Kreuzern.

Artikel II.

1. *1 Flottenflaggschiff,*
   3 Linienschiffsgeschwader,
   8 Große Kreuzer und
   18 Kleine Kreuzer
   bilden die aktive Schlachtflotte,
   2 Linienschiffsgeschwader,
   4 Große Kreuzer und
   12 Kleine Kreuzer
   bilden die Reserveschlachtflotte.
2. *Von der aktiven Schlachtflotte sollen sämtliche, von der Reserveschlachtflotte ein Viertel der Linienschiffe und Kreuzer dauernd im Dienste gehalten werden.*

Die ehrgeizige Zielstellung auf das Jahr 1920 bleibt bestehen.

All dieses kann Tirpitz über die Jahrzehnte in den Reichstagen und in einer Öffentlichkeit durchsetzen, die in ihrer Mehrheit davon überzeugt sind, dass ohne eine solche Riesenflotte das Reich keine Zukunft haben werde.

Ins Freie

Auch andere Bahnhöfe im Deutschen Reich haben prachtvolle, repräsentative Portale, der Potsdamer in Wildpark etwa oder der in Kassel-Wilhelmshöhe, die häufig den Kaiser und andere bedeutende Herrschaften sehen.

Keines aber durchmisst Wilhelm II. so gern wie das des neuen Kieler Hauptbahnhofs: Es ist für ihn das Tor ins Freie.

Seit 1846, seit der Aufnahme der Bahnverbindung von Kiel nach Altona, hat der schöne Bahnhof an der Klinke, im Bereich des heutigen Stresemannplatzes, die Stadt an der Förde mit dem ständig wachsenden Schienennetz verbunden und so Kiels Anschluss an die moderne Welt gewährleistet. Von ganz besonderer Bedeutung wird die direkte Verbindung nach Berlin, die am 1. Mai 1899 aufgenommen wird und die Eisenbahn-Vernetzung der Provinz mit dem politischen und wirtschaftlichen Herzen des Reichs herstellt. Den stark gestiegenen Ansprüchen ist der kleine Bahnhof nicht mehr gewachsen, ein neuer ist erforderlich. Und so wird am 31. Mai 1899 der heutige Hauptbahnhof vorläufig eröffnet, am 1. Juni wird er in seinem westlichen Teil offiziell dem Verkehr übergeben. Die Tage des Bahnhofs an der Klinke sind vorüber. Einer seiner letzten Gäste ist der Kaiser, der am Abend des 31. Mai in Kiel eintrifft, jedoch aus Termingründen das neue Gebäude nicht besuchen kann. Seine Abreise aber erfolgt bereits von hier. Unzählige Male in den nächsten achtzehn Jahren wird er hier eintreffen und von hier Kiel wieder verlassen. Am 20. Januar 1900 werden Mittelbau und östlicher Teil in Betrieb genommen, im selben Jahr auch die Kaiserzimmer, die die Majestät am 24. November einweiht.

Wenn der Kaiser mit seinem Gefolge den Hofzug verlässt, wendet er sich nach Osten und

1900: Die Stadt Kiel hat einen neuen Hauptbahnhof.

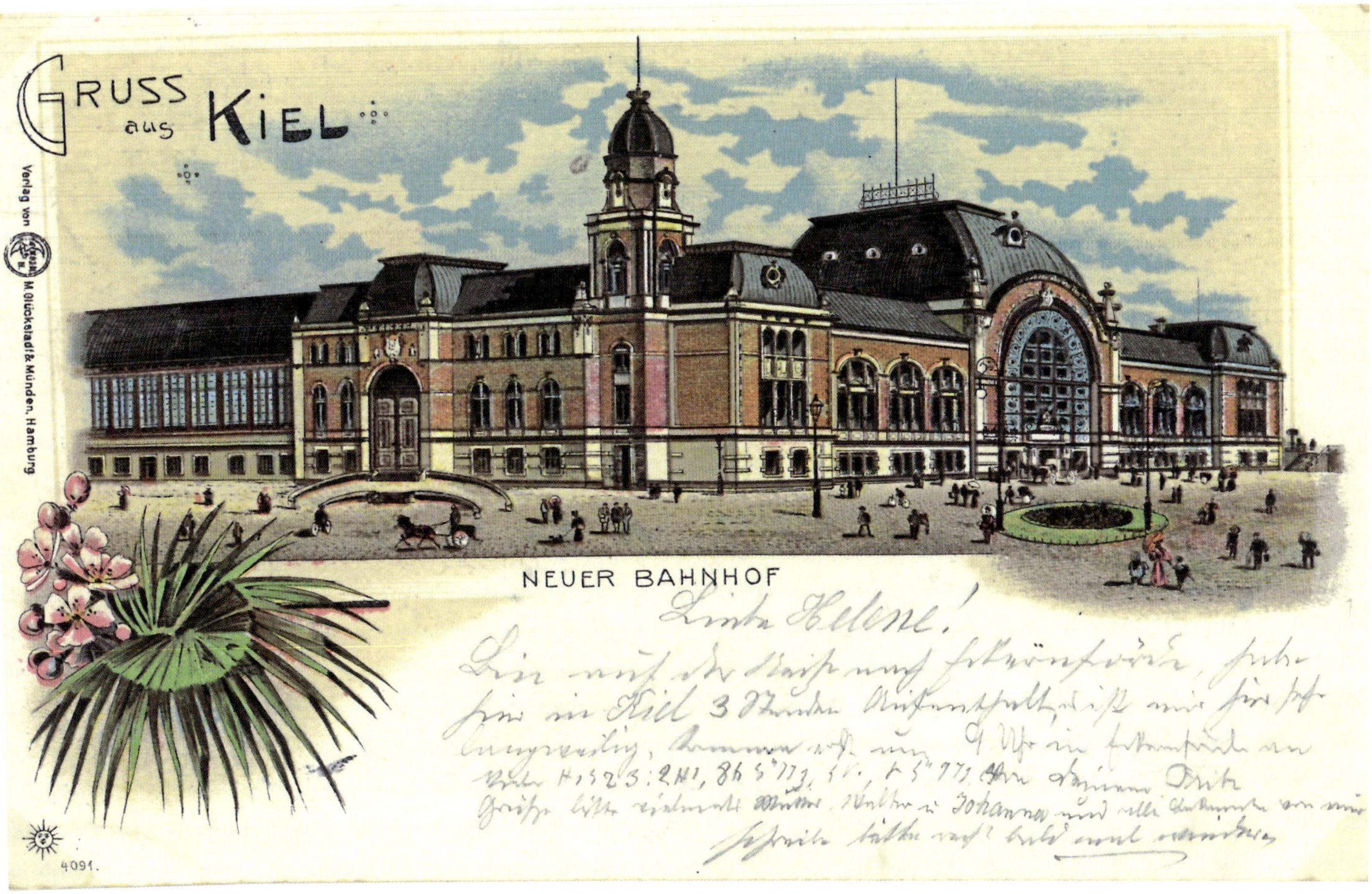

erreicht seine Räumlichkeiten nach wenigen Schritten, die neben den Fürstenzimmern, den Damenzimmern, den Räumen für das Gefolge auch eine „Schänke" für die *Allerhöchsten* Herrschaften bieten.

Liebevoll schildert am Tage der Einweihung die *Kieler Zeitung* die Pracht:

> *Zu diesem Zwecke war telegraphisch die Beleuchtung und Heizung sämmtlicher Räume angeordnet worden. Mit Rücksicht auf den häufigen Verkehr von fürstlichen Personen, insbesondere auch des Kaisers von Rußland, sind die Fürstenzimmer besonders vornehm ausgestattet. Trotzdem machen sie eher den Eindruck der Gediegenheit als von verschwenderischer, überreicher Pracht. Die Fußböden sind aus Eichenholz, die Wände sind mit einer Masse ähnlich dem Papiermaché bekleidet, in welche Phantasieblumen gepresst sind. Die Thüren sind aus schwerem Eichenholz gefertigt und die Füllungen mit amerikanischem Ahorn naturfarben ausgelegt. Tische, Schränke, Kleiderständer und Spiegel sind von demselben Material. Im Ganzen sind neun Zimmer vorhanden. Der Eingang vom Bahnsteig aus führt in das Empfangs- und Gesellschaftszimmer, das größte der vorhandenen, in dessen Mitte ein großer runder Tisch aus Eichenholz steht. Zu beiden Seiten von diesem Zimmer liegen je vier weitere Räume, die den Fürsten beziehungsweise Fürstinnen, deren Gefolge und Dienerschaft zum Aufenthalt dienen. Durch das Empfangszimmer gelangt man auf den Treppenflur, der zum Ausgang nach der auf der Hafenseite belegenen Wagenanfahrt führt. Die Stufen der Treppe sind aus schwedischem Marmor gearbeitet, mit dem auch die Wände des Flurs bis in Brusthöhe bekleidet sind. Die Beleuchtung ist elektrisch und wird durch prachtvolle 12 bis 14flammige Kronleuchter be-*

Ins Freie: Durchs Kaiserportal zum Schloss und zur Flotte.

wirkt. Die kostbaren Teppiche beziehungsweise Läufer, mit denen die Fußböden der Zimmer und die Stufen der Treppe belegt sind, sowie die seidenen Fenstervorhänge stehen im Einklang zu der vornehmen Ausstattung der Zimmer, die nur durch den Mangel an Wandgemälden etwas an Traulichkeit einbüßen.

Die *Kieler Neuesten Nachrichten* haben in der Ausgabe vom 15. Juni bereits über den besonderen Charakter der Räumlichkeiten informiert:

Ihr in Eichen- und weißem Ahornholz ausgeführtes Mobiliar erhöht noch den vornehmen Eindruck der Räume, für welche die Kajüteneinrichtung der Kaiseryacht „Hohenzollern" vorbildlich gewesen ist.

Die Pracht der Appartements entspricht der Hoheit der erwarteten Gäste; regelmäßig empfängt Wilhelm hier gekrönte Häupter aus ganz Europa, Fürsten aus fernen Ländern. Alle sind sie einander *Cousins*. Im Leben des Bahnhofs bildet die jährliche *Kieler Woche* den Höhepunkt.

Auch andere Bahnhöfe haben Kaisertreppe und Kaiserportal; nichts aber kommt an Bedeutung für Wilhelm dem Kieler gleich.

Der Hörn, dem Abschluss der Kieler Förde, also direkt der Ostsee zugewandt, dominiert es diese Seite des Gebäudes, geschmückt mit einer riesigen Wappenkartusche, die den gekrönten Reichsadler zeigt, flaniert von zwei Putti, darunter, auch mächtig, der römische Gott des Handels, des Gewerbes, des Reichtums und des Gewinns, *Mercur*. Diese Austrittssituation mündet in die elegant geschwungene Treppe, an deren Fuß die Rampe den kaiserlichen Herrn und seine Gäste zum Einstieg in die Kutschen und Kraftwagen erwartet, sie zum Schloss oder auf die *Hohenzollern* zu bringen.

Das Staatsoberhaupt des Deutschen Kaiserreichs residiert im beschaulichen Potsdam und in Berlin. Das wird zu Zeiten Wilhelms II. eine brodelnde Stadt der Moderne, deren Einwohnerzahl im Jahre 1905 die Zwei-Millionen-Grenze erreicht.

Sie ist Stadt von Industrie und Gewerbe, Banken- und Handelsmetropole, touristischer Anziehungspunkt. In Vielem auf dem Wege an die Weltspitze von Qualität und Quantität. Damit ist sie aber auch eine Arbeiterstadt. Und damit auch eine Stadt, in der die Sozialdemokratie eine herausragende Rolle spielt, deren einer Hauptprogrammpunkt die Bildung der Arbeiterschaft ist, ein anderer die Ablehnung des preußisch-deutschen Militarismus. Dieses beides und die Betonung ihrer Internationalität führen zu scharfer Ablehnung durch Adel und Bürgertum, die ihren Nationalismus pflegen, angefeuert und bestärkt von ihrem *Allerhöchsten* Herrn.

Gesellschaftliche Umbrüche beginnen Kontur zu zeigen, die mit voller Wucht wenige Jahre später ihre Kraft entfalten werden. Akademische Forschung und solche in den Unternehmen bringen Erkenntnisse und Ergebnisse hervor, die die Welt verändern. Von wahrhaft revolutionärer Kraft auch ist das kulturelle Leben in der Metropole. Nie zuvor, und auch danach nicht, hat die Reichshauptstadt eine Epoche derartiger intellektueller und künstlerischer Fruchtbarkeit erlebt wie in der Wilhelminischen Ära. Die Kraft der neuen Bewegungen lässt dem Abgelebten keine Chance. Es bleibt ein Faszinosum, dass in dieser Zeit einer erstarrten Bürgerlichkeit derartiges Neues entstehen kann. Aber es ist gerade die Reibung der Verhältnisse aneinander, die zu einer Explosion ungeahnter Ideen, Inhalte, Farben und Formen führt.

Gerhart Hauptmann sei genannt mit *Die Weber*, *Der Biberpelz*, *Rose Bernd* und *Die Ratten*. Die später so Großen Henrik Ibsen, August Strindberg, Knut Hamsun bahnen sich hier ihren Weg. Max Reinhardt mit seinen Interpretationen von Gorki, Wilde und Shakespeare im *Deutschen Theater* sorgt für Furore. Vollkommen neue Töne in die Musik bringen Arnold Schönberg, Gustav

Mahler, Max Reger und Richard Strauß. Gleich revolutionär sind die Umwälzungen in der Malerei. Wie ein Akt verzweifelten kulturellen Widerstandes des Establishments wirkt es da, dass Wilhelm II. den Maler Adolph Menzel 1898 in den Adelsstand erhebt. Vergeblich.

Der konservative Bewahrungswille kommt gegen das Niederreißen aller konventionellen Schranken nicht an.

Ein schönes Beispiel sind die Auseinandersetzungen Wilhelms II. mit dem Wegbereiter der Berliner *Nationalgalerie* in die Moderne, dem Schweizer Juristen und Kunsthistoriker Hugo von Tschudi: Dem Hause wird der Besuch der Majestät angekündigt. Er wird in großer Gala der Gardes du Corps erscheinen, an dem Ort, der ihm als König von Preußen unterstellt ist. Tschudi unterbricht die Betrachtung einer soeben erworbenen Kleinplastik, um im Vestibül seinen Herrn zu empfangen. Unter den Augen der Angestellten versucht Wilhelm ihn vom Ankauf eines impressionistischen Gemäldes abzuhalten. Sein Mitarbeiter Julius Meyer-Graefe schildert die sich anschließende Szene:

In der Mitte des Saales stand Tschudi im dunklen Cutaway, und um ihn herum bewegte sich in Weiß-Gold der andere und hatte einen Vogel auf dem goldenen Helm, der beständig nickte. Der Schwarze rührte sich nicht von der Stelle, während der Goldene mit seinem Herumschwirren den ganzen Saal in leuchtende Membran versetzte. Man hätte ihn gern einmal festgehalten, um den Vogel richtig zu betrachten. Natürlich war das Nicken eine optische Täuschung.

Tschudi sah trotz deutlicher Spuren eines schweren Leidens gut aus. (...)Von den beiden im Saal war der Mann im Cut bei weitem der bessere Schlag. Man erkannte sofort den Aristokraten. Die Szene unten im Saal ging ohne merkbare Abnahme des Fortissiomo weiter. Manchmal sah es so aus, als pralle der Goldene tosend an den Schwarzen und man wunderte sich, dass dieser nicht umfiel. Plötzlich segelte der Goldene mit dem Vogel zur Türe hinaus. Diesmal war ich von dem ungünstigen Verlauf *überzeugt. Es handelte sich um das Schicksal des großen Renoir. Ein bisschen nervös teilte uns Tschudi mit, S.M. habe das Bild angenommen. Wenn, sagte ich mir, die Minister und Generäle ihn ebenso tanzen ließen, war für das Wohl des Reiches nichts zu befürchten.*

Später soll er noch einmal Widerrede versuchen: *Aber keine lila Schweine!* Doch auch die kommen. Soviel er auch tobt: Das Neue lässt sich nicht aufhalten, das Verflossene geht in die Versenkung.

Von Berlin aus entwickeln sich neue Lebensformen, die sich in alle Welt verbreiten: die Jugendbewegung, an deren Beginn der Wandervogel steht. Reformpädagogik, Freikörperkultur, Lebensreformbewegungen mit ihrer Zivilisationsverweigerung, die Frauenemanzipation werden aus der Stadt maßgeblich beeinflusst. Hauptstadt der Homosexuellen ist sie schon damals. Aber die Stadt ist auch die Stadt der Kokainhöhlen, der *Schönheitstänze*, von aus der Not

Hugo von Tschudi: Bietet Paroli und setzt sich durch.

geborener Prostitution, jeder Art von Laster. Sie ist die Stadt des protzigen Neureichtums und von Elend. Heinrich Zille hat diesem Berlin ein erschütterndes Denkmal gesetzt, und später auch Carl Zuckmayer mit seinem unsterblichen *Hauptmann von Köpenick*, um nur diese Beispiele zu nennen.

Und in dieser Stadt führt der gesellschaftlich rückwärtsgewandte Wilhelm sein Leben, wenn er denn nicht – ruhelos – auf Reisen ist. So, wie sie ist, muss er diese Stadt verabscheuen.

Was alles hat das mit dem Kaiserportal des Kieler Hauptbahnhofs zu tun? Alles, wie sich zeigen wird.

Doch noch weiter: Berlin, das ist auch die Stadt des Reichstags, in dem unangenehme Sozialdemokraten, katholisches Zentrum und Freisinnige immer neuen Verdruss bereiten. Berlin, das ist für ihn auch die Stadt von Skandalen, die Stadt seiner Misserfolge, des unangenehmen internationalen Aufsehens, die den Wunsch Wilhelms nach Anerkennung und Liebe schwer beeinträchtigen. Jahrelang belastet ihn die Affäre um seinen Freund *Phili*, den Fürsten Philipp Eulenburg, und dessen angebliche Verstrickung in homosexuelle Affären, die die Presse genüsslich „am Kochen" hält. Engste Hofkreise, bis in die nächste Umgebung des Kaisers, sind seit 1891 in eine schmuddelige Orgien-Affäre, die *Leberecht-von Kotze*-Affäre, verwickelt, die zu Duellen, eines davon mit tödlichem Ausgang, führt; auch dieses ein jahrelanger Leckerbissen für die Presse: *Was wusste Seine Majestät?*

Schwerer noch wiegen die großen politischen Bedrückungen: Dass es in seiner Zeit zur politischen Selbstisolation Deutschlands, zu Bündnissen zwischen England, Frankreich und Russland kommt. Dass Deutschland nur noch, neben dem letztlich ohnmächtigen Italien, das in Agonie liegende Habsburger Reich zum Verbündeten hat.

Und dann *Krüger*-Depesche und *Daily-Telegraph*-Interview. Obwohl er beide nicht persönlich zu verantworten hat, die Ämter haben versagt oder ihn „auflaufen" lassen, trifft der ganze Zorn der internationalen, besonders der englischen, Öffentlichkeit ihn.

Im Dezember 1895 versucht ein Insurgententrupp unter Führung eines britischen Staatsbürgers die an Bodenschätzen reiche Republik *Transvaal* im Süden Afrikas für Großbritannien unter seine Gewalt zu bringen. Das Unternehmen scheitert am Widerstand der Buren. Noch im selben Monat distanziert sich die britische Regierung glaubwürdig von dem *raid*. Zur erfolgreichen Abwehr des Okkupationsversuchs schickt Wilhelm aufgrund katastrophaler Beratung durch das Auswärtige Amt einen Glückwunsch in der Ich-Form an den Präsidenten der Republik Paulus (*Ohm*) Krüger:

> *Ich spreche Ihnen Meinen aufrichtigen Glückwunsch aus, daß es Ihnen, ohne an die Hülfe befreundeter Mächte zu appellieren, mit Ihrem Volke gelungen ist, in eigener Tatkraft gegenüber den bewaffneten Scharen, welche in Ihr Land eingebrochen sind, den Frieden wiederherzustellen und die Unabhängigkeit des Landes gegen Angriffe von Außen zu wahren.*

Die politische Sprengkraft liegt einerseits darin, dass England in dieser Zeit des Hochimperialismus *Transvaal* zu seiner Einflusssphäre rechnet und so eine massive Einmischung in seine inneren Angelegenheiten sieht. Was in Downing Street darüber hinaus zu erheblicher weiterer Beunruhigung und schwerer Verärgerung führt, ist, dass in dem Text angedeutet wird, dass vom Grundsatz her das Deutsche Reich zur Waffenhilfe bereit gestanden hätte. Die Weltöffentlichkeit lastet dem Kaiser das Telegramm persönlich an, der in seinen Memoiren jedoch betont, er sei vom Reichskanzler *zwingend überredet* worden, es abzusenden. Wie auch immer, der Eindruck, den der Kaiser hinterlässt, ist niederschmetternd. Mindestens zeigt sich, dass der Herrscher nicht Herr seines Willens ist – und geltungssüchtig.

Weiteren erheblichen Ärger bis hin zur Staatskrise, in der die Abdankung des Kaisers sehr ernsthaft erwogen wird, verursacht ein Interview – ein vom Auswärtigen Amt autorisierter Zusammenschnitt mehrerer persönlicher Gespräche Wilhelms mit einem englischen Offizier/Journalisten –, das am 28. November 1908 im Londoner *Daily Telegraph* erscheint:

- Wilhelm schildert sich als Angehörigen der englandfreundlichen Minderheit im Reich und schürt so britische Befürchtungen vor den Gefahren der deutschen Flottenrüstung.
- Er prahlt mit den Ratschlägen, die er während des Burenkrieges 1902 seiner Großmutter, Queen Victoria, gegeben habe.
- Er stellt fest, dass England den Krieg aufgrund des von ihm gelieferten Feldzugsplans gewonnen habe.
- Er erklärt, der deutsche Flottenbau richte sich nicht gegen England, sondern gegen Staaten im Fernen Osten. Da kommt allerdings nur Japan in Frage, eine ungeheure Provokation des fernöstlichen Kaiserreichs.

Angesichts des Sturmes, den er entfacht hat, ist Wilhelm nicht mehr der Alte. Er wirkt gebrochen, ist eigentlich „erledigt".

Mit all diesen Widrigkeiten muss er in Berlin existieren; kleine Fluchten zu seiner Garde und nach Potsdam, selbst ausgedehnte Jagdreisen und Vergnügungen bei seinen Freunden, etwa dem dicken Fürsten Fürstenberg in Donaueschingen, bringen keine wirkliche Erholung, kein befreiendes Durchatmen.

Aber zum Glück für ihn gibt es eine andere Welt, *die* andere Welt, und das ist Kiel. Mehr und mehr wird die Stadt ihm zur zweiten, zur wahren Heimat. In ihr kommt er an, wenn er das Portal durchmessen hat, die Kaisertreppe hinabschreitend schon die freie Luft der Ostsee atmet, gleich *Seine* Marine in den Blick nimmt; er ist bei

Hier geht es dem Kaiser gut: Bei „Seiner" Flotte.

Hier fühlt er sich sichtlich wohl: Wilhelm II. im Kreise der Mitglieder des *Kaiserlichen Yacht-Clubs.*

Seinen Kindern. Die Kaiserstandarte steigt auf dem Ost-Turm auf, den auf der Förde ankernden Einheiten das Zeichen zum geballten Salut gebend.

Dem Protokoll des Berliner Hofs ist er entkommen, das ihm keine Luft lässt, die Intrigen der Damen und Herren des Hofstaats hinter sich lassend, die jeden seiner Schritte belauern und alles betratschen. Und die lästigen ernsten Geschäfte sind fern.

Wirkt er im Berlin der Moderne in seinen prunkenden Uniformen, mit seinen blinkenden Helmen, seinen edelsteinsprühenden Orden eigentlich schon wie aus der Zeit gefallen, eine kuriose Figur im Getöse der Millionenstadt, über die man spottet, der vom Straßenrand Kleinbürger und Provinzler zujubeln, da ist er in Kiel uneingeschränkt der vom Publikum bejubelte Kaiser, ganz Herr der Situation.

Er ist in seiner Welt von klarer Kameradschaft und Männlichkeit angekommen. Kiel, das sind *Seine* Flotte, *Sein* Offizierkorps, das Meer, sind *Hohenzollern* und *Meteor*, *Seine Kieler Woche* mit ihrem Glanz und den geliebten Regatten; das sind die Besuche fremder Flotten, die Feste auf dem Schloss, der Start zu den jährlichen weitausholenden Seereisen.

Bismarck, Wilhelms Unlust zu arbeiten kritisierend: *Seine Majestät hätte am liebsten jeden Tag Geburtstag.* In Kiel hat er.

Doch der Name Bismarcks führt zu etwas anderem, das Kiel für Wilhelm so glückhaft erscheinen lässt: Die Stadt ist der größte und repräsentativste Standort der *Kaiserlich Deutschen Marine*, deren *Chef* er ist, die er als seine Schöpfung ansieht. Schon vor ihm hat es deutsche Marinen und Flotten gegeben, nicht aber diese gigantische. Das ist bedeutend genug.

Das wahrhaft Bedeutende für ihn aber liegt im Bereich der Psychologie: Otto von Bismarck ist, nimmt man alles nur in allem, der Schöpfer des deutschen Kaiserreichs von 1871. Bis zu seinem erzwungenen Abgang im Jahre 1890 beherrscht er das Land. Er, ein Mann, der noch vor dem Ende des Wiener Kongresses geboren wird, der Vertreter einer vormodernen Kabinettspolitik ist, der von Wirtschaft nichts versteht, nimmt dem jungen Reich, das vorwärts stürmen will, den Atem, entmannt es, legt es in Ketten. Die Geschichte der Reichwerdung wirkt in seiner Person unerbittlich nach, übertönt alles, lässt nichts Neues an großer Idee zu. So kann keine Vorstellung von einem frischen, gleichwertig großen, die ganze Nation umfassenden Projekt entstehen, das die nachfolgende Generation für sich ganz allein entwickeln kann, als das ihre beanspruchen.

Die sich ab Mitte der achtziger Jahre entwickelnde Kolonialpolitik kann es nicht sein, auch wenn im Bürgertum gewaltige Begeisterung aufschäumt. Auch dieses Kolonial-„Reich" entsteht nur, weil der Übervater Bismarck es zulässt, ist also nichts aus der nachwachsenden Generation originär Entstehendes. So etwas kann sich erst entwickeln, als nach Bismarcks Hinauswurf die Luft zum Atmen frei wird, als Kaiser und Reich eine ganz neue *Weltpolitik* formulieren, die Deutschland unter die Handvoll wahre Weltmächte bringen soll, die jeden bisherigen Rahmen sprengt. Instrument wird die Flotte, die *Schlachtflotte*, die *Hochseeflotte*, die vielleicht einst größte Flotte der Welt sein wird.

Untrennbar miteinander verzahnt sind *Weltpolitik* und Flotte das große nach-bismarckische Projekt Deutschlands und des Kaisers selbst. Hierin findet das Land ein junges, ganz ihm allein eigenes Selbstbewusstsein. Der rückwärtsgewandte Übervater Bismarck ist „umgebracht"; er spielt keine Rolle mehr. Das Volk hat sich emanzipiert. Für Wilhelm II. ist dieses nicht nur politisch, sondern auch ganz persönlich als Mensch von existenzieller Bedeutung.

Nur so ist auch zu verstehen, dass ihn mit *Seiner* Marine eine Beziehung verbindet, die ohne Übertreibung als eine Liebesbeziehung bezeichnet werden darf.

Pracht: Es ist eine Lust, in Kiel zu sein.

Das ist das dominante Element, das Kiel zu des Kaisers Lieblingsstadt macht.

Aber es kommt noch weiteres hinzu: Er ist der Herzog von Schleswig und von Holstein, sein Wappen zieren die schleswigschen Löwen und das holsteinische Nesselblatt. Er ist der Herr auf dem Kieler Schloss, in der Tradition vieler seiner Vorgänger. Die Stadt liegt an der Ostsee, den preußischen Herrschern seit Jahrhunderten vertraut. Sein enger Verwandter und Vorgänger in Sachen Marine, Adalbert, hat hier residiert. Kiel ist eine alte Gründung und die Stadt und ihre Umgebung sind schön. Beim Blick auf die Förde zeigt sich ihm eines der prächtigsten Segelreviere der Welt. Aber nicht nur die Dinge der Vergangenheit und der Natur sind es, die ihn für die Stadt so sehr einnehmen. Wie er Hamburg wegen dessen Synthese aus Tradition und Moderne schätzt, so bietet ihm auch Kiel diese Verbindung: Es ist der zentrale Ort der jungen preußischen Provinz Schleswig-Holstein, der Zukunft zugewandt, auf rapidem Wachstumskurs, eine hochmoderne Werftindustrie ist im Entstehen. Hier soll die modernste Flotte der Welt gebaut werden. Kiel ist mit all diesem das Abbild seines eigenen Optimismus, der keine Grenzen kennen will.

Hinzu kommt, dass die Arbeiter auf dem Ostufer, wenn er die Werft besucht, die Mütze ziehen und stolz auf „ihre" Schiffe sind – noch lange.

Das alles ist die Ursache dafür, dass es zwischen ihm und dem alten, jungen Kiel „passt". Wilhelmshaven hätte seine Zuneigung nicht in diesem Maße erringen können, dort gibt es *nur* die Moderne – zu wenig für den Kaiser, der sich in beiden Welten zu Hause fühlt und die er beide braucht.

„Eine Hauptstadt im kleinen"

Weißer Schwan der Ostsee in voller Fahrt: SMY *Hohenzollern* (II).

Bärbeißig ist er, der Admiral von Knorr, und so nennt er 1893 die neue Staatsyacht, den ganzen Stolz seines Kaiserlichen Herrn, einen *in das Wasser gefallenen Omnibus*. Sehr zu Unrecht, denn die *Hohenzollern* ist ein ausgesprochen schönes Schiff. Aber vielleicht nimmt er ja Nelsons *Victory* oder die *Cutty Sark*, einen der herrlichen Klipper, die mit ihren *tea-races* den kostbaren Tee aus Ostasien an die Londoner Börse bringen, zum Maßstab. Herr von Knorr, des Jahrgangs 1840, hat sicherlich einen konservativen Geschmack, und die *Hohenzollern* (II.) ist von modernstem Design.

Sehr bescheiden: Staatsyacht *Grille*.

Es ist im 19. Jahrhundert, und bis heute, nichts Ungewöhnliches daran, dass Herrscher und Präsidenten Staatsyachten für ihre politischen und Repräsentationsreisen zu ihrer Verfügung haben. Viele Nationen, die sich als *sea-going* sehen, halten sich solche Schiffe. Sie verkörpern Tradition, wie etwa die *Britannia* oder die *Danmark*, deren sich die englischen und dänischen Souveräne ihrer Darstellung zur See bedienen.

In Preußen und im Kaiserreich ist es zunächst, seit 1858, der Aviso *Grille*, der im Deutsch-Dänischen und im Deutsch-Französischen Krieg im Gefecht gestanden hat und in

Friedenszeiten König und Kaiser und Kronprinz als Staatsschiff dient.

Den gestiegenen Ansprüchen des neuen Deutschen Reichs ist das kleine Schiff nicht mehr gewachsen; auch lässt seine Seetüchtigkeit in den vielen Jahren seines Dienstes erheblich nach. Deshalb wird 1874 bei der *Norddeutschen Schiffbau A.G.* in Kiel der Ersatz in Auftrag gegeben, die *Hohenzollern* (I), die dann auch bei der Station der Ostsee hier ihren Heimathafen finden wird. Sie gilt als gutes Seeschiff von ruhigem Gang, wenngleich die beiden seitwärts des Rumpfs angebrachten Schaufelräder im Betrieb ein wenig Probleme bei der Manövrierfähigkeit verursachen.

Einen besonderen Einsatz fährt das Schiff, als es im September 1880 mit dessen Eltern an Bord dem Prinzen Heinrich nach Bülk am Ausgang der Förde entgegenfährt, als dieser auf SMS *Prinz Adalbert* nach zweijähriger Weltreise nach Kiel zurückkehrt. Klaus Groth hatte zu Ausreise und Heimkehr des Prinzen jene hymnischen Gedichte auf ***Uns künfti Admiral*** verfasst.

Ein Jahr später sieht die *Hohenzollern* Kaiser Alexander III., Kaiser Wilhelm I. und Reichskanzler Otto von Bismarck vor Danzig an Bord. Im Juli 1889 geht sie unter dem Kommando seines Bruders Heinrich in See, um Wilhelm II. zu Antrittsbesuchen bei seinen imperialen und royalen *Cousins* nach St. Petersburg, Stockholm und Kopenhagen zu tragen. Bald beginnt für das Schiff die Reiseroutine für den geradezu manisch reisenden Herrscher, der es ganz besonders auch für seine Erholungsreisen im Sommer nutzt. Er ist hier – wenn auch bei ihm ins Übermaß und in die Ruhelosigkeit gesteigert – Kind seiner Zeit, deren große Leidenschaften die Mobilität und das Reisen sind. Der Berliner Volksmund macht aus seinem *Imperator Rex* (*Kaiser und König*), wie er unterzeichnet, *Immer reisebereit*. Zu Staatsbesuchen läuft sie London, Athen und Konstantinopel, Christiania (das heutige Oslo) und Kronstadt an und bringt den Kaiser nach Korfu zur österreichischen Kaiserin Elisabeth, der berühmten *Sisi*, deren Villa *Achilleion* er später erwerben wird. Auch bei der offiziellen Inbesitznahme Helgolands läuft das Schiff im August 1890 die Insel an. Deutscher und russischer Kaiser sehen sich nach der Nichterneuerung des Rückversicherungsvertrages an Bord zu politischen Klimagesprächen. Die zunehmende Entfremdung zwischen den Nationen kann durch derartige Begegnungen jedoch nicht aufgehalten werden. Das sind einige Beispiele für den Einsatz der *Hohenzollern*.

Bald genügt die Yacht den Repräsentationsansprüchen des Kaisers nicht mehr, eine neue

SMY *Hohenzollern* (I) zur Gänze …

… und im schönen Detail.

Die Herren genießen die Seeluft.

Erlesenes Interieur.

Hohenzollern (II.) wird bestellt; das alte Schiff führt jetzt den Namen *Kaiseradler*. Am 21. Juni 1895 findet es anlässlich der Einweihung des *Kaiser-Wilhelm-Kanals* seine letzte bedeutende Verwendung: Es transportiert die Majestäten aus Sachsen und Württemberg und den Prinzregenten von Bayern.

Die Geschichte des neuen Schiffs beginnt für *Seine Majestät* unerfreulich. Wie so oft während seiner langen Regierungszeit hat er wieder einmal allen Anlass, das *Affenhaus*, den Reichstag, zu verfluchen. Um eine Diskussion über die Notwendigkeit des neuen Schiffes zu vermeiden, meldet die Marine, höchst ungeschickt, wie sich zeigen soll, zum Haushalt 1889/90 eine Mittelanforderung für einen *Aviso für größere Kommandoverbände*, also ein Aufklärungsschiff. Selbstverständlich kann eine, dann leicht bewaffnete Kaiseryacht auch im Kriege *so* ihre Ver-

Besuch an Bord: Russische Kaiseryacht *Standart* (rechts) im Kieler Hafen.

Nicky und *Willy.* Nikolaus II. und Wilhelm II. an Bord der *Hohenzollern* (II).

wendung finden; das Vorgehen des Marineamtes jedoch muss als äußerst durchsichtiges Täuschungsmanöver gewertet werden: Hat dort wirklich jemand geglaubt, den wahren Zweck der neuen Einheit verbergen zu können? Für den Kaiser, die Reichsregierung und die Marine höchst unerfreuliche Szenen spielen sich im Reichstag ab; dennoch erhält Wilhelm letzten Endes die Zustimmung für seine neue Reiseplattform. Er nutzt sie weidlich. Sie wird sein zweites Zuhause. Womöglich mehr noch als in *Seiner* guten Stadt Kiel mit ihrem Schloss ist er hier ganz bei sich.

In seiner Taufrede hebt er den dem Frieden und dem Erholungsurlaub seiner Familie gewidmeten Charakter der neuen Yacht hervor:

Du sollst in die Reihe der kaiserlichen Kriegsschiffe eingereiht werden, dazu bestimmt, unsere Landesflagge zu tragen. Dein schlanker Bau, dein leichtes Gefüge, welches nicht drohende Pforten und schwere Türme zur Abwehr zeigt, die die Schiffe Meiner Kriegsmarine zum Kampf gegen den Feind bei sich führen, zeigt uns an, dass du dem Friedenswerk geweiht bist. Leicht über die Meere dahinzufliegen, vermittelnd von Land zu Land, den Arbeitsamen Ruhe und Erholung zu gönnen, den kaiserlichen Kindern und der Hohen Mutter des Landes Freude zu bringen – das ist deine Aufgabe.

Der Kaiser (vor dem linken Schornstein stehend) grüßt die italienische Marine am 21. Juni 1895.

Bei einer Festrede vor dem Brandenburgischen Landtag im Jahre 1890 hebt er die nachgerade spirituelle Bedeutung seiner Reisen hervor:

Bei Meinen Reisen (...) habe Ich nicht allein den Zweck verfolgt, fremde Länder und Staatseinrichtungen kennenzulernen und mit den Herrschern benachbarter Reiche freundschaftliche Beziehungen zu pflegen, sondern diese Reisen, die ja vielfach Missdeutungen ausgesetzt waren, haben für Mich den hohen Wert gehabt, dass Ich, entrückt dem Parteigetriebe des Tages, die heimischen Verhältnisse aus der Ferne beobachten und in Ruhe einer Prüfung unterziehen konnte. Wer jemals einsam auf hoher See auf der Schiffbrücke stehend, nur Gottes Sternenhimmel über sich, Einkehr in sich selbst gehalten hat, der wird den Wert solcher Fahrt nicht verkennen.

Etwas Einmaliges hebt die Yacht unter allen Schiffen der Marine hervor: Ihr Steuerrad trägt in farbiger, halbplastischer Ausführung die Kette des Schwarzen-Adler-Ordens. Dieser vornehmste, exklusivste Orden Preußens, gestiftet von König Friedrich I. am 18. Januar 1701 in Königsberg, versinnbildlicht wie nichts anderes im Staate die allerengste, ganz persönliche Bindung zwischen dem auszeichnenden Souverän und dem Bedachten. Die Verleihung der Kette als Schmuck an das Schiff ist nur durch *Allerhöchste Anordnung* möglich und Beweis dafür, dass der Kaiser zwischen sich und dem Schiff eine Verbindung sieht, die sonst nur zwischen ihm und seinen vertrautesten, höchsten Untertanen möglich ist. Mit dieser Geste eignet er sich dieses Schiff geradezu persönlich an. Wo es auch sein mag, ist es das Symbol seiner Gegenwart. Neben dem Berliner und den Gemächern im Kieler Schloss wird die „Kieler" *Hohenzollern* zur weiteren Residenz des Kaisers. Reichskanzler Bernhard von Bülow nennt es bald *Eine Hauptstadt im kleinen*. Noch eine weitere ungewöhnliche Ehre wird ihm zuteil: Das Bild des Schiffs schmückt die Postwertzeichen sämtlicher deutscher Schutzgebiete.

„Standeserhöhung": Kette des Schwarzen-Adler-Ordens auf dem Steuerrad der *Hohenzollern (II)*.

Die Yacht fahren 313 bis 354 Mann Besatzung. Sie ist mit 4460 Tonnen vermessen, 122 Meter lang, 14 Meter breit und kann mit bis zu 21 Knoten Geschwindigkeit laufen. Über vier Jahre verbringt der Kaiser bis 1918 an Bord, in manchem Jahr mehr als zweihundert Tage. Das Schiff sieht politische Begegnungen auf höchster Ebene, vom Kaiser zelebrierte Gottesdienste und sehr, sehr viel Erholung, verbunden mit derben Späßen, die *Seine Majestät* sich mit seinen Gästen, und stets auf deren Kosten, erlaubt. Hier ist er Mensch, hier kann, hier darf, hier will er es sein. Hier ist Wilhelm schließlich unter Freunden, unter Männern, fern des quälenden, stets mit lauter Fallstricken versehenen politischen Alltags in Potsdam und Berlin, aber auch fern seiner sittenstrengen, hoheitsvollen Auguste Victoria. Besonders die Nordlandreisen sind ihm Ventil. Sein jahrzehntelang engster Freund,

Die beiden *Cousins* Nikolaus II. und Wilhelm II. mit Entourage.

Der *Chef* der *Kaiserlich Deutschen Marine* mit Kommandanten der Flotte.

Vor majestätischer Kulisse …

… in seinem Traumland Norwegen …

der empfindsame Schöngeist und Schwärmer Philipp Eulenburg, schildert das alles sehr anschaulich, besonders auch die Charaktere der Reisegefährten, und zunehmend enerviert.

So schreibt er 1889:

Sonntag. Um zehn Uhr versammelten wir uns auf dem Vorderdeck. Über einen Kasten war die Kriegsflagge gedeckt, und der Kaiser nahm seinen Platz am Altar ein. Er hatte den Stern des Schwarzen Adler-Ordens angelegt, und seine Figur hob sich von dem großen preußischen Adler der zweiten Flagge ab, die den Mast umhüllte. In zwei Reihen standen die Matrosen und wir dem Altar gegenüber. Nach der Verlesung des Evangeliums und der Epistel las der Kaiser eine kurze Predigt und schloss den Gottesdienst mit dem >Vaterunser< und dem Segen. Der Tag war hell und klar. Wir fuhren zwischen herrlichen Felseninseln hin, während der geliebte Kaiser in seiner schlichten, geraden Art uns Gottes Wort vortrug. Welcher deutsche Kaiser hat wohl je in solcher Form und Umgebung seines priesterlichen Amtes gewaltet? Es hatte etwas außerordentlich Bewegendes, diesen in Jugend und Frische strahlenden Herrn so schlicht und einfach seine Glaubensüberzeugung, seine Zugehörigkeit zum Christentum bekennen zu sehen.

… hat man viel Spaß.

Und 1893:

Das Gefolge des Kaisers besteht aus: Chef des Hauptquartiers General von Plessen (falsch), Hausmarschall Freiherr von Lyncker (liebenswürdig), Generalarzt Dr. Leuthold (vortrefflich), Legationsrat von Kiderlen (gerieben), Adjudanten Dietrich von Hülsen (Berliner Junge), von Seckendorf (töricht), Graf Cuno von Moltke (mein Musenfreund), Vertreter des Militärkabinetts von Lippe (klug und gut), Vertreter des Mi-

litärkabinetts von Senden (fleißig, aber halb verrückt).
Gäste: Graf Görtz (überall und nirgends, begabt, Komiker wider Willen, nicht so begabt, wie er glaubt), Dr. Güßfeldt (klug, Naturforscher, Bergsteiger, empfindlich), Maler Salzmann (sehr begabt, unendlich witzig) Ich???

Und 1894:

Die Orchestermusik von früh bis abends ist auf die Dauer recht ermüdend, um nicht zu sagen >unerträglich<. Aber der Kaiser gehört zu den Menschen, denen Lärm einen angenehmen Eindruck macht. Man weiß nicht, wohin man fliehen soll, um den Trompeten zu entgehen. … Nach dem Frühstück warf man mit Steinen nach Flaschen, und es herrschte große Heiterkeit.

Und 1896:

Während wir alle auf dem Vordeck standen und die Wasserfälle, die phantastischen Schluchten und die Felsen betrachteten, führten die Matro-

Eleganz: Norwegische junge Damen und Offiziere des Kaisers; er selbst unten Mitte.

sen zur Feier des Tages eine Art Theater auf, mit Liedern, in den lächerlichsten Kostümen. Es war höchst lustig.

Und 1901:

Leider verblasst das Interesse für die schönste Gegend, wenn sie nicht mehr den vollen Reiz des Neuen bietet.... Mehr als ein Jahr meines Lebens sitze ich nun in diesem Kreise, an diesem Tisch. Ich kenne die Genossen so genau wie die Teller, Tassen, Gläser – wie die Metzger Hühner, gefüllte Hammelkeule und Semmeln. Und eine Landpartie, die um fünf Uhr morgens angetreten wird, ist keine Landpartie, es ist eine Katastrophe, ein Phänomen, ein Unglück – aber keine Landpartie... Der empfindliche Fürst beklagt die *grässlichen Betten: Es gehört die ganze verdrehte Marinetollheit dazu, um auf einer Lustyacht des Kaisers derartige Kommodenschubladen zu Schlafstätten einzurichten.*

1903 dann der ganz große Überdruss:

Der Kaiser saß viel in seinem Zimmer, scherzte laut mit den Fahrtgenossen, die er manchmal in die Beine zu kneifen oder zu kitzeln liebt ... Der Widerspruch der Jahre zu der verkrampften Heiterkeit verletzt mich am meisten. Die Fahrtgenossen sind ohne Ausnahmen zu hohen Würden gestiegen: Fürsten, Exzellenzen, Geheime Räte und Professoren sind aus den Grafen, Majoren und Malern geworden, und sie sind alle recht verbraucht. Aber es bleibt doch noch genug Energie,

Bordempfang zur *Kieler Woche*: Begegnung mit den Wichtigen der Welt.

um heiter, frisch, witzig – ja geistreich zu erscheinen. So frisch, dass alles morgens turnen kann. Mich ekelt das sehr. Ich kann diese Exzellenzen, die die Kniebeugen machen, nicht mehr ertragen – auch nicht Witze vor morgens 9 Uhr. Bisweilen frage ich mich, wie es der Kaiser erträgt, der doch auch fünfzehn Jahre älter wurde, und er stiftet oft selber das alles an.

Als Philipp Eulenburg zwischen 1906 und 1908 in die sogenannte *Eulenburg*-Affäre verwickelt wird, die ihn gesundheitlich und gesellschaftlich ruinieren wird, lässt Wilhelm ihn schnell fallen. Eulenburg ist von den Nordlandreisen ab sofort befreit!

Das Schiff wird stets zu seinem Schutz von Kreuzern und von dem Depeschenboot *Sleipner* zur Nachrichtenübermittlung begleitet.

Über die Jahre macht die Yacht Staats- und Verwandtenbesuche, läuft zur Manöverbeobachtung aus, empfängt auf der Förde fremde Staatenlenker und Flottenbesuche. Viel protokollarische Routine. Sie ist auch schwimmendes Audienzzimmer: Einer der Reichskanzler, Bernhard von Bülow, erhält hier 1900 seine Ernennung, 1909 erklärt er hier seine Demissionierung. Anlässlich der Einweihung des *Kaiser-Wilhelm-Kanals* am 21. Juni 1895 durchschneidet sie hinter Brunsbüttel das über den Kanal gespannte Band und macht damit die neue Wasserstraße frei für den Weltschiffsverkehr.

Eine Reise sticht heraus, als Wilhelm im Oktober und November 1898 Palästina bereist, das Teil des Osmanischen Reichs ist. Das Schiff legt in Haifa an. Der Kaiser sieht Jaffa, Jerusalem und Beirut. Zum ersten Mal seit sechshundertsiebzig Jahren betritt ein deutscher Kaiser das *Heilige Land*. 1228 war der Staufer Friedrich II. in Akkon an Land gegangen. Die Reise hat ausgeprägt religiösen Charakter und dient darüber hinaus der politischen Stärkung der deutschen Gemeinden und Siedler. Daneben soll die seit längerem bestehende spirituelle Verbindung des Hauses Brandenburg-Hohenzollern zu Palästina betont und verstärkt werden. Höhepunkt ist die Einweihung der deutschen Erlöserkirche in Jerusalem. Eine von Theodor Herzl und der zionistischen Bewegung erhoffte Unterstützung zur Gründung eines Jüdischen Staates gewährt der Kaiser nicht; zu wichtig ist das Verhältnis zur Hohen Pforte in Istanbul.

1902 geht die *Hohenzollern* nach New York, wo Alice, die Tochter von Theodore Roosevelt, die neue Segelyacht des Kaisers auf den Namen *Meteor* (III) taufen soll. Repräsentant seines Bruders ist Prinz Heinrich, der an Bord den Präsidenten der Vereinigten Staaten empfängt.

Im Juni 1914 findet die letzte *Kieler Woche* vor dem von Österreich-Ungarn und Deutschland ausgelösten Ersten Weltkrieg statt. Während der festlichen Tage werden am Sonntag, dem 28. Juni 1914 in Sarajewo der Erzherzog Thronfolger Franz Ferdinand und seine Frau ermordet. Die *Kieler Neueste Nachrichten*, die am Montag nicht erscheinen, berichten in ihrer Ausgabe am 30. Juni ausführlich, wie den segelnden Kaiser die Nachricht am Nachmittag des 28. Juni erreicht hat:

Gegen 4 Uhr nachmittags wurde an Bord der „Hohenzollern" die inhaltsschwere Depesche abgegeben. Admiral v. Müller, Chef des Marine-Kabinetts und Vortragender General-Adjutant des Kaisers, begab sich an Bord des Verkehrsboots „Hulda" sofort nach dem Regattafelde in der Kieler Bucht, um das Telegramm dem Kaiser, der sich an Bord seiner Segelyacht „Meteor" befand, persönlich zu übergeben. Er traf die Yacht auf der Fahrt zwischen dem östlichen und dem nördlichen Markdampfer, wo sie in sehr günstiger Position den Rivalinnen weit voraus lag, an, ließ das Boot längsseits des „Meteor" laufen und reicht die Depesche hinüber. Als der Kaiser den Inhalt gelesen hatte, stellte er sofort die Wettfahrt ein, ließ die Segel herunter holen und beorderte das die Yacht begleitende Tor-

Seine Majestät ganz oben auf: Die *Hohenzollern* in Holtenau.

pedoboot „G 88“, den „Meteor“ im Schlepp nach Kiel zu bringen. Zugleich ließ er den Besitzern der übrigen Yachten von den Ereignissen Kunde geben und stellte ihnen anheim, ebenfalls das Rennen abzubrechen.

In den nächsten Tagen, die von Hochspannung und hektischer diplomatischer Aktivität erfüllt sind, beschließt Wilhelm, auf die anstehende Nordlandreise zu verzichten. Reichskanzler von Bethmann Hollweg stimmt ihn um mit der Begründung, dass *ein Unterbleiben der seit langer Zeit alljährlich in diesem Monat gewohnten Reise Unruhe hervorgerufen hätte.* Beruhigung schaffen, abwiegeln. Wilhelm fügt sich und geht am 7. Juli in den Urlaub. Er tut es damit vielen europäischen Politikern gleich. Als die Depeschen aus Berlin dann doch immer bedrohlicher werden, wird entschieden, die Reise abzubrechen. Am 27. Juli ist die *Hohenzollern* zurück in Kiel. Ein letztes Mal. Am 31. Juli wird die Kaiserstandarte eingeholt.

Im Krieg findet die Yacht keine Verwendung, sie wird kein *Aviso für größere Kommandoverbände*.

1923 wird sie verkauft, dann auf der *Deutschen-Werke*-Werft in Wilhelmshaven abgewrackt.

Die *Hohenzollern*, die man wohl, wie die Presse es tut, einen *Weißen Schwan der Ostsee*, nicht aber einen *ins Wasser gefallenen Omnibus* nennen darf, gehörte zum vertrauten Bilde Kiels. In der Stadt sind viele stolz darauf, auch diese Residenz des Kaisers zu beherbergen.

Sein größter Tag

Rendevous der Nationen: Kiel im Juni 1895.

Glanzvolle Tage erlebt Wilhelm viele in Kiel. Keiner aber gleicht diesem Frühsommertag, dem 21. Juni 1895. Dem Tag, an dem der Enkel das Werk des verehrten Großvaters vollendet, als er die Einweihung des *Kaiser-Wilhelm-Kanals* vornimmt, der künftig als eine der am meisten befahrenen künstlichen Wasserstraßen der Welt die Ostsee mit der Nordsee und den Ozeanen verbinden wird. Für das Deutsche Reich ist damit das erste der großen Symbole seiner nationalen Kraft und Einheit geschaffen, dem nur noch die Kaiserliche Marine an Bedeutung gleichkommen soll. Für ihn ist es der größte Tag, der nicht wiederkehren kann.

Nicht erst in Kiel beginnen die Feierlichkeiten; schon die Wilhelm besonders liebe Freie und Hansestadt Hamburg, diese Synthese aus Tradition und Moderne, hat am 19. Juni dem neuen Werk gehuldigt. Die tiefe Dankbarkeit der Hanseaten für die neue Wasserstraße hat beim Festmahl im Rathaus der Erste Bürgermeister Dr. Lehmann zum Ausdruck gebracht, als er der Majestät dafür dankt, dass sie der Elbe eine zweite Mündung, die in die Ostsee, geschenkt habe.

Dann die Fahrt nach Kiel: Der Kaiser legt den Waffenrock der Gardes du Corps ab, gewandet sich in die Uniform eines Großadmirals, begibt sich an Bord SM Yacht *Hohenzollern*.

Aus dem Protokoll:

Donnerstag, 20. Juni, 4 Uhr Morgens:

Seine Majestät der Kaiser durchfahren auf der „Hohenzollern" die Brunsbütteler Schleuse. Nach Austritt aus dem Binnenhafen durchschneidet die „Hohenzollern" eine über den Kanal gespannte Schnur. Weitere Ceremonien finden nicht statt.

5 Uhr Morgens:
S.M. Yacht „Hohenzollern" nimmt die Fahrt durch den Kanal auf. Die übrigen Schiffe schließen sich … an.

Die Fahrt durch den Kanal gleicht einem Triumphzug; der imperialen Yacht folgen die riesigen Gäste-Dampfer von Hamburg-Amerika-Linie und Norddeutschem Lloyd. Leichte Einheiten fremder Nationen, der Engländer, der Italiener, der Österreicher, der Spanier, der Schweden und Norweger, der Amerikaner, der Dänen, der Niederländer und des Osmanischen Reichs bieten ein prächtiges Bild. Sie alle werden von den jubelnden Menschen, die sich auf den Böschungen versammelt haben, lebhaft gefeiert.

Dem Kaiser werden vom Winken und Grüßen die Arme müde. Er strahlt.

Aus dem Protokoll:
12 ½ Uhr Nachmittags:
Ankunft der „Hohenzollern" bei Holtenau. Empfang durch die Ehrenwache des I. Seebataillons und die Ehrenkompanien des 1. Garde-Regiments zu Fuß und des Füsilier-Regiments Königin Nr. 86.

Ist Wilhelm in Hamburg noch in das jahrhundertealte Protokoll der weltläufigen Hansestadt eingebunden, das auch ihm Achtung abverlangt, so ist er nun in *Seinem* Kiel ganz der eigene Herr. Er allein bestimmt, wie es geht. Hier ist er, der ganzen Welt sichtbar, der kraftstrotzende Repräsentant des großen, der Zukunft zuge-

Ankunft der Majestät in Holtenau, im Boot Vierter von rechts in Weiß.

wandten, militärisch ernst zu nehmenden neuen Deutschlands, das im Konzert der Mächte seine Position unüberhörbar formuliert. Hier kann er seine Leibrolle als der omnipotente Monarch schlechthin geben. Er schafft sich eine riesige Bühne. Der *Kaiser-Wilhelm-Kanal* ist ihm hierfür glänzende Kulisse.

Der 20. Juni ist noch Vorspiel: Den mitreisenden Fürstlichkeiten vergeht der Tag äußerst angenehm an der hochfestlichen Familientafel, beim Gala-Ball in der Marineschule das Brillant-Feuerwerk über dem Kieler Hafen beeindruckt überaus.

Dann *der* Tag: der 21. Juni 1895. Die *Weihe* des neuen Kanals. Reichskanzler Fürst Hohenlohe verliest den Text der Urkunde, die in den Schlussstein gelegt wird. Der friedliche Charakter des Bauwerks wird betont, andererseits sind die Hinweise auf den Zweck des Kanals für die Kriegsflotte und *Unseren ersten, ihnen gastlich geöffneten Kriegshafen* nicht zu überhören:

Wir Wilhelm, von Gottes Gnaden deutscher Kaiser, König von Preußen etc. thun kund und fügen hiermit zu wissen: Das Werk, zu welchem Unseres in Gott ruhenden Herrn Großvaters Wilhelm`s I. Majestät am 3. Juni des Jahres 1887 im Namen des Reichs den Grundstein gelegt hat - die unmittelbare Verbindung der deutschen Meere - steht vollendet vor unseren Augen. Ein beredtes Zeugnis deutscher Thatkraft und vaterländischen Fleißes, ist es entstanden, begleitet von der hoffnungsfreudigen Theilnahme aller Glieder des Reiches, unter dem sichtbaren Schutze des Himmels, dessen Gunst während des Baues vom Vaterlande jede Störung des Friedens ferngehalten hat. Und wenn Wir heute mit hoher Befriedigung die Erwartungen der Erfüllung näher geführt sehen, welche das Reich an die Herstellung einer für die Zwecke der Kriegs- und Handelsflotte ausreichenden Wasserstraße zwischen Nord- und Ostsee geknüpft hat, so gereicht es Uns zu besonderer Freude, daß Wir, umgeben von dem erlauchten Kreise Unserer hohen Verbündeten, der Vertreter des Volkes und unter der dankenswerthen Betheiligung der Abgesandten befreundeter Mächte, deren Geschwader Wir in Unserem ersten, ihnen gastlich geöffneten Kriegshafen willkommen heißen, diese Straße dem Verkehr übergeben können, wie Wir es als die vornehmste, von den Vätern überkommene Pflicht Unseres kaiserlichen Amtes betrachten, durch Erhaltung des Friedens die Errungenschaften der deutschen Stämme auf dem Gebiete der nationalen Wohlfahrt, Freiheit und Gesittung in ihrer weiteren Entwicklung sicher zu stellen, so halten wir fest an dem Bestreben, der vaterländischen Arbeit im heißen Wettbewerb freie Bahn zu schaffen und sie zu schützen vor den Gefahren ihres Berufes. Aber nicht nur dem Vaterlande und seinem Handel, seiner Schiffahrt und seiner Wehrkraft soll der Kanal förderlich sein. Indem Wir ihn in den Dienst des Weltverkehrs stellen, eröffnen wir neidlos allen seefahrttreibenden Völkern die Theilnahme an den Vortheilen, welche seine Benutzung gewährt. Möge er, ein Friedenswerk, allezeit nur dem Wettkampfe der Nationen um die Güter des Friedens dienstbar sein! Indem Wir befehlen, daß der Kanal für die Schiffahrt aller Völker geöffnet werde, wollen Wir zugleich, daß an der Stelle, an welcher derselbe in Unseren Kriegshafen mündet, ein Denkmal errichtet werde, welches der Nachwelt Kunde giebt von der durch Uns in Gegenwart Unserer hohen Verbündeten vollzogenen denkwürdigen Eröffnung der neuen Verkehrsstraße. Mit diesem Denkmal wünschen Wir zugleich einen Theil des Dankes abzutragen, den das deutsche Volk dem großen Kaiser schuldet, welcher vor nunmehr 25 Jahren die deutschen Stämme zu einem ewigen Bunde geeint und in weiser Voraussicht das jetzt vollendete Werk begonnen hat. …
Gegeben Holtenau, den 21. Juni 1895.

(gez.) Wilhelm II.

Nach der Rede des Bayerischen Bundesratsbevollmächtigten tauft der Souverän den Kanal, der in der Planungs- und Bauphase stets unter dem Rubrum *Nord-Ostsee-Kanal* gelaufen war, überraschend auf den Namen seines Großvaters:

> *Zum Gedächtnis Kaiser Wilhelms des Großen taufe ich den Kanal „Kaiser-Wilhelm-Kanal"*

und spricht dann die Worte:

> *Im Namen des dreieinigen Gottes, zur Ehre des Kaisers Wilhelm, zum Heile Deutschlands, zum Wohle der Völker.*

Klaus Groth, seit Jahrzehnten Herold des Hauses Hohenzollern im Lande, trägt das Festgedicht bei und ist so das Sprachrohr der inzwischen kaiserhausbegeisterten Kieler und schleswig-hosteinischen Einwohnerschaft:

Festgedicht
für Chorgesang zur Kanalfeier

Klingt, ihr Wogen! Rauscht ihr Bäume!
Singt ein Lied im vollen Chor!
Legt sie an, die goldnen Säume!
Schüttelt wieder holde Träume!
Horcht! Der Kaiser lauscht empor!

Lange schauten wir in Sorgen
Oft auf diese blaue Fluth.
Endlich kam der goldne Morgen,
Endlich waren wir geborgen
Unter Deutschlands sich`rer Hut.

Deutschlands erster Kaiser nahte,
Und die Feinde rings entflohn.
Ja, der Himmel winkte Gnade;
Jetzt auf sich`rem Friedenspfade
Folgt ihm stets der Sohnes-Sohn.

Stolz der Nation: Der Kanal in Betrieb.

Was der erste Kaiser plante,
Führt der dritte rüstig fort.
Friedenswerke, die er ahnte,
Friedenswege, die er bahnte,
Baut er aus von Ort zu Ort.

Auch den Pfad von Meer zu Meere
Segnete der Kaiser ein:
Daß er einst zu Deutschlands Ehre
Frieden sichernd Segen mehre
Und ein Denkmal möge sein.

Nun das große Werk vollendet,
Hält der junge Kaiser Macht.
Sieh! Da naht er selbst! Er spendet
Huld dem großen Werk und sendet
Dank den Vielen, die`s vollbracht.

Rauscht ihr Wogen und ihr Chöre!
Freude ward uns hier zu Theil.
Laut erschall`s zu Deutschlands Ehre,
Freudig hall's von Meer zu Meere:
Heil dem deutschen Kaiser, Heil!"

Das festlich gestimmte Volk feiert kräftig und jubelt anhaltend.

Trotz dieser friedlichen „Gestimmtheit" prägt anderes die Inszenierung. Uniformen, die massigen Körper der Panzerschiffe und Kreuzer, militärische Demonstrationen bestimmen das Bild. Das ist die wahre „Körpersprache" der Veranstaltung. Zu Wilhelms Blick auf sich und das Deutsche Reich gehört herausragend die Rolle, die er dem Militär, und hier besonders *Seiner* Marine und *Seiner* Flotte, zuerkennt. Sie sind für ihn die Insignien der künftigen Weltrolle, die unter seiner Führung Deutschland bald spielen soll. Folgerichtig wird das Bild des Tages immer militärischer: Wilhelm erscheint abwechselnd im Silberkoller der Garde-Kürassiere, mit Helm, auf dem der mächtige Aar, drohend und schützend zugleich, die Schwingen ausbreitet, in Stulpenstiefeln, oder als Großadmiral, bei Besuchen auf englischen oder russischen Schiffen in der entsprechenden Gala dieser Staaten. Er ist stolz, dass er sie tragen darf. Es wimmelt nur so von Uniformen. Selbst zivile Gäste erscheinen zum Ball in der Marineschule in ihren Reserveoffiziersuniformen. Die Schiffe donnern ständig Salut, es zittern die Fensterscheiben, bei jeder Gelegenheit nehmen die Mannschaften Haltung an und schreien *Hurrah!* Der Festbau in Holtenau ist ein riesiges Phantasie-Kriegsschiff. Es stellt einen übergroßen Dreimaster dar, optisch angesiedelt bei Nelsons mächtigen Dreideckern. Die Takelage entstammt der 1849 erworbenen preußischen Kreuzerkorvette *Niobe*, auf deren Namen dann auch diese Attrappe getauft ist. 145 Meter Länge und 75 Meter Masthöhe entsprechen dem Charakter der ganzen gigantischen Veranstaltung. Die zahlreichen martialischen Stückpforten machen ungeheuer Eindruck. Der Festsaal, der mehr als tausend Menschen aufnimmt, ist über und über mit Rosen geschmückt. Zum *Kaiserdiner* liefern Hoflieferanten für eine Pauschale von 100.000 Reichsmark erlesene Speisen, die köstlichsten Weine.

Meisterwerk der Organisation: Über einhundert Schiffe auf der Binnenförde platziert.

Der Volksmund nennt das Festschiff treffend *Dat Schipp ut de Lüneborger Heid*; denn dort wurde es gebaut.

Die Förde bietet kaum genug Raum für die Darstellung der Flotten. Die fremden Nationen sind willige Mitspieler im herrlichen Schauspiel; gern zeigen auch sie, was sie haben. Außerdem eine hervorragende Gelegenheit, sich über den Stand der deutschen Flottenrüstung zu informieren. Die Presse spricht von über einhundert Schiffen, die Hälfte davon unter fremder Flagge.

Vor dem Schloss liegen die neuesten deutschen Küsten-Panzerschiffe, *Heimdall*, *Hagen*, *Fritjof* und *Hildebrand*, vor der Admiralsbrücke der neue Kleine Kreuzer *Gefion* und der schnellste, die *Kaiserin Augusta*. Dann die schwarzen dänischen Kreuzer *Hekla* und *Geiser*, die Torpedoboote *Havhesten*, *Narhvalen*, *Søløven* und *Støren*, nach ihnen die hochmodernen weißen Kreuzer

Der Kieler Hafen
mit den Ankerplätzen der
zur feierlichen Eröffnung des Nord-Ostsee-Kanals
im Juni 1895 in Kiel
anwesenden Kriegsschiffe.
Erklärungen:
- Yacht S. Maj. des Kaisers und Königs.
- Schiffe der fürstlichen Personen.
- Boje für Flaggschiffe.
- Boje für Kriegsschiffe und Schiffe mit der Reichs-Dienst-Flagge.
- Ankerplatz für Aviso oder kleinere Schiffe.
- Ankerplatz für Hotelschiffe.
F. A. Fernsprech-Anschluss.
P. u. T. Post- und Telegraphen-Amt.
Verzeichniss der Landebrücken im Kieler Hafen.
1. Brücke bei Germaniawerft.
2. Brücke bei Wilhelminenhöhe.
3. Brücke bei Ellerbek.
4. Brücke bei Wellingdorf.
5. Brücke bei Neumühlen.
6. Prahm bei Kitzeberg.
7. Jensenbrücke.
8. Quai von der Bollhörn bis zur Provianthalle.
9. Süd-Quai.
10. Brücke am Schuhmacherthor
11. Nord-Quai.
12. Seegartenbrücke I. Seegartenbrücke II. Seegartenbrücke III.
13. Schlossbrücke.
14. Barbarossabrücke.
15. Gefionbrücke.
16. Hansabrücke.
17. Seeburgbrücke.
18. Admiralsbrücke.
19. Reventlowalleebrücke.
20. Vinetabrücke. Herthabrücke. Marine-Akademiebrücke.
21. Brücken im Torpedobootshafen.
22. Blücherbrücke.
23. Bellevuebrücke.
24. Forsteckbrücke.
25. Prahm in der Wiker Bucht.
26. Brücke bei Vossbrook.
27. Brücken bei Friedrichsort.
28. Brücke bei Möltenort.
29. Brücke bei Heikendorf.
Friedrichsort P. u. T.
Leuchtthurm.
Möltenort.
Vossbrook.
Holtenau P. u. T.
Nördlicher Festplatz.
Nord-Ostsee-Kanal.
Südlicher Festplatz.
Villa Stuttmeister.
Heikendorf P. u. T.
Kitzeberg.
Wik.
Villa Forsteck.
Forstbaumschule.
Bellevue.
Düsternbrook.
Sternwarte.
Marine-Akademie.
Garnisonkirche.
Marine-Kasernen.
Universität.
Königl. Schloss.
Nicolaikirche.
Post.
Bahnhof
Gaarden P. u. T.
Wilhelminenhöhe.
Gaardener Kirche.
Kaiserliche Werft.
Mühle.
Ellerbek P. u. T.
Wellingdorf.
Neumühlen P. u. T.
Schwentine.
Amerika
Dänemark
Deutschland
England
Frankreich
Italien
Niederlande
Norwegen
Österreich
Portugal
Rumänien
Russland
Schweden
Spanien
Türkei
Deutsche Reichsdienst-Flagge
Gesetzlich geschützt.
Nachdruck und Nachahmung untersagt.
Verlag von Lipsius & Tischer, Kiel, Falckstrasse 9.
Lith. Anst. v. Oscar Brandstetter, Leipzig.

Wer es gesehen hat, vergisst es nicht: Navaler Glanz vor Kiel.

der Navy der Vereinigten Staaten, die *New York*, die *Columbia*, die *San Francisco* und die *Marblehead*. Dann die Panzer-Korvetten *Baden*, *Bayern*, *Sachsen* und *Württemberg*. Vor Bellevue massieren sich die Avisos *Grille* und *Meteor*, das Schulschiff *Blücher* und der englische Panzerkreuzer *Blenheim*. Russland hat seinen Panzerkreuzer *Rurik*, das Schlachtschiff *Kaiser Alexander II.* und das Kanonenboot *Grosiaschtschi* geschickt, England neben der *Blenheim* und der *Endymion* noch weitere Panzer-Kolosse, *Repulse*, *Resolution*, *Empress of India* und *Royal Sovereign* sowie den Kreuzer *Bellona* und den Torpedojäger *Speedy*. Frankreich, das sich protokollarisch betont im Hintergrund hält – die Niederlage von 1871 und der Verlust Elsaß-Lothringens sind nicht vergessen –, hat aber dennoch den Panzerkreuzer *Dupuy de Lôme*, das Schlachtschiff *Hoche* und den Kreuzer *Surcouf* entsandt. Deutschlands Stolz bilden die vier Panzerschiffe 1. Klasse, die den Kern der neuen Schlacht-Flotte bilden werden: *Wörth*, *Weißenburg*, *Kurfürst Friedrich Wilhelm* und *Brandenburg*. Zwischen Holtenau und Friedrichsort ankern die italienischen Schlachtschiffe *Re Umberto*, *Andrea Doria*, *Sardegna* und *Ruggiero di Lauria* sowie die Kreuzer *Stromboli* und *Aretusa*, *Etruria* und *Partenope*, denen sich die österreichischen Kreuzer *Kaiserin und Königin Maria Theresia*, *Kaiser Franz Joseph I.* und *Kaiserin Elisabeth* anschließen, gefolgt von Spaniens Kreuzern *Infanta Maria Teresa*, *Marqués de la Ensenada* und dem Panzerschiff *Pelayo*. Schweden und Norwegen sind vertreten mit ihren Panzerschiffen *Göta* und *Thule* sowie den Kanonenbooten *Edda*, *Viking* und *Sleipner*. Endlich liegen vor Friedrichsort die Niederländer mit ihren Kreuzern *Atjeh* und *Alkmaar*. Portugal schickt die Panzer-Korvette *Vasco da Gama*, Rumänien das Panzerschiff *Elisabeta* und die Brigg *Mircea*. Die rechte Flanke dieser Massenaufstellung sichern die Schulschiffe *Gneisenau*, *Moltke*, *Stein* und *Stosch*. Zum Bild gehören auch die englischen und osmanischen Staats- und Admiralitätsyachten *Osborne*, *Enchantress* und *Fuad*. Hinzu kommen die vollzähligen deutschen Torpedoboote und die *Reichs-Dampfer* aus Hamburg und Bremen, die die illustren Gäste durch den Kanal nach Kiel gebracht haben. Dazwischen tummeln sich die festlich geschmückten Lustfahrzeuge wohlhabender Kieler.

Man wird sagen dürfen, dass die Welt solches noch nicht gesehen hat. Wilhelm ist beglückt.

Nach der *Weihe* des Kanals bietet der Nachmittag nun die erste der beiden großen maritimen Aufführungen. Ab jetzt wird Wilhelms Glück vollkommen. Es kommt das Schönste:

Aus dem Protokoll:

Freitag, 21. Juni 3 Uhr Nachmittags.

Flottenrevue. Sämmtliche deutsche Fürsten mit Gefolge und Ordonnanzoffizieren, die regierenden Bürgermeister der Freien und Hansestädte sowie sämmtliche fremden Fürstlichkeiten mit Gefolge und Ehrendienst schiffen sich dazu an Bord S.M. Yacht „Hohenzollern" ein. Anzug: Paradeuniform, für die Herren vom Civil kleine Uniform, bezw. Frack, weiße Cravatte, Cylinder.

Punkt 3 Uhr verlässt die *Hohenzollern* ihren Liegeplatz und wendet sich der vor Anker liegenden „Armada" zu. Die Presse nennt sie einen *stolzen Schwan*. Auf der obersten Kommandoplattform der Kaiser, allein und in großer Groß-Admiralsuniform. Unter ihm der *commandierende Admiral* und die Offiziere des Schiffs; darunter - an Deck - die *Hohen und Höchsten Herrschaften*.

Die Mannschaften der passierten Einheiten stehen in Parade. Zur Ehre des Gastgebers führen auch die ausländischen Schiffe die Reichsfarben, die Bordkapellen spielen die Kaiserhymne *Heil dir im Siegerkranz*, vielfaches *Hurrah!*, wenn die Yacht passiert. Dem Kaiser folgt der Tross mit kleineren Kriegsschiffen und den *Reichs-Dampfern*, zahlreiche Gäste an Bord. Nach einer Stunde kehrt die *Hohenzollern* in den Hafen zurück.

Zum Festmahl am Abend viel Marschmusik, dargeboten von Ensembles des I. Seebataillons, des 1. Garde-Regiments zu Fuß, des *vornehmsten Regiments der Christenheit*. Auch die British Grenadiers und Highland Laddies spielen auf. Der *Militärmarsch* von Schubert, der *Feierliche Marsch* aus *Ruinen von Athen* von Beethoven, der *Festmarsch* aus dem *Tannhäuser* von Wagner, der *Mollwitzer Marsch*, der *Coburger Armeemarsch*, der *Hohenfriedberger* werden gegeben, aber auch Walzer und Opernouvertüren erfreuen das Publikum.

Die Illumination der Schiffe auf der Förde entzückt das Auge. Das Flaggschiff des amerikanischen Geschwaders, die *New York*, lässt ein riesiges Transparent aufleuchten, den Kaiser darstellend und schießt Leuchtmunition in den Himmel, die für einen ganzen Krieg gereicht hätte.

Aus dem Protokoll:

Sonnabend, 22. Juni. 7 Uhr.

Seine Majestät der Kaiser schiffen Sich mit kleinem Gefolge auf S. M. S. „Kurfürst Friedrich Wilhelm", die deutschen Fürsten mit Gefolge und Ordonnanzoffizieren und die regierenden Bürgermeister der Hansestädte, sowie die fremden Fürsten mit Gefolge und Ehrendienst auf S. M. Yacht „Hohenzollern"ein.

Flottenmanöver für das Manövergeschwader. S.M. Yacht „Hohenzollern" folgt der Manöverflotte, die sonst zugelassenen Schiffe schließen sich der Kaiserlichen Yacht an.

Der militärische Höhepunkt. Die Seeschlacht.

Jetzt zeigt das Deutsche Reich der versammelten Marine-Welt, was seine Flotte kann. Um 5 Uhr laufen im leichten Dunst der frühen Morgenstunde die Schulschiffe *Gneisenau*, *Moltke*, *Stein* und *Stosch* in die Außenförde, um von dort einen Angriff auf den Kieler Hafen vorzutragen, der allerdings von einem ihnen entgegenkommenden Panzergeschwader abgeschlagen werden wird. Das kommandiert an Bord von *Kurfürst Friedrich Wilhelm* der Kaiser selbst. *Brandenburg*, *Weißenburg* und *Wörth* bilden mit *Kurfürst* die 1. Division, die Panzer 2. Klasse *Baden*, *Bay-*

ern, *Württemberg* und *Sachsen* folgen, flankiert von Torpedobooten. Draußen evolutionieren die Einheiten zu Gefechtsformation. Die ausländischen Fachleute sind voller Bewunderung für die Präzision der Manöver im engen Gewässer. Die den Feind darstellenden Schulschiffe beginnen den Angriff, sind aber chancenlos dem heftigen Feuer der Verteidiger ausgeliefert. Bei der herrschenden Windstille ist im Pulverdampf bald kaum noch etwas zu sehen. Dennoch werden die notwendigen Bewegungen mit Bravour ausgeführt. Der „Feind" ist vernichtet. Die Panzer setzen sich in Kiellinie und erreichen bald den Kieler Hafen, Sieger.

Noch ein glücklicher Tag geht zu Ende.

Es ist ein Paukenschlag, mit dem das junge Deutschland, vor allem aber sein Kaiser, sich gewaltig der Welt präsentieren. Eine Wasserstraße, mit der sich nur der *Suez-Kanal* messen kann, ist dem Verkehr übergeben, Schwierigkeiten größten Ausmaßes sind überwunden, deutsche Ingenieurkunst hat gezeigt, wozu sie fähig ist; die Völker werden einander näher gebracht, die Welt ist gekommen, die Kaiserliche Marine, den Liebling Wilhelms, fachmännisch zu begutachten; das Reich feiert in diesem vierundzwanzigsten Jahr seines Bestehens die bedeutendste technische Maßnahme überhaupt mit dem größten Spektakel überhaupt. Und das alles um einen herum, um ihn, den Kaiser, Inbegriff und Garant der neuen Größe, herrlich.

Nun ist alles demonstriert.

Der Monarch ist hochzufrieden. Sein größter, sein schönster Tag. Und der in Kiel. In *Seiner* Stadt. Schade, dass auch er vergehen muss.

Von der *Cowes-Week* zur *Kieler Woche*

Die große Inszenierung.

Nichts wird je an Glanz dem Großen Fest, der Einweihung des *Kaiser-Wilhelm-Kanals*, gleichen. Aber es gibt doch etwas, das ein Abbild dieses Glanzes aufscheinen lässt, Wilhelm jedes Jahr wieder an jene herrlichen Stunden mit ihrem gewaltigen Flottenspektakel erinnert, auf das Opulenteste angereichert um eines der bald bedeutendsten Segel-Regatta-Ereignisse der Welt.

Ein Fest für alle.

Allein schon bei *Seiner* Flotte zu sein, ist für den Kaiser reines Vergnügen; die ernsten, schweren, Arbeit und Nachdenken erfordernden Dinge, die er so gar nicht mag, sind in Berlin zurückgeblieben. In Kiel ist alles leicht. Und ganz besonders leicht ist es zur *Kieler Woche*. Sie ist eine Symphonie aus Musik und Fahnen, festlichem Gepränge, Schiffssalut, glänzenden Uniformen, exotischen Gästen, dem Wettkampf der herrlichsten Yachten. Ein Fest, er schwelgt, stolziert, wirft sich in die ordengeschmückte Brust. Ganz *Sein* Fest, ganz auf ihn zugeschnitten, wie ein perfekt sitzender Maßanzug.

Bernhard von Bülow allerdings schildert seine Teilnahme mit einiger Distanz und sarkastischer Ironie:

> *Wie glänzend war das Bild, das, von freundlicher Junisonne bestrahlt, in jenen Tagen die Kieler Föhrde bot! Die „Kieler Woche", das Kieler Leben und Treiben war die Schöpfung Kaiser Wilhelms II. Nirgends war er zufriedener als dort. Es war für ihn, was das Schlachtfeld mit Kanonengebrüll und wiehernder Rosse Getrabe für Napoleon, der Exerzierplatz von Krasnoje Selo für Nikolaus I., die Gamsjagd für Kaiser Maximilian I., Galerien und Museen für die Mediceer waren. Er konnte*

Segeln auf Weltniveau.

es nach meiner Ernennung zum Staatssekretär kaum erwarten, mich während der „Kieler Woche" dort zu sehen. Jahr für Jahr musste ich in seiner Begleitung in Kiel weilen, obschon es mir manchmal recht unbequem war, Berlin zu verlassen. So dankbar ich auch heute noch dem Kaiser für die Güte und Liebenswürdigkeit bin, die er gerade in Kiel mir erwiesen hat, so gestehe ich doch, dass ich in mancher Hinsicht mit einem gewissen Grauen an jene Tage zurückdenke. Wir schifften uns gewöhnlich schon sehr früh, vor sechs Uhr auf dem „Meteor" ein. Es war nicht das frühe Aufstehen, was mir schwerfiel, wohl aber die nun folgende endlose Langweile. Da ich für den Segelsport wenig Interesse hatte, auch von nichts anderem auf dem „Meteor" gesprochen wurde, so suchte ich mich nach einigen Tagen einer der zwei kleinen Kabinen zu bemächtigen, die für die Gäste des „Meteor" bestimmt waren. Als Lektüre befanden sich an Bord nur englische Romane, deren ich eine ganze Anzahl von der ersten bis zur letzten Zeile bei diesem Anlass durchgelesen habe. Mit Vergnügen erinnere ich mich an „Peter Simple", einen Seeroman, der in reizender Weise die Erlebnisse eines englischen Midshipman schilderte, an „Japhet in search of his father", an „David Copperfield" und manche andere. Von Zeit zu Zeit zeigte ich mich auf Deck, um festzustellen, wie lange das Vergnügen wohl noch dauern würde. Das Beste war das Frühstück um ein Uhr, das der englische Koch schmackhaft zurichtete und bei dem es gute Eisgetränke zu geben pflegte. Im übrigen verlief die Fahrt fast immer auf die gleiche Weise: Wenn wir den „Meteor" bestiegen, standen am Steuer die beiden englischen Skipper, wie man die Kapitäne der Jacht zu nennen pflegte. Der Kaiser war stets von dem brennenden Wunsch erfüllt, die Jacht selbst zu steuern, wusste aber, dass die Skipper dies nicht gern sahen, da sie im Interesse ihrer Reputation zu siegen wünschten und überzeugt waren, dass dies ausgeschlossen wäre, wenn der Kaiser steuerte. Nun versuchte der Kaiser, die Skipper durch Liebenswürdigkeit für seine Absicht zu gewinnen. Er knüpfte freundliche Gespräche mit ihnen an, er klopfte ihnen auf die Schulter, er offerierte ihnen Zigaretten. Schließlich hatte er sie gewöhnlich so weit, dass sie ihm das Steuer überließen. Dann trat früher oder später der Moment ein, wo alles darauf ankam, die Yacht so um das Endziel herumzubringen, dass sie weder an die dort liegende Boje anstieß, noch auch einen so weiten Bogen machte, der Zeitverlust bedeutete. Steuerte der Kaiser selbst, so stießen wir regelmäßig an die Boje. Dann war der Kaiser betrübt, die Skipper brummten und fluch-

Sogar im Gedicht gewürdigt: *Was steigt denn da am Horizont für'n schwarzer Rauch empor?*

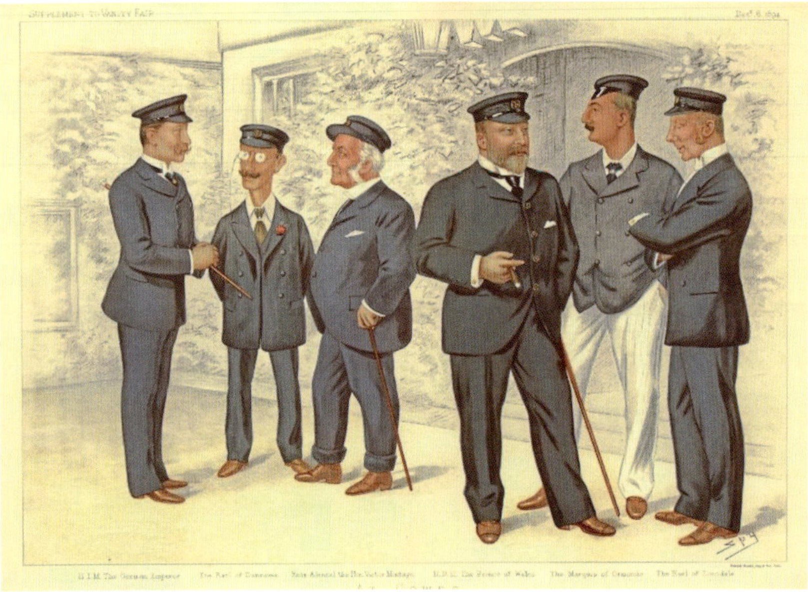

Ein Traum erfüllt sich: Wilhelm ist Mitglied in der *Royal Yacht Squadron*.

ten auf englisch, Prinz Heinrich, der die Sache verstand, machte ein verdrießliches Gesicht, und dieser oder jener vorwitzige Flügeladjutant meinte mit melancholischem Lächeln: „So geht es immer, wenn er selbst steuern will."

Begonnen hatte das alles, als der junge Wilhelm bei Besuchen der Großmutter Victoria in *Osborne House* auf der Isle of Wight am Englischen Kanal gegenüber Southampton zum ersten Mal die herrlichen Segelboote im frischen Sommerwind dahinschießen sieht und sein Herz an den Regattasport verliert – für alle Zeit. Später schreibt er:

> *Ich hatte von jeher eine Leidenschaft für das große wunderbare Meer und für alles, was darauf und darinnen war.... Sie entsprang in nicht geringem Maße meinem englischen Blut. ...*

Riesig ist seine Faszination für das Segeln, betrieben als Sport seebegeisterter *gentlemen*, zu denen er auch gehören möchte.

Der kleine Ort Cowes, Standort der äußerst exklusiven *Royal Yacht Squadron*, ist das Zentrum der Wettbewerbe, die von Mai bis September stattfinden, mit dem glanzvollen Höhepunkt der Regatta-Woche im August, der *Cowes-Week*.

Höchste Konzentration: Edward persönlich am Ruder der *Britannia*.

Immer schon hatte es geheißen, es sei leichter ins Oberhaus zu kommen als Mitglied der *Squadron* zu werden. Manche wahren Krösusse schaffen es nie. Einstimmigkeit des Votums ist erforderlich.

Seine absolute Nobilitierung erfährt der Club, als 1882 der *Prince of Wales*, Edward, genannt *Bertie*, sein Kommodore wird. Der Prinz ist spät zum Segeln gekommen, erst mit fünfunddreißig Jahren segelt er mit seinem Schoner *Hildegarde* sein erstes Rennen. Von da an kann er nicht mehr vom Rennsegeln lassen. Besonders erfolgreich ist er mit der *Britannia*, 129 Fuß lang, die von einem Skipper und fünfunddreißig Mann gesegelt wird. Preis um Preis gewinnt sie, so dass er an einen seiner Söhne schreiben kann:

Der heutige Sieg macht die „Britannia" wahrhaft zur ersten Rennyacht auf den Meeren.

Herrlich gelassen zur *Cowes-Week*.

Die elegante Welt drängt auf die Woche, die insbesondere, neben der seglerischen Fachsimpelei, dem Vergnügen und der Präsentation der heiratsfähigen Töchter dient.

Mittelpunkt der heiteren Tage ist stets der überaus stattliche, leutselige Thronfolger, der sich, gut gelaunt, die dicke Zigarre im Mund, umgeben von jenen schönen jungen Damen, genießerisch durch die Menge bewegt. Fröhlicher Sommer, Serenadenkonzerte, gutes Leben. Alles sehr *informel*.

Dass es so nicht bleibt, hat Edward sich bedauerlicherweise selbst zuzuschreiben. Als Neffe Wilhelm 1889 in Cowes zu Gast ist, lässt er sein überschwängliches Interesse am Segeln erkennen. Der gutmütige *Wales* schlägt den Mitgliedern der *Squadron* die Aufnahme des jungen deutschen Kaisers und seines Bruders Heinrich vor. So geschieht es freudig, und damit beginnt das Ende vom Vergnügen für Edward.

Wilhelm erkennt überhaupt nicht das Spielerische der Woche und auch nicht die sportliche Gelassenheit der Regatten. Natürlich will jede Yacht gewinnen, aber im kameradschaftlichen Miteinander. Schließlich kennt man sich aus Eton oder Harrow, aus Cambridge oder Oxford, aus Sandhurst oder vom Navy-College in Dartmouth. Für den Kaiser aber ist Cowes Kampfplatz, Kampfplatz gegen Edward und alle anderen. 1891 erwirbt er die 1887 in Glasgow erbaute *Thistle*, eine sehr, auch transatlantisch, erfolgreiche Rennyacht. Sie wird in ihren künftigen Heimathafen Kiel überführt und aufpoliert; dann geht sie nach Cowes, wo ihre Crew sie 1892 zu ersten Erfolgen führt. In den kommenden Jahren wird die Atmosphäre immer mehr von der Konkurrenz zwischen Edwards *Britannia* und den Yachten des Kaisers, den *Meteoren*, bestimmt. Die Verbissenheit, mit der Wilhelm ihn zu besiegen versucht, kränkt ihn schwer. Die schönen Tage von Cowes sind nun zu Ende. Vier Jahre segelt Wilhelm persönlich vor Cowes und sorgt auch mit immer neuen Protesten über unfaire Behandlung und Benachteiligung seines Bootes für die Vergiftung des Klimas. Als die beiden Yachten 1893 in eine Flaute geraten,

Wilhelms erste Yacht: Aus der *Thistle* wird die *Meteor* (I).

droht ein Termin bei der Königin, der ehrwürdigen Victoria, versäumt zu werden. Edward schlägt den Abbruch des Rennens vor, Wilhelm beharrt herrisch auf Fortsetzung. Als man schließlich am Sitz der Königin eintrifft, hat diese schon gespeist. Der Empfang ist von großem Missmut geprägt, die Königin war über den Grund der zunächst unerklärlichen Verspätung informiert worden. Einem deutschen Diplomaten gegenüber äußert der Prinz:

> *Früher war die Regattawoche in Cowes ein Vergnügen und eine Erholung für mich, jetzt, nachdem der Kaiser das Kommando übernimmt, ist sie für mich nur noch eine Plage.*

Besonders irritiert und verärgert in England auch, dass er sich stets von einer Eskorte leichter Kriegsschiffe begleiten lässt, offiziell zu seinem Schutz, vollkommen deplaziert vor der bunten Sommerkulisse, in Wahrheit, um anzugeben mit seiner imperialen Bedeutung.

Vier Jahre gewinnt die *Britannia* vor der *Meteor*, dann ist Wilhelm es leid: Bei der Werft, die die Yacht seines Onkels gebaut hatte, bestellt er ein neues Schiff, die *Meteor* (II), die in ihrer Konstruktion der *Britannia* gleicht, nur schneller muss sie werden. Das gelingt, die *Britannia* wird abgehängt; *Bertie* zieht sich frustriert vom Regatta-Segeln zurück, ist zur *Cowes-Week* nur noch Gast an Land.

Fünf *Meteore* besitzt der Kaiser, jede jeweils größer und schneller als ihre Vorgängerin. 1902 kommt Nummer III, gebaut in den USA, 1909 Nummer IV, erstmals in Deutschland geplant und gebaut, jetzt auch gesegelt von einer deutschen Besatzung, vorher sind es englische. 1914 wird die letzte *Meteor* in Kiel gebaut, die größte mit 47,5 m^2 Länge und einer Segelfläche von 1410 m^2. Sofort gewinnt sie die Elbregatta, nach Cowes kommt sie nicht mehr, da – schon auf dem Weg nach dort – die drohende Kriegsgefahr ihre Rückkehr nach Kiel erzwingt.

Es ist von Peinlichkeit, zu beobachten, wie Wilhelm II. nicht nur im Bereich der Marine England in die Knie zwingen will: Genau so will er auch seinen Onkel, den künftigen englischen König, um jeden Preis „niedersegeln". Auf allen Gebieten muss England geschlagen werden. Wilhelm versteht England und Cowes nicht.

Im Lichte dieses Kampfes erscheint es zwangsläufig, dass er auch eine großangelegte Segel-Woche „haben" will.

Es gelingt ihm, aber ganz anders, und natürlich stellt er Cowes tief in den Schatten, wie er meint.

Kiel, *Sein* Ort, und die wunderschöne Förde mit ihren bewaldeten Ufern, ihrer Steilküste, den sanften Wiesen und Weiden, bieten ihm dafür die ideale Kulisse. Vorarbeit ist getan: Marine-Offiziere und -Ingenieure, die im Zuge des Ausbaus des Reichskriegshafens Kiel von Königsberg und Danzig nach hierher versetzt worden sind, segeln am 1. September 1881 in der Friedrichsorter Bucht die erste Regatta für Offiziere. Einer der Teilnehmer ist Prinz Heinrich von Preußen mit seiner Gig *Nelly*. Ein Beobachter ist Hermann Droege, Eigentümer des Gutes Schrevenborn bei Heikendorf und Vorsitzender des *Norddeutschen Regatta-Vereins (NRV)* in Hamburg. Er nimmt Kontakt zum Regatta-Komitee auf. Ergebnis ist die Vereinbarung, gemeinsam nationale Regatten auf der Förde durchzuführen. Die erste findet am 23. Juli 1882 statt, ein großartiger Erfolg. In ihrem Kern ist die spätere *Kieler Woche* geboren. Von Prinz Heinrich stammt die Idee, dem Kieler Seglerwesen eine feste Form zu geben. Er will den Yacht-Club *Hohenzollern* gründen, wozu er die Erlaubnis seines Großvaters, Kaiser Wilhelms I., als Chef des Hauses einzuholen hat. Das scheitert am Widerstand des Generals der Infanterie Leo von Caprivi, dem Kriegs- und Marineminister, der das Segeln als höchst überflüssiges Freizeitvergnügen der nach seiner Meinung ohnehin auf das rückständige Segeln fixierten Offiziere bewertet. Er ist der Auffassung, dass diese Beschäftigung das „Seemannstum" der Offiziere noch befördert, während er aus ihnen „richtige" Soldaten machen will. Der Kaiser versagt sich. Geknickt kehrt Heinrich nach Kiel zurück. Die Entscheidung des in der Marine ungeliebten Caprivi lässt man sich aber nicht bieten. Als der *NRV* seine bisherige umfassende Mitarbeit lediglich auf die neue *Internationale Kieler Regatta* Ende Juni beschränkt, sieht man eine akute Gefährdung des gesamten seglerischen Lebens in Kiel. Dem Caprivi muss man es deshalb zeigen: 1886 bildet sich ein Komitee für die Organisation der Herbstwettfahrten. Hohe Marineoffiziere gehören ihm an, selbst der Chef der *Marinestation der Ostsee*, der Vizeadmiral Wilhelm von Wickede. Wirklicher Hintergrund ist die weiterhin beabsichtigte Gründung eines Kieler Regattavereins. Nach einer Informationsveranstaltung am 28. Januar 1887 tagt die Gründungsversammlung bereits am 12. Februar: Der *Marine-Regatta-Verein* ist in der Welt. Der Name des kaiserlich-königlichen Hauses wird nicht verwendet; eine Genehmigung ist daher auch nicht einzuholen. Dennoch hält Heinrich sich zurück und wird erst wieder aktiv, als sein Bruder Wilhelm 1888 Deutscher Kaiser wird. 1889 dann bittet der Verein den Prinzen, das Protektorat zu übernehmen:

Die erste nationale Kieler Regatta findet am 23. Juli 1882 statt.

> *Durchlauchtigster Prinz!*
> *Gnädigster Prinz und Herr!*
> *Eurer Königlichen Hoheit beehrt sich der Vorstand des Marine-Regatta-Vereins ehrfurchtsvoll mit der unterthänigsten Bitte zu nahen, das Protectorat des Vereins gnädigst übernehmen zu wollen. Der Verein, welcher in großer Majorität aus Seeoffizieren besteht, würde eine hohe Förderung seiner Bestrebungen zur Hebung des Segelsports erhoffen dürfen, wenn Eure Königliche Hoheit die Gnade hätten, an die Spitze des Vereins zu treten. In tiefster Ehrfurcht verharren die unterthänigst Unterzeichneten.*
> *Der Vorsitzende*
> *Schering*
> *Kontre-Admiral*
> *Der Schriftführer*
> *Graf Hahn*
> *Königlicher Kammerherr*

Bald darauf schon die Antwort:

Hofmarschallamt
Seiner königlichen Hoheit
Prinz Heinrich
Von Preußen

An den Vorsitzenden des Marine-Regatta-Vereins, zu Händen des Kaiserlichen Kontre-Admirals Herrn Schering. Hochwohlgeboren hier.
Seine Königliche Hoheit Prinz Heinrich von Preußen wollen mit Allerhöchster Genehmigung Seiner Majestät des Kaisers und Königs dem von Euer Hochwohlgeboren am 25. April cr. vorgelegten Antrag gern entsprechen und das Protectorat über den Marine-Regatta-Verein hiermit übernehmen.
Höchstem Befehle zufolge beehre ich mich Euer Hochwohlgeboren von dieser Höchsten Entschließung ganz ergebenst in Kenntnis zu setzen.

Frhr. von Seckendorff
Hofmarschall

Das ist der Durchbruch. Jetzt steht der Kaiser, der marine- und segelbegeisterte, hinter der Sache. Ab 1889 besucht er die Wettbewerbe, bevor er mit der *Hohenzollern* zur jährlichen Nordlandreise aufbricht, stiftet Preise, ist begeistert. Eine neue Bühne.

Siegen für *S.M.*

Es werden Gespräche geführt, aus dem Offiziersclub einen Verein zu machen, der auch *Herren vom Civil* verstärkt offenstehen soll; die Mitglieder votieren einstimmig dafür. Heinrich schlägt als Vereinsnamen jetzt *Kaiserlicher Yacht-Club* vor. Allgemeine Zustimmung, natürlich auch von *Seiner Majestät*. Am 2. Mai 1891 wird der neue Verein aus der Taufe gehoben. Die beiden Brüder werden Kommodore und Vize-Kommodore. Die Stadt, ohnehin auf der Beliebtheitsskala des „Marine-Kaisers" ganz oben angesiedelt, erlebt ab jetzt in jeder letzten Juniwoche einen Höhenrausch, einen internationalen Glanz, der überwältigend ist. Majestät und Stadt im Glück!

1894 nennt die *Kieler Zeitung* die Veranstaltung das erste Mal die *Kieler Woche*. Ein Begriff ist geboren, der der Stadt für eine Woche unter Eingeweihten zur Weltgeltung verhilft. Der engere Rahmen der Regatta ist verlassen; eine festliche Zeit für alle entwickelt sich. In der Zeitschrift *Die Woche* schreibt 1908 Gräfin Eva Baudissin:

Alljährlich findet sich Mitte Juni die Segelsportswelt in Kiel zusammen zur sogenannten ‚Kieler Woche'. (…) Wer wie ich den ersten Stadien dieser regelmäßigen Zusammenkünfte und ihrer Entwicklung beigewohnt hat, kann sich nie genug über dieses fast tropische Wachstum wundern, das eben nur dem Emporblühen der Stadt Kiel selbst zu vergleichen ist, die in den beiden letzten Jahrzehnten einen fast unvergleichlichen Aufschwung genommen hat.

Kiel leuchtet.

Aber eine *Cowes-Week* hat Wilhelm nicht geschaffen. Eine derartige Harmlosigkeit wäre ihm ganz wesensfremd. Seit er der „Kommodore" über alles ist, ist aus den Kieler Tagen eine durch und durch politische Darstellung geworden, den Ruhm des Deutschen Kaisers und *Seines* Reichs zu mehren. Die Welt macht gern mit.

Heinrich hat es erkannt:

Es besteht kein Zweifel daran, unsere Leute kaufen Yachten und segeln Regatten nur, um meinem Bruder zu gefallen. … Die Hälfte von ihnen hat die See nie gesehen. Aber wenn sie an die Küste kommen und über die Hochseeyacht des Kaisers lesen … und wenn die reichen Kaufleute, die nichts von der See verstehen, Regattasegler werden, um dem Kaiser zu gefallen, dann erweckt es Interesse und wir können Geld für die Marine bekommen.

Kieler Woche: Volksfest …

Das ist das eine. Das andere ist:

Jedes Jahr wieder ist die Förde voll der prächtigsten, modernsten Schiffe der Kaiserlichen und ausländischer Marinen. Die gute Stimmung überall beflügelt auch den Stolz auf die „schwimmende Wehr", macht direkt Lust auf weitere Ausgaben. Und dafür ist das richtige Publikum auf der *Kieler Woche*: Vor allem die Vertreter der deutschen Schwerindustrie und der Banken sind die bevorzugten Gäste Wilhelms, und natürlich die Reichstagsabgeordneten der „richtigen" Seite, zuständig für Flottengesetzgebung und Mittelbewilligung. Sie alle werden hofiert. Aber auch sonst ist die Woche das Schaufenster des Reichs: Großes Zeremoniell, opulente Bankette und Empfänge für die Staatsgäste, Generäle und Admiräle in großer Gala, Militärprunk, Salut und *Hipphipphurrah!* von den Schiffen und am Land, Lichterketten und Feuerwerk. Als Umrahmung die festlich gekleidete wogende Menge der Kieler Bevölkerung und der von überall her angereisten Gäste.

Und der Kaiser macht ganz direkt Politik. Die Tage sind durchwoben von Gesprächen mit entscheidenden Persönlichkeiten, vom russi-

… und Flottenschau.

Gefürchtete Rivalen aus den Staaten: hier *Constitution.*

schen Kaiser über Herrscher und Repräsentanten wichtiger Nationen hin zu den Gesandten aller am Berliner Hof vertretenen Staaten. Und, was der Kaiser besonders schätzt, er führt Wirtschaftsgespräche mit den großen amerikanischen Magnaten wie John Pierpoint Morgan, Cornelius Vanderbilt und Andrew Carnegie, die er bewundert. 1904, einer der Höhepunkte für Wilhelm, erscheint sein alter Rivale aus Cowes, inzwischen als Edward VII. englischer König.

Und dann natürlich die Regatten: Absolutes Weltniveau, ein Vergnügen für alle, die teilnehmen oder zuschauen. Für den Kaiser hat auch der Segelsport jetzt in erster Linie eine politische Funktion: Indem es ihm gelingt, die crème de la crème des internationalen Regattawesens nach Kiel zu holen, kann er auch auf diesem Feld den Glanz seiner Herrschaft noch verstärken. Man ist beeindruckt und weiß davon zu berichten, in alle Welt.

Allerdings läuft es für Wilhelm, den Yachtbesitzer, nicht immer ganz so gut, besonders dann nicht, wenn er selbst ans Ruder will, siehe Bülows Bericht. Ärgerlich wird es besonders 1904, als die amerikanische Groß-Yacht *Ingomar*, Eigner der New Yorker Multimillionär Morton F. Plant, ständig vor der in den USA gebauten *Meteor* (III) liegt. Sehr dramatisch ist die erste Wettfahrt. Fünfzehn Yachten sind im Rennen; kurz nach dem Start beginnt die *Ingomar* die *Meteor*, Wilhelm am Ruder, zu überholen. Der Amerikaner liegt auf Steuerbordbug: Vorfahrt. Ein Profi an Bord gibt einen wunderbaren Bericht über den sich anschließenden Ablauf, der wiederum ein bezeichnendes Licht auf den Kaiser wirft:

> *Trotzdem machte die Meteor keine Anstalten, auszuweichen, als wir uns näherten! Auf unserem Boot wurde kein Wort gesprochen; die Besatzung lag flach auf dem Wetterdeck. Morton F. Plant stand auf den Stufen der Kajütentreppe, den Kopf gerade über der Schiebeluke, die Ellenbogen auf der Süll, eine Zigarre im Mund, den Panamahut über ein Auge gezogen … Charlie Robinson saß in seinem makellosen Flanellanzug über die Gillung zurückgelehnt, zeigte seine seidenen Socken und mahlte Kaugummi … Kapitän Barr stand am Rad … Ich kauerte leewärts, den Blick auf die Meteor geheftet … Der junge Baron von Kottwitz, ein deutscher Marineleutnant, der vom Kaiser als Lotse an Bord geschickt worden war, starrte mit halboffenem Mund herüber … fragte sich, ob wir alle vollkommen verrückt geworden seien … und seinen allerhöchsten Kaiser wirklich auf den Meeresgrund schicken wollten … Unser langer Bugspriet aus Oregonfichte zeigte auf den Bug der Meteor … Wir würden sie ziemlich genau mittschiffs treffen … Es herrschte eine gute Brise; wir hatten alle Segel gesetzt, einschließlich des Klüver-Toppsegels … Es war ein stummer, gespannter und schrecklicher Augenblick. Dann rief Barr mir zu: >Mr.*

Smith, Regel!< Es war meine Pflicht, in einer kritischen Lage die Regel auszurufen; Barr kannte sie so gut wie ich, aber es war eine feste Abmachung zwischen uns, dass die Verantwortung bei mir lag. >Ingomar hat Vorrecht!< erwiderte ich sofort. >Mr. Robinson, was soll ich tun?< rief Barr. >Kurs halten!< kam Charlies augenblickliche Entscheidung … ich war auf alles gefasst. Der alte Morton F. Plant rief seinem Freund, der ihn vertrat, zu: >Bei Gott, Charlie, du bist mein Junge! Ich weiche vor keinem Mann zurück!<
In diesem Augenblick wurde das Ruder der Meteor herumgeworfen. Auch unser Ruder wurde in Hartlage gelegt, so schnell das Rad sich drehen ließ. Beide Yachten gingen Seite an Seite, als sie in den Wind schossen …
Als wir wieder in Kiel waren, kam ein Admiral mit einer Botschaft vom Kaiser längsseits, die besagte, dass Seine Majestät die Schuld trage und den Zwischenfall bedaure … Aber wir alle dachten, dass, wenn wir uns an diesem ersten Tag vom Kaiser hätten bluffen lassen und ihm gewichen wären, obwohl wir im Recht waren, er uns noch mehr ausgenutzt und geblufft hätte.

In diesem Sommer bleibt die *Ingomar* weiter auf Erfolgskurs. Es fällt Wilhelm nicht leicht, Haltung zu bewahren: Eigentlich geht das gar nicht, was der Amerikaner sich da leistet. Auch Gustav Krupp von Bohlen und Halbach benimmt sich mit seiner *Germania* daneben und segelt die *Meteor* immer wieder aus. Verärgert trennt sich der Kaiser von dem Schiff, das er eigentlich sehr mag und gibt die *Meteor IV* bei der Kieler Germania-Werft des Konkurrenten Krupp in Auftrag.

Und dennoch: Glänzende Tage, kein Wunder, dass Wilhelm Kiel mehr und mehr liebt. Und die tonangebenden Kreise der Stadt über alles ihn. Eine Zeit der Weltgeltung, ein herausragender *Platz an der Sonne* für Kiel, mehr noch als sonst. Das wärmt, bis zum nächsten Jahr, bis zur nächsten *Kieler Woche*, die man wieder im besten Einvernehmen miteinander begehen wird, Wilhelm und die Stadt und die Marine und der ganze Erdkreis.

Er will …

… es ganz persönlich wissen: Der Kaiser führt das Kommando.

Dieses überaus wärmende allgemeine Wohlbehagen kommt auch in dem gutmütig-frechen Gedicht zum Ausdruck, das der junge Seeoffi-

Schönheit des Segelns: *Meteor* und *Comet* bei Stollergrund.

zier Karl Rode bei einem Herrenabend in Gegenwart von Wilhelm und Heinrich vorträgt:

Was steigt denn da am Horizont
Für'n schwarzer Rauch empor?
Es ist des Kaiser Segelyacht,
die stolze ,Meteor'.
Der Kaiser steht am Steuerrad,
Prinz Heinrich hält die Schot,
Und hinten hisst Prinz Adalbert
Die Flagge Schwarz-Weiß-Rot.
(Und achtern, tief in der Kombüse,
Brät Speck Victoria Louise!)
Ein Volk, dem solche Fürsten stehn,
Da hat es keine Not.
Deutschland kann niemals untergehn.
Es lebe Schwarz-Weiß-Rot.
So stehn wir an des Thrones Stufen,
Und halten ihn in Treue fest,
Und sind bereit, Hurra zu rufen,
Wo es sich irgend machen lässt.

S. M. amüsiert sich köstlich und schlägt dem neben ihm sitzenden Großherzog von Oldenburg mehrfach, dabei lauthals lachend, auf den Oberschenkel.

Und im nächsten Jahr sehen sich alle wieder!

Die Marine baut

Kasernen des Seebatallions …

… und der Matrosenartillerie.

Bereits zu der Zeit, als Kiel von 1865 bis 1871 Kriegshafen der Marinen Preußens und des Norddeutschen Bundes ist, entfaltet sich in der Stadt rege militärische Bautätigkeit. Befestigungswerke und Batterien, Unterkünfte und Versorgungseinrichtungen entstehen. Nach Gründung des Zweiten Deutschen Kaiserreichs ist die schleswig-holsteinische Stadt, neben Wilhelmshaven, der andere, wesentlich bedeutendere Reichskriegshafen der gerade gegründeten, ab der zweiten Hälfte der neunziger Jahre dann gewaltig expandierenden *Kaiserlich Deutschen Marine*.

Im Laufe der Jahrzehnte wird sie *die* Bauherrin in der Stadt; Kasernen, Verwaltungsbauten, Schulen, Lazarette und Exerzierfelder prägen zunehmend große Teile Kiels, keineswegs immer zur Freude der Selbstverwaltung, da die Marine nicht fragt, wenn sie wieder einmal städtebauliche und architektonische Tatsachen schafft.

Die meisten dieser Bauten sind Zweckbauten, die deshalb auch rein funktional gestaltet sind, Normentwürfe, den Schubladen der Ber-

Marine-Station der Ostsee an der *Adolfstraße*.

liner Regierungsbauräte entnommen. Diese in Ziegel ausgeführten Bauten – dadurch das Norddeutsche betonend – repräsentieren durch die Wucht ihrer Erscheinung unübersehbar staatliche Autorität, sind mächtige Herrschaftsarchitekturen, verkörpern so umfassenden politischen Anspruch.

Einige unter ihnen jedoch ragen aus dieser Alltagsarchitektur heraus, sind etwas Besonderes.

Es sollen vier solcher prägnanten Gebäude betrachtet werden: Die Marineakademie und -schule am Ufer der Förde in Düsternbrook und die drei Garnisonkirchen am *Niemannsweg*, an der *Adalbertstraße,* seinerzeit dem *Neuen Weg,* und an der *Forstbaumschule.*

Die „Kaderschmiede" in Düsternbrook ist nicht die erste ihrer Art, als sie am 6. Oktober 1888 eingeweiht wird.

Nachdem die Frankfurter Nationalversammlung am 14. Juni 1848 die Gründung einer deutschen Marine beschlossen hat, bilden sich zur Unterstützung dieses Projekts in vielen Städten ehrenamtliche Gremien, so auch in Kiel der *Ausschuss für die Deutsche Flotte*, dem als das maßgebliche Mitglied der späterhin berühmte Wissenschaftler Lorenz von Stein angehört. Der Ausschuss regt in seinen Denkschriften auch an, eine Schule für die Ausbildung des künftigen Seeoffiziernachwuchses der Reichsmarine in der Stadt an der Förde zu etablieren. Und tatsächlich wird dann während der Erhebungszeit von der *Gemeinsamen Regierung* die Seeoffizierschule gegründet, die jedoch mit dem Scheitern der schleswig-holsteinischen Erhebung ihre Pforten schließen muss. In Folge der politischen Verhältnisse wurden hier jedoch nur die Kadetten der Schleswig-Holsteinischen Marine ausgebildet.

Inbegriff des Geltungsanspruchs: Marineschule und -akademie in Düsternbrook.

Seekadettenistitut in Berlin in der Beer'schen Villa.

Die Reichsflotte von 1848 übertrug die Ausbildung ihrer Offizierschüler Preußen. Der praktische Unterricht fand an Bord der beiden Schulschiffe *Preußischer Adler* und *Amazone* statt. Theoretisch wurden die Kadetten im Winter an Land in der Navigationsschule in Grabow, bald, ab 1851, in einem angemieteten Haus in Stettin beschult.

Nach dem Ende der Reichsflotte verlegte die Preußische Marine 1854 die Ausbildung ihres Nachwuchses nach Danzig, danach, im Oktober 1855, auf Wunsch von Prinz Adalbert, nach Berlin in das Haus des Königlichen Musikdirektors und weltberühmten Komponisten Giacomo Meyerbeer im Tiergarten. Nach dem Tode seiner Mutter wird die Beer'sche Villa *nebst Orangerie, Pavillons, Stallung und Garten mit Allem, was darin niet- und nagelfest* ist, von der Marine übernommen.

Dieses Seekadetteninstitut hat
den in die Königliche Marine eintretenden Volontärkadetten diejenige Ausbildung zu geben, die der Dienst eines Leutnants erfordert, und welche sie befähigt, ihre Weiterbildung durch Selbststudium sowie durch die Praxis des Dienstes zu befolgen.

Als sich die räumlichen Verhältnisse dort als zu beengt erweisen, zieht die Schule 1857 innerhalb Berlins in das Haus Matthäikirchplatz Nr. 9 um.

Während dieser Zeit wächst die Erkenntnis, dass auch die theoretische Ausbildung des Offiziernachwuchses an das Wasser gehört. Nach März 1865 wird die Verlegung nach Danzig oder Kiel diskutiert. Kiel macht das Rennen, da sich für Bismarck längst abzeichnet, dass der Ort demnächst auf Dauer Kriegshafen in der neuen preußischen Provinz Schleswig-Holstein und von zentraler Lage an der dann vom Memelland bis weit hoch nach Jütland reichenden preußischen Ostseeküste sein wird. Zudem stellt die Ansiedlung des Instituts, das die künftige Führung der Marine ausbilden wird, ein starkes politisches Signal der Wertschätzung an die Schleswig-Holsteiner dar, die immer mehr erkennen müssen, dass es für ihr kleines Land nicht auf die Selbstständigkeit hinausläuft, sondern dass die große preußische Monarchie es „aufnehmen" wird.

Zum 1. November 1866 wird die Schule nach Kiel, *Muhlius-*/Ecke *Waisenhofstraße*, verlegt; das Gebäude existiert heute nicht mehr. 1872 wird dem Institut die Marineakademie angegliedert.

Marineschule ab 1866 in Kiel an der Muhliusstraße.

Die Schule hat

den Seeoffizieraspiranten diejenige wissenschaftliche Bildung zu verleihen, deren der Seeoffizier zur gedeihlichen Ausübung seines Berufes bedarf, und welche daher als sichere Grundlage für das fernere Selbststudium in der Prüfung zum Seeoffizier nachzuweisen ist.

An der Akademie wird der Stabsoffiziernachwuchs ausgebildet, die eigentliche Führungselite der künftigen Admiräle. Wie es eine auch seinerzeit inhaltlich schon entsprechend geltende Dienstvorschrift aus dem Jahre 1900 formuliert, hat die Akademie die Aufgabe,

die Seeoffiziere durch weitere wissenschaftliche Fortbildung in den Stand zu setzen, sich für die höheren Stellen der Marine besonders geeignet zu machen.

Mit dem weiteren Aufbau der Kaiserlichen Marine wird das Haus bald zu klein, so dass schon in den siebziger Jahren Pläne für einen angemessen dimensionierten Neubau diskutiert werden.

Auf dem späteren Bauplatz ist ursprünglich die Seebadeanstalt Düsternbrook gelegen, ein privat betriebenes Etablissement mit Tanzsaal, Restaurant und Fremdenzimmern; später kommt ein separates Logierhaus hinzu. Im Sommer 1865 verkauft der Eigentümer die Anlage an die Preußische Marine, die hier ein Depot und eine Werft errichtet. Als in Ellerbek die *Königliche Werft* ab 1867 ihre Tätigkeit aufnimmt, steht die Zukunft des Geländes zur Disposition. Prinz Adalbert bringt den Platz als Ort der künftigen Marineoffizierausbildungsstätte ins Gespräch:

Künftiger Bauplatz der Marineschule: Werft und Depot am Düsternbrooker Ufer.

Ein Haus für die Elite.

Dagegen würde ich es nicht für angemessen halten, diesen im Westen erlangten Platz wieder aufzugeben, sondern ich schlage vor, dort die Marineschule in einem der Gegend zur Zierde gereichenden Style zu bauen.

Der Entwurf wird von der preußischen Bauverwaltung unter Mitwirkung der Akademie des Bauwesens in Berlin entwickelt, zugleich in enger Abstimmung mit einer Kieler Kommission, prominent besetzt unter anderem mit dem Professor der Philosophie und Sammler vaterländischer Altertümer Gustav Ferdinand Thaulow. Dieser formuliert die Bauaufgabe zutreffend im Sinne von Reich und Marine:

Das will ich sagen, die Marineakademie des Deutschen Reiches muss ein majestätisches Gebäude sein, ein Gebäude wahrhaft schöner Architektur, das durch seine Form, seine äußere Gestalt sofort auf den ersten Anblick jedem imponiert und höchstes Wohlgefallen erregt.

Für die Marine werden Schule und Akademie zum wahren Kleinod, zur „Kaderschmiede" für ihren Führungsnachwuchs, das bauliche Gesicht ihres Anspruchs und ihrer Bedeutung schlechthin.

Im historisierenden Stil ausgeführt, ist sie lange Zeit größtes Gebäude in Kiel. Sie stellt einen massiven zweigeschossigen Ziegelbau von 100 Metern Länge, 50 Metern Breite und 24 Metern Höhe dar, vier turmartige Eckrisalite geben dem Haus seine Fassung, Mittelrisalite auf Vorder- und Rückseite setzen einen dominanten Akzent. Die mit gotischen Anklängen versehene Neo-Backsteinromanik erinnert an die Marienkirche in Danzig, die alte Heimat der Preußischen Marine. Ihre imposante Backsteinausführung legt die Assoziation zum erste deutsche Kaiserreich nahe, die geistige Verbindung zur Architektur der an der Ostsee gelegenen Hansestädte ist zwingend. Zahlreiche Zitate am Baukörper verweisen auf die Renaissance. Die Wappen der deutschen Bundesstaaten über dem Hauptportal in Zusammenschau mit dem in den Fußboden der Eingangshalle eingelassenen Reichsadler symbolisieren die von ihren Mitgliedern getragene Institution *Reich* und wiederum dessen Institution *Marine*. Doch kommt hier nicht nur die staats- und institutionenrechtliche Situation zur Geltung. Die Ornamentik gibt zugleich wieder, dass die Marine im ganzen Reich zwar einerseits von den staatlichen Trägern, ganz besonders aber auch von der Bevölkerung als allen eigen bejaht wird, *Unsere* Marine.

Die neogotischen Mittelrisalite schmücken *Victoria* und *Germania*, eingerahmt von Figuren, die Kriegs- und Handelsmarine verkörpern. Flügelschlagende Bronzeadler zieren die Ecken. Im Grunde genommen ist das Haus die zu Architektur geronnene, vorweggenommene Formulierung reichsdeutschen See- und Weltmachtanspruchs, der während der fünfjährigen Bauphase so noch nicht gedacht wird. Damit ist das Gebäude von geradezu visionärem Daherkommen. Thaulows Petitum ist befolgt: Die Marine hat sich mit diesem Gebäude mit großer Geste aufgestellt. Bald wird die Geste zur Tat werden.

Anschaulich schildert die *Kieler Zeitung* am 6. Oktober 1888 die Eröffnungsfeier:

In dem Vorgarten des Gebäudes hatte man aus Laubgewinden eine Art Zelt hergestellt, dessen Pfeiler mit Bannern geschmückt und von Flaggen gekrönt wurden. Kurz vor 12 Uhr hatten sich in der herrlichen Festhalle die zur Feier geladenen Gäste eingefunden. In einer Nische an der Breitseite war die Büste Sr. Majestät des Kaisers, von Blattpflanzen umgeben, aufgestellt. Auf der Gallerie hatte die Kapelle der Kaiserlichen Matrosendivision Platz genommen und spielte zu Beginn der Feier den Choral >Nun danket alle Gott<. Dann trat die Festgesellschaft in die Aula ein, die mit ihrer reichen Vergoldung, ihren prangenden Marmorsäulen einen imponierenden Eindruck machte. Fast sämtliche Offiziere der hier liegenden Marine und Truppentheile, die Spitzen der Civilbehörden, Kurator, Rektor und Professoren der Universität waren anwesend. Nachdem die zahlreiche Gesellschaft sich in der Aula versammelt hatte, traten der Herr Stationschef Viceadmiral von Blanc, der Direktor des Bildungswesens der Marine, Kapitän z. S. Scheering, sowie der frühere Chef desselben Kontreadmiral a. D. Freiherr v. Reibnitz in die Aula ein.

Die Festhalle.

Einer der Bauleute trägt ein selbstverfasstes Gedicht vor, das den Zeitgeist plastisch widergibt:

Vollendet ist das stolze Haus,
Wir Werkleut' ziehen heut' hinaus;
Was wir mit Fleiß erbaut, erdacht,
Wird nun zur Warte deutscher Macht.
Bald waltet hier ein ernster Geist.
Der deutsche Jugend unterweist,
Daß sie gerüstet und bewehrt,
Wenn sie das Vaterland begehrt.
In Kaisers Schutz der Bau erstand,
In Feindes Trutz am Meeresstrand.
Er steh' und währe
In Deutschlands Ehre!

Die Festrede des Direktors des Bildungswesens endet mit den Worten:

Das Interesse, das S. Majestät der Kaiser und sein erlauchter Bruder der Marine entgegenbringen, wird uns stets Ansporn sein mit dem rapiden Fortschritt der technischen Wissenschaft und der Verteidigungsmittel Schritt zu halten. Stimmen wir begeistert ein in den Ruf: „Kaiser Wilhelm II: lebe hoch!"

Nach dem dreifachen *Hoch* auf den in Wien bei Kaiser Franz Joseph weilenden Souverän und dem Abspielen der Kaiserhymne verlässt die Festversammlung unter den Klängen des *Tannhäuser*-Marsches die Aula des neuen Stolzes der Marine.

Der Marinenachwuchs wird schlechtem Einfluss in Kiel entzogen: Ab 1910 in Flensburg-Mürwick, bis heute.

Es beginnt die Ausbildung eines Offizier- und Stabsoffizierkorps, dessen Angehörige in wenigen Jahren navales Weltniveau erreichen werden.

1910 wird die Schule nach Mürwik verlegt. Die offizielle Begründung lautet, dass angesichts des Anwachsens der Marine das Haus an der Kieler Förde zu klein werde, um die immer größer werdenden *crews* noch aufnehmen zu können. Eine ganz andere Begründung nennt der Chef des Bildungswesens, der Vizeadmiral Volkmar von Arnim, in einem Brief gegenüber Tirpitz, der selbst auch die Verlegung befürwortet. Er bemerkt,

daß die rapide Entwicklung der Stadt und ihr internes Leben einen schlechten Einfluß auf unseren gesamten Nachwuchs auszuüben begonnen hat, daß aber die den Vorgesetzten zu Gebote stehenden Mittel nicht ausreichen, um diesen Schädlichkeiten vorbeugend entgegenzuwirken.

Von Arnim sieht

große Gefahr für die solide und standesbewußte Charakterentwicklung. Eine Marineschule in Mürwik würde diesen ungesunden Verhältnissen

aus dem Wege gehen. In gesunder, landschaftlich schöner Lage ist Mürwik durch seine Ruhe und Abgeschiedenheit der geeignete Ort zur Pflege geistiger Arbeit überhaupt. Die Förde selbst bietet vorzügliche Gelegenheit zu Segel- und Ruderübungen, ihre reizvolle Umgebung die beste Möglichkeit, um nach der dienstlichen Tätigkeit Erholung und frische Kräfte in der Natur zu schöpfen. Anstatt der unerwünschten, zentralen Lage wie in Kiel liegt die Anstalt frei außerhalb der Stadt Flensburg und in einer solchen Entfernung von ihr, daß einerseits die wirtschaftlichen und persönlichen Verhältnisse des Personals durch sie befriedigt werden können, andererseits aber nicht befürchtet werden braucht, daß die Schüler ihre ganze freie Zeit – wie es jetzt der Fall ist – in der Stadt, und dort möglichst den Augen der Vorgesetzten entrückt, verbringen.

Ökumenische Kirche für die Truppe am *Niemannsweg*. *Paulus*-Kirche.

Die Gefahren der rapide wachsenden Großstadt Kiel, das sind dabei keineswegs die entgegenkommenden Damen am Hafen und die Kneipenwirte; es ist die böse Sozialdemokratie, die Kiel zunehmend prägt! Die Marine traut der Überzeugungsfestigkeit ihres eigenen Nachwuchses keinesfalls.

Die Akademie für die Ausbildung der politisch offensichtlich als zuverlässiger eingeschätzten künftigen Admiräle bleibt hier; nach dem Krieg zieht der Kommandierende Admiral der Marinestation der Ostsee der Reichsmarine ein.

Die anderen hier benannten Beispiele bedeutender, von der Marine zu verantwortender Architektur in Kiel sind die *Paulus*-Kirche, die *Petrus*-Kirche sowie die katholische *St. Heinrich*-Kirche. Während *Paulus*- und *St. Heinrich*-Kirche als Monolithe ihre Umgebung beherrschen, ihr Signal weithin setzen durch den unübersehbar zeichenhaften Turm, prägt die *Petrus*-Kirche den Stadtteil Wik einmal durch ihren Baukörper selbst, doch wesentlich auch durch das sie umgebende, zugleich geplante harmonische Ensemble. Aber auch bei ihr ist der Turm ragendes Zeichen. Wuchtig und massiv hier, schlank und elegant dort.

Es sei bemerkt, dass die geistliche Betreuung und Stärkung der Soldaten von Heer und Marine dem gottesfürchtigen Kaiser Wilhelm I., aber auch dem ab 1888 regierenden Wilhelm II. große Anliegen sind. Genauso sorgt sich Prinz Heinrich um das Wohl seiner Kameraden.

Das in neugotischer Backsteinarchitektur errichtete Gebäude der *Paulus*-Kirche thront wie eine Stadtkrone über Brunswik und Düsternbrook.

Werden zunächst die Angehörigen der Streitkräfte in Kiel von der Heiligengeistgemeinde mitbetreut, stellt sich doch schon bald heraus, dass sie personell und räumlich von dieser Aufgabe überfordert ist.

Nach einiger Suche nach einem Platz für die erste Garnisonkirche wird die Entscheidung für ein Grundstück auf dem *Hohen Berg* zwischen *Niemannsweg* und *Kirchenstraße* getroffen. Mit dem Bau an dieser Stelle kann eine städtebauliche Dominante geschaffen werden; daneben ist die räumliche Nähe zum Lazarett-Komplex vorteilhaft wie auch die zu den Kasernen an der *Feldstraße*. Zu beiden Orten liegt das Gotteshaus in ganz kurzer fußläufiger Entfernung. Nach dem Erwerb des Grundstücks im Jahre 1876 wird der Bau zwischen 1879 und 1882 von der Intendantur der Ostsee-Station als Simultankirche für beide Konfessionen – entsprechend dem gemischtreligiösen Charakter von Marine und Heer – geplant und realisiert.

Zunächst ist kein Turm vorgesehen; die Marineführung verlangt diesen jedoch als Ausdruck der städtebaulichen Bedeutung der Kirche; zugleich soll er ein- und auslaufenden Schiffen Seezeichen sein – Willkommen und Abschied zugleich. Ihren heutigen Namen erhält sie 1907, nachdem die beiden anderen Kieler Garnisonkirchen fertiggestellt respektive im Bau sind. In ihrem Innern verweisen Gedenktafeln für gefallene und verunglückte Seeleute und Soldaten auf ihre Funktion als Militärkirche, im Außenbereich erinnert ein 5,20 Meter hoher Granitobelisk an den Kommandanten und sieben Besatzungsmitglieder des Torpedobootes *S 26*, das bei Sturm in der Elbmündung vor Cuxhaven am 22. September 1897 untergeht.

Eine köstliche Begebenheit am Rande: Auch damals schon heißt es bei der Marine: *Sparen, sparen, sparen!* Und so befiehlt der Chef der Admiralität von Stosch dem im Mittelmeer weilenden Ausbildungsgeschwader dort in lokalen Marmorbrüchen günstig einzukaufen. Wohl wissend, welch ungewöhnliches Ansinnen er an den Verbandschef, Admiral Carl Ferdinand Batsch, richtet, führt er aus, dass das vorgesehene Militärgotteshaus die Marineanlagen gewissermaßen kröne, und er daher diese Bitte als berechtigt empfinde. Dann:

> *Der bevorstehende Aufenthalt SM Geschwader in den Gewässern des mittelländischen Meeres, diesem Stapelplatz alter Kultur und schönen Baumaterials, bietet die besonders günstige Gelegenheit, einen Schmuck für die Kirche zu erwerben und nach Kiel mitzuführen.*

Zwar findet der Admiral, dass dieses eigentlich keine klassische Aufgabe für sein Geschwader darstelle, aber er versagt – kameradschaftlich – seine Hilfe nicht. So werden bei der Rückkehr der Schiffe nach Kiel fünf Kubikmeter weißer Marmor von Paros und ein Kubikmeter weißer und zehn Stücke roter Marmor aus Syrakus angeliefert. Welche Verwaltungskunst, welche Kreativität: Direkteinkauf beim Geschwaderbesuch! Altar, Altarstufen, Boden des Altarraumes, Kanzel und Taufstein verewigen das Andenken an diese wahrhafte Tat des Marinefiskus.

Liebevoll und ausführlich berichtet die Abendausgabe der *Kieler Zeitung* vom 9. Oktober 1882 über die Einweihung der ersten Kieler Marinekirche, ein schönes Zeitzeugnis:

> *Kiel, 8. Oktober. (Einweihung der Marine-Garnisonkirche.) In der fünften Stunde des gestrigen Nachmittags ertönten zum ersten Mal vom Thurm der neuen Marine-Garnisonkirche die Glocken, um der Stadt den Beginn der Einweihungsfeier zu künden und heut in der Früh schallten dieselben Klänge in den Morgen hinaus, die Gemeinde und ihre Gäste in's Gotteshaus zu rufen. Mit Flaggen, Bannern und Standarten war der Weg zur Kirche reich verziert, Guirlanden verbanden die Flaggenmaste und der Boden war mit Tannenreisig und Blumen geschmückt.*

Am Eingang zum Kirchenwege waren die Flaggenstangen zu einem Portal verbunden, das von dem deutschen Adler bekrönt war. Vor dem Süd- und dem Westportal der Kirche war die Dekoration reicher gestaltet und bis hoch hinauf am Thurm flatterten die stolzen Reichskriegsflaggen. Im Innern der Kirche hatte man auf jeden größeren Schmuck verzichtet, nur im Altarhaus prangte das frische Grün von Topfgewächsen und um die Gedenktafel des 85. Regiments hatte eine liebende Hand einen Schmuck von Stechpalmenzweigen und Lorbeerkränzen gelegt.
Gegen 10½ Uhr war die Kirche von Militärs und Beamten der Marine mit ihren Damen gefüllt, auf der Empore hatten sich die Musiker eingefunden und Deputationen der einzelnen Schiffsbesatzungen und Truppentheile nahmen die ihnen angewiesenen Plätze ein. Vor dem Südportal der Kirche versammelten sich die höheren Offiziere der Garnison und die geladenen Gäste. Wir bemerkten die Mitglieder des Konsistorii mit ihrem Präsidenten, den Rektor und die Dekane der Universität, den Generalsuperintendenten, den Landesdirektor, den Oberbürgermeister u. s. w., die Spitzen fast sämtlicher Behörden. Kurz vor 11 Uhr erschienen der Kommandant, Graf Hardenberg, und Se. Exzellenz der Chef der Ostseestation, Vizeadmiral Batsch. Schlag 11 Uhr bog die Equipage des Prinzen Heinrich in den Kirchenweg ein. Nach kurzer Begrüßung schritt der Prinz, gefolgt von allen Versammelten, zum Hauptportal der Kirche, empfing aus den Händen des Garnisonbaubeamten Marine Oberingenieur Gieffel den goldenen Schlüssel, den er dem die Einweihung vollziehenden neuen Marinepfarrer Langheld übergab, um die Kirchenthür zu öffnen. Mit kurzem, kräftigem Wort begleitete Letzterer das Oeffnen der Thür und unter den Feierklängen der Orgel nahmen die Herren ihre Plätze zu beiden Seiten des Altars und im Mittelschiff ein.
Nach einem, vom Kirchenchor ausgeführten Gesang, betrat Herr Langheld die Stufen des Altars, um die festliche Weihrede zu halten. Mit volltönender Stimme pries er die Vollendung des Baues, der ohne jeden Unfall zu Ende geführt ist, gelobte der Gemeinde, der er heute noch fremd sei, ein treuer Hirte zu sein. Er flehte den Segen des Höchsten auf unser allgeliebtes Kaiserhaus herab und besonders auf den anwesenden Prinzen, der Morgen seine Meeresfahrt antrete. Und dann forderte er die Gemeinde, der bisher das Gotteshaus gefehlt, auf, in diesem stolzen Bau eine liebe freundliche Stätte zu finden. Aus allen deutschen Gauen seien die Mitglieder dieser Gemeinde zusammengeströmt, sei ihnen der weithin sichtbare Thurm, der Ruf der Glocken stets ein Merkmal ihrer Zusammengehörigkeit. Mächtig war die Wirkung dieser Rede und wir glauben, in dem neuen Pfarrer der Garnisonkirche einen vortrefflichen Kanzelredner gewonnen zu haben.
Nach dem darauf folgenden Weiheakt ertönte Gesang der Gemeinde und darauf die Liturgie, deren Gesänge von dem Kirchenchor ausgeführt wurden. Ein kurzes Schlußgebet und der Gesang des

Enthüllung einer Gedenktafel für die China-Gefallenen: Begrüßung des Kaiserpaares vor der Garnisonkirche in Kiel.

> *Liedes >Nun danket alle Gott< endete die weihevolle Feier und unter den Klängen des Halleluja von Händel, dem Geläute der Glocken und dem Donnern der Kanonen verließ die Gemeinde ihr neues Gotteshaus.*

Ist schon die Garnisonkirche am *Niemannsweg* ein bemerkenswertes Zeitzeugnis der von der Marine in Kiel geschaffenen Architektur, gilt dieses in noch gesteigertem Maße für die *Petrus*-Kirche und die sie umgebende Anlage in der Wik. Sie ist seinerzeitiger Ausdruck von Zukunftsweisung in der Baukunst.

Die Geschichte ihres Entstehen ist auch die Geschichte eines erbitterten Rechtsstreits: Die Marine schaltete und waltete wie eh und je in der Stadt, und besonders an den Ufern der Förde, nach Gutdünken. Oft erfahren Ehrenamt und Verwaltung zu ihrer Empörung aus der Zeitung, wie sich in nächster Zeit ihre Stadt baulich verändern werde. Diese Vorgehensweise der Marine macht eine wirtschaftliche und eine der Erholung der Bevölkerung dienende Entwicklung am Wasser praktisch durchgängig unmöglich. Der Unmut der Stadt staut sich ständig weiter auf. Zum offenen Bruch kommt es, als das Kanalamt zu beiden Seiten der Mündung des *Kaiser-Wilhelm-Kanals* in Holtenau und in der Wik Aufschüttungen vornehmen lässt, um dort Marineanlagen und Anlagen der *Kaiserlichen Werft* schaffen zu können. Den Widerspruch der Stadt Kiel lässt der Staat abblitzen, man einigt sich nicht, Berlin stellt kalt anheim, doch den Rechtsweg zu beschreiten. Nach einer weiteren Aktion der Marine – von der Stadt als Provokation empfunden – reicht die Stadt Kiel Klage ein mit dem Ziel,

> *daß festgestellt werde, daß 1. der Klägerin das Eigenthum an der Kieler Föhrde … sowie an dem auf beiden Seiten derselben liegendem Vorstrand … zustehe, sowie 2. die Beklagten zu verurtheilen, sich aller Eingriffe in dieses Eigenthum zu enthalten.*

Im Wesentlichen beruft die Stadt sich auf ihre Gründungsurkunde sowie auf Privilegien aus dem 14. und 15. Jahrhundert, wonach der Stadt der Kieler Hafen und die Strände von der Hörn bis zur Linie Bülk – Bottsand zu Eigentum übertragen sind. Das Reich beruft sich auf seine tatsächliche Herrschaft über diese Liegenschaften und auf Ersitzung. In 1. Instanz urteilt 1902 das Landgericht Kiel im Sinne der Stadt, in 2. das Preußische Oberverwaltungsgericht dann 1904 aus formellen Gründen zu deren Ungunsten: Die Stadt kann die Originale der Urkunden, auf die sie sich beruft, nicht vorlegen. Eine Revision beim Reichsgericht unterbleibt.

Danach entstehen im neuen Marinequartier Wik sechzehn Kasernen für fünftausend Soldaten, angeordnet um einen Exerzierplatz, das aus sechs Krankenhäusern bestehende Marinelazarett mit weiteren Funktionsgebäuden sowie die eigentlichen Kriegshafenanlagen. Und der Komplex der *Petrus*-Kirche. Die *Paulus*-Kirche reicht mit ihren 800 Sitzplätzen bei weitem nicht mehr aus, den gewachsenen Bedarf aufzunehmen. Daher übermittelt Staatssekretär von Tirpitz am 18. Juni 1904 die *Entschließung* zum Bau einer evangelischen Garnisonkirche in Kiel, und zwar westlich der Wiker Kasernenanlagen und nördlich des dortigen Lazarettkomplexes:

> *Das Bedürfnis nach einer zweiten Garnisonkirche in Kiel ist unabweisbar geworden. Ich habe mich daher entschlossen, den Bau einer 2. Garnisonkirche in Wik zum Etatentwurf für 1905 anzumelden. Für die Projektbetreuung reicht das vorhandene Personal nicht aus. … Ich beabsichtige daher, die Projektbearbeitung einem bewährten Kirchenbaumeister zu übertragen.*

Zugleich wird der baldige Bau einer katholischen Garnisonkirche angekündigt. Einsparungsgründe, besonders aber auch das Selbstverständnis der Marine, hatten zunächst vorgesehen, dass auch diese Kirche als ökumenische Kirche geplant werden solle. Das Militär hätte den Bau einer solchen Kirche, jenseits aller Kostengründe, prinzipiell gewünscht, hätte doch ein solches Haus seinem traditionellen Denken entsprochen: In seinen Reihen dienen Soldaten der beiden großen christlichen Konfessionen, ohne dass es im Dienstbetrieb und im Umgang untereinander darauf angekommen wäre, ob der Mann nun Protestant oder Katholik sei.

Um jedoch dem Wunsch des katholischen Klerus zu folgen, der rapide anwachsenden Zahl katholischer Soldaten eine eigene angemessene Umgebung für die Ausübung ihrer Religion zu ermöglichen, besonders aber auch, um die Unterstützung der katholischen *Zentrumspartei* in Fragen der Flottenpolitik im Reichstag zu gewährleisten, lässt die Marine dann die *St. Heinrich*-Kirche am Park *Forstbaumschule* errichten.

Der Auftrag für die *Petrus*-Kirche geht am 12. August 1904 an die Architekten Robert Curjel und Karl Moser aus Karlsruhe. Normalerweise wäre die neue Kirche gemäß christlicher Tradition in Ost-West-Richtung (*Ex oriente lux*) zu erbauen. Während der Planung wird jedoch offenbar, dass infolge der auf der gegenüberliegenden Straßenseite am *Neuen Weg*, der heutigen *Adalbert-Straße*, errichteten fünfgeschossigen Wohngebäude die gesamte Eingangssituation der Kirche eine beengte, gedrückte werden würde. Der zuständige Baubeamte, Adalbert Kelm, späterer Architekt der Marineschule Mürwik, schlägt deshalb vor, von der traditionellen Ausrichtung abzuweichen, die Kirche um 90 Grad zu drehen und so dem Eingang einen weiten Platz nach Süden, zu den Krankenanlagen hin, zu öffnen. Unter Nichtbeachtung geäußerter theologischer Grundsatzbedenken entscheidet die Marine im Sinne dieses Vorschlags. Die Architekten reagieren:

> *1. Die Kirche ist möglichst weit nach Norden gerückt, und Confirmandensaal und Pfarrhaus an der nordwestlichen Ecke angebaut worden. Auf dem übrig bleibenden östlichen Teile des Bauplatzes wurden die Dienstwohngebäude so angeordnet, daß sie sich mit den Kirchenbauten zu einer reizvollen Gruppe vereinigen werden.*
> *Die Vorteile dieser neuen Anordnung sind folgende:*
> a. *Es ist ein großer regelmäßiger Kirchenplatz geschaffen worden, auf welchem die Truppen Aufstellung finden können (...)*
> b. *Es ist eine Baugruppe geschaffen worden, deren Wirkung von umliegenden Bauten nicht wesentlich beeinträchtigt werden kann.*

Der Vertrag sieht die schlüsselfertige Übergabe für den 1. Dezember 1907 vor. Das Mauerwerk ist, *im Charakter der alten Backsteinbauten* zu halten. Sodann:

> *Die Wahl eines geeigneten Backsteinverbandes zwecks guter künstlerischer Wirkung bleibt den Unternehmern überlassen. Die Flachschichten an Gesimsen, Profilsteine an Türen, Gewänden, Maßwerken, Kapitelle usw. sind im selben Backsteinmaterial herzustellen wie die glatten Flächen (...). Kanzel und Altar sollen der einheitlichen Wirkung wegen (...) im selben Material ausgeführt werden, wie solches das Kircheninnere zeigt. Bei der Einfachheit der Durchführung des Kirchenbaues soll der Blick durch reiche Ausbildung der Altarwand auf diese konzentriert werden....*

Grundsätzlich wendet sich der Entwurf der Karlsruher Architekten von historisierenden Bauformen ab und regional inspirierten zu. Dieser Kirchenbau, der im Norden zu Beginn des 20. Jahrhunderts einmalig herausragt, steht dem Heimatschutzgedanken unmittelbar nahe und darf daher zu dieser Zeit in Schleswig-Holstein als avantgardistisch bezeichnet werden. Die auch vorkommenden Jugendstil-Elemente wirken da schon konventionell und gestrig. Die Architekten haben den Auftrag verstanden. Dass sie ganz wesentlich den gerade aufkommenden Heimatschutzstil ihrer Gestaltung zugrunde le-

Mit wuchtigem Anspruch: Marine-Ensemble an der Adalbertstraße.

gen, entspricht dabei durchaus dem Denken der Marine und dem des Admirals von Tirpitz, die sich beide ausgesprochen dem jungen 20. Jahrhundert und seinem stürmischen Vorwärtsdenken zu neuen Dimensionen hin verpflichtet fühlen.

Neben allem anderen ist auch der Turm ein besonders gewaltiges Werk. Mit ihm wird nicht nur, wie schon bei der *Paulus*-Kirche, ein Kirchturm geschaffen, sondern zugleich auch ein wuchtiges Seezeichen.

Die *Petrus*-Kirche verkörpert in ihrer Gestaltung insgesamt das, was ein Marinegeistlicher in einer Stellungnahme für eine neue evangelische Garnisonkirche am 29. Januar 1904 so formuliert:

> *Ferner scheint es mir eine dem Geiste der Marine entsprechende Forderung zu sein, daß die Verwandtschaft der Marine mit den Fortschritten der neueren Technik auch in ihrem Gotteshause zum Ausdruck kommt, also die neue Kirche nicht ohne weiteres nach alten, nicht immer bewährten Mustern gebaut werde.*

Die *Kieler Neueste Nachrichten* berichten am 19. Dezember 1907 ausführlich über die Einweihungsfeierlichkeiten. Zunächst erfolgt eine kurze Beschreibung des neuen Ensembles:

> *Inmitten der großen und kleinen militärischen Gebäude der Marine-Garnison Kiel-Wik erhebt sich das neue Gotteshaus, die Petrus-Kirche, zu der am 6. April 1906 der Grundstein gelegt wurde. Es ist ein stattlicher Bau, dessen massiver, 56 Meter hoher Turm weithin sichtbar ist. Die Erbauer sind die Architekten Curjel und Moser-Karlsruhe. … Das neue Gotteshaus ist außen und innen Ziegelrohbau, der Dachstuhl ist Holzkonstruktion, die Freitreppe ist aus Granit hergestellt. Der Kirche werden noch weitere Bauten angegliedert. Ihr zunächst kommt der Konfir-*

mandensaal zu liegen, daran anschließt sich die Wohnung für den Ortspfarrer. An der diesem Gebäude gegenüberliegenden Seite der Kirche und mit dieser durch einen Bogengang verbunden, wird das Verwaltungsgebäude erstehen. Es ist darauf Bedacht genommen, daß der ganze Gebäudekomplex eine einheitliche Gruppe bilden wird.

Der opulenten Würdigung des Festverlaufs folgt dann der Bericht über die erste Predigt des Pastors in der neuen Kirche, des Marinepfarrers Philippi. Sie steht unter dem Doppeltext: *Dein Wort ist meine Leuchte und ein Licht auf meinen Wegen.* und: *Seid Täter des Wortes und nicht Hörer allein.*:

Der Geburtstag einer Gemeinde ist der Tag, an dem sie eine Kirche bekommt. Von heute an erhebt sich zwischen Kasernen und Lazarett, Familienhäusern und Exerzierplätzen ein Gotteshaus. Nicht nur als äußerlich zusammenfassender Mittelpunkt, sondern als der Platz, wo alle Fäden des Trostes und der Aufrichtung zusammenlaufen. Und im neuen Gotteshaus soll nun das alte Gotteswort gepredigt werden, als ein Leuchtfeuer für uns Menschen unterwegs und als ein Arbeitsplatz für uns tätige Christen. Menschen unterwegs sind alle Marinemenschen. Ob unsere Schiffe zu Manövern oder für den Ernstfall, ob sie vor die Hafeneinfahrt oder auf die hohe See hinausfahren, sie tragen vor ihren Feuern, in ihren Deckräumen: Menschen unterwegs. Wie nun dem heimkehrenden Seefahrer nach langer, müdemachender Seefahrt ein Leuchtfeuer aufblitzt und die Heimat ankündigt, so ist Gottes Wort für uns Menschenkinder der Hafen, das Nachhausekommen ankündigend. Und wie auf der See dichte Nebel oft die Seefahrer hindern zu erkennen, wo sie sind, und mancher in die Irre fährt, wie dann aber bei senkendem Nebel plötzlich ein aufleuchtendes Licht den Weg weist, so gibt Gottes Wort für manchen irrenden und verirrten Menschen den Kurs: ein Licht auf unserem Wege. Und den am Lande zurückbleibenden Frauen, die mit all ihren Gedanken die Männer begleiten, und auf deren Schultern die Selbständigkeit im Haushalt und in der Kindererziehung ruht – eine Last, unter der manches Frauenherz wohl müde wird und den Weg nicht weiß – auch ihnen soll hier an dieser Stätte Gottes Wort ein Licht auf ihrem Wege sein. Auch mancher junge Seemann, der hier sitzen wird, mag sich wohl verirren. Die Welt sagt dann leicht: ein rauhes Volk. Aber wir sind nicht rauh, sondern möchten gern, daß uns, die wir losgerissen sind vom Elternhaus und umgeben von Gefahren und Versuchungen, jemand hilft. Wir sehen hier ein Licht auf unserem Wege. Darum ist, was hier gebetet und gebeichtet wird, gepredigt und gesungen, jedes Gotteswort für uns Menschen unterwegs unseres Fußes Leuchte, ein Licht auf unserem Wege. Aber wenn vor einem neuen Kirchenbau mancher kopfschüttelnd fragt: Wozu schon wieder eine Kirche? Wäre es nicht besser, Hospitale, Brotfabriken, Kasernen oder Schulen zu bauen? Wenn so gesprochen wird, ist die christliche Religion sicherlich nicht

Imponierende Dimensionen auch im Innern.

Grundsteinlegung der katholischen Garnisonkirche *St Heinrich.*

daran schuld. Weil wir nicht genug Täter des Wortes sind, darum denkt unsere Zeit oft so absprechend über Kirche und Kirchenbau. Würde unser deutsches Volk nicht noch viel lebensgesunder und angesehener unter den Völkern dastehen, wenn mehr wirkliche Täter des Wortes unter uns wären? – Mit Eisen- und Glasarbeit, mit Steinen und Balken ist hier auf dieser Stelle, wo bisher der Ginster stand und der Hafenwind pfiff, in rastloser Arbeit ein Gotteshaus errichtet. Hier sollen nun Menschen sitzen und aus diesen fünf Türen sollen Christen hinausgehen, die nicht ein totes Christentum haben, sondern von denen man sagen kann: Sie sind Täter des Wortes, nicht Hörer allein! …

Ein ganz anderes Erscheinungsbild als *Paulus-* und *Petrus-*Kirche bietet die *St. Heinrich-*Kirche, die Garnisonkirche für die gut zweitausend Soldaten katholischer Konfession, die während der Entstehungszeit in Kiel garnisoniert sind. Architekt ist der Marine-Baurat Adalbert Kelm, der schon das Entstehen des Wiker Ensembles maßgeblich begleitet hatte.

Während die äußere Gestalt des Hauses Assoziationen an Romanik und Gotik weckt, wirkt doch die Baumassenkonzentration und ihre prägnante Staffelung durchaus modern. Auch hier ist es wieder der hochaufragende Turm, der das Gebäude zum bedeutenden Wahrnehmungspunkt erhebt. Den Kernbau bildet ein griechisches Kreuz, ein Gestaltungsprinzip, das die Architekten der *Petrus*-Kirche, Kelms dortige Partner, in diesen Jahren im süddeutschen Kirchenbau verfolgt haben. Hierzu gehören auch der rechteckige Innenraum und das Sterngewölbe. Es steht zu vermuten, dass Kelm sich direkt von der 1901-1904 erbauten *Johannis*-Kirche der beiden Architekten in Mannheim inspirieren ließ. Einen eigenen Akzent schafft er mit dem in die Mittelachse verlegten Turm, der bei Curjel und Moser in der Regel auf einer Eckposition rangiert. Als Reverenz an den *Chef* der *Kaiserlich Deutschen Marine* ist der Innenraum um eine Kaiserloge bereichert.

Zur Einweihung des neuen Gotteshauses am 31. März 1909 berichten die *Kieler Neueste Nachrichten*:

> *Kurz vor 10 Uhr begab sich der Feldpropst Bischof Dr. Vollmar mit der gesamten Geistlichkeit vor die Kirche, um den Vertreter des Kaisers Vize-Admiral Schmidt zu empfangen. Beim Erscheinen des Erwarteten präsentierte die unter dem Befehl des Hauptmanns v. Vitzthum stehende Ehrenkompanie des 1. Seebataillons unter den Klängen des holländischen Präsentiermarsches. Die Geistlichkeit geleitete den hohen Gast sodann in die Kirche. Beim Eintreten stimmte der Posaunenchor der 2. Matrosen-Division „Die Himmel rühmen des Ewigen Ehre" an. Die Geistlichkeit nahm dann vor dem Hochaltar Aufstellung, wo der Feldpropst Bischof Dr. Vollmar mit den Messgewändern bekleidet wurde. Es folgte dann ein Wechselgesang zwischen Geistlichkeit, Chor und Gemeinde und hierauf das Gebet der dabei vor dem Altar knieenden Geistlichkeit. Bischof Dr. Vollmar verlas nunmehr die Worte der heiligen Schrift Lucas 19 Vers 1-10. Im Anschluß daran teilte Marine-Oberpfarrer Laubstein mit, daß der Feldpropst und Bischof Dr. Vollmar allen Anwesenden kraft Auftrages Sr. Heiligkeit des Papstes vierzehntägigen Ablaß erteile und bestimmt habe, daß als alljährlicher Gedenktag der Einweihung der Sonntag nach Ostern zu gelten habe. Bischof Dr. Vollmar legte seiner Weiherede das Wort Christi zugrunde „Heute ist diesem Hause Heil widerfahren!" Er erinnerte an die Zeit der Christenverfolgung, in der die Christen ihre Gottesdienste in den Katakomben halten mußten*

Angemessener Ort auch für die katholischen Soldaten: *St. Heinrich* an der *Feldstraße*.

und wie ihrer so viele ihr Leben lassen mußten wegen ihres treuen Glaubens an Jesum und das Evangelium. Der Bischof schilderte dann, wie die ersten Kirchen entstanden, wie dann unter dem Siegeszug des Evangeliums die Zahl der Gotteshäuser schnell wuchs, wie dann die Kirche zu der Erkenntnis kam, daß der geheiligteste Standort eines Gotteshauses ein heiliges Grab sei. Da das nicht an jedem Ort zu finden war, wurden die Leichen von Heiligen oder Reliquien von ihnen in feierlicher Prozession unter oder in den Altar getragen. So sei es denn gehandhabt worden bis auf den heutigen Tag. Auf seine Bitte habe der Bischof von Osnabrück den Erzbischof von Köln um Ueberlassung von Reliquien für die St. Heinrich-Kirche gebeten, und der Erzbischof habe dem stattgegeben. Die feierliche Uebergabe der heiligen Reliquien von den Märtyrern der thebaischen Legion sei nach dem althergebrachten Ritus vor dem Weihgottesdienst erfolgt. Der Bischof lenkte dann die Aufmerksamkeit auf den Schutzpatron der Kirche, den heiligen Kaiser Heinrich, der von echter Frömmigkeit beseelt, viele prächtige Kirchen zur Ehre Gottes erbaute und selbst gewillt war, sich als Mönch ganz Gott zu widmen. Er habe durch sein Beispiel angegeben, wie man ein Volk am schönsten durch echte Frömmigkeit regieren könne. Denselben Zug rühmten wir ja auch mit Recht an unserem Kaiser Wilhelm II., dem der wärmste Dank für den Bau dieser neuen Kirche gebühre. Mit Segenswünschen für die Marine und ihre Angehörigen, sowie für alle Mitglieder schloß der Bischof die Weihrede.

Im weiteren Verlauf der Einweihungsfeier zelebrierte der Bischof die heilige Messe. Marine-Oberpfarrer Laubstein entzündete das ewige Licht, während der Kirchen-Chor erhebende Weisen sang. Mit der Erteilung eines sakramentalen Segens und dem Gemeindegesang „Großer Gott, wir loben Dich", schloß die Einweihung des Gotteshauses.

Mit diesen vier Bauwerken setzt die Marine bis heute wirkende unübersehbare städtebauliche und architektonische Marken, geradezu Wahrzeichen, die *auch* von der überragenden Bedeutung dieser Stadt zur Kaiserzeit künden.

„...geschmackvoll, praktisch und behaglich!“

Ein Freund zeitgenössischer Architektur: Admiral Max von Fischel.

Nicht nur bei ihren städtebaulichen und Hochbauvorhaben ist die Marine dem Neuen gegenüber aufgeschlossen: Auch auf manchen ihrer Schiffe wird sie zur Förderin zeitgenössischer Architektur, zur Verfechterin eines modernen Stils. Ganz persönlicher „Anwalt“ hierbei ist Konteradmiral Max von Fischel, von 1901 bis 1904 Oberwerftdirektor in Kiel, dem seine bei ihm lebende Schwester diese Welt nahebringt. Der Architekt ist Richard Riemerschmid, einer der führenden Jugendstil-Architekten und Mitbegründer des Deutschen Werkbundes, der zu dieser Zeit den Jugendstil schon überwunden und sich etwas Neuem zugewandt hat, das er selbst *Volkskunst* nennt, sie auch als *bürgerlich* bezeichnet. Hier scheinen *bürgerlicher* Stil und „bürgerliche“ Flotte einander gefunden zu haben. Es ist so. Hermann Muthesius hebt an Riemerschmid hervor die *natürliche Schlichtheit, Bürgerlichkeit und Treuherzigkeit. Hier ist weitgültige bürgerliche Kunst geschaffen, hier ist Volkskunst. Sie ist schlicht und deutsch und damit dieses Namens würdig.* Wie sich zeigen wird, erkennt sich die Marine in ihr wieder. Launig berichtet Karl Schmidt, Direktor der Dresdener Werkstätten und Schwager Riemerschmids, in einem Artikel *Wie ich die Kriegsmarine eroberte*:

> *Ich war etwa 30 Jahre alt und der Ansicht, dass wir uns auch im Schiffbau betätigen müssten und fuhr zu diesem Zwecke nach Hamburg und Kiel. In Kiel ließ ich mich bei dem Werft-Direktor Dr. Roßfeld melden. Als ich ins Zimmer trat, wurde ich von einem Herrn mit großem schwarzem Vollbart sehr militärisch stramm empfangen: >Was wünschen Sie?< – >Dass Sie mich 3 Minuten anhören, Herr Geheimrat.< – >Bitte.< – >Wenn Sie Schiffe bauen, nehmen Sie die besten Ingenieure und Konstrukteure, und das ist in Ordnung! Wenn Sie Schiffe einrichten, nehmen Sie irgendeinen Lieferanten und das ist nicht in Ordnung!< – >So!< – >Jawohl!< – Er war ein sehr netter Mann und die Einleitung hat ihm wohl selbst Spaß gemacht. Er hatte für die moderne Bewegung ein Herz, was ich sehr bald spürte. Ich bekam ihn so weit, dass ich ihm anbot, durch Richard Riemerschmid Entwürfe machen zu lassen. Wenn er Riemerschmids Entwürfe besser*

Bringt die Moderne in die Marine: Architekt Richard Riemerschmid.

Auch auf SMS *Roon* gestaltet er die Offiziersräume.

finde als das, was er bisher an Bord gehabt habe, so solle er sie ausführen lassen, fände er sie nicht besser, habe er keinerlei Verpflichtungen und die Sache sei erledigt. Ich bin dann nach München gefahren und habe Richard Riemerschmid, glaub ich, in sehr schwungvoller Weise überzeugt, dass er die Entwürfe machen müsse. Wir sind dann kurz darauf nach Kiel gefahren, was natürlich sehr interessant war, und eines Tages bin ich wieder mit den Entwürfen und Kostenanschlägen nach Kiel gefahren. Dort fand eine große Sitzung statt: Admiral Fischel *(der sich später durch Riemerschmid ein Haus bauen ließ), der Oberwerft-Direktor, Oberbauräte, Bauräte und Marinebaumeister. Die Entwürfe gefielen, aber es wurden allerlei Bedenken laut, da sie in der und jener Richtung der Schiffsbau-Ordnung nicht entsprächen. Darauf ich: >Die Entwürfe sind ausgezeichnet, Ihre SchiffsbauOrdnung nicht, die ist veraltet. Die Entwürfe müssen bleiben; Ihre Schiffsbau-Ordnung muss geändert werden!< – Schallendes Gelächter! Aber die Marinebehörde war immer eine besonders gute Behörde – weitsichtiger, was wohl mit dem Beruf zusammenhängen mag. Die Sache wurde genau nach den Entwürfen Riemerschmids ausgeführt und fand Beifall. Wir haben danach noch auf 12 Kriegsschiffen die Offiziersmessen und die Kommandantenräume eingerichtet ....*

Sein Reserveoffizierstatus dürfte Riemerschmid den Einstieg erleichtert haben. Am Beginn der Zusammenarbeit steht 1902/03 der Entwurf eines Buffets für den Großen Kreuzer *Prinz Adalbert*.
Man „kann" miteinander. Wie Schmidt schreibt, folgen Entwürfe für zwölf weitere Schiffe; auf ihnen werden die Salons von Admirälen und Kommandanten sowie die Offiziersmessen gestaltet. Es sind der Große Kreuzer *Roon*, die vier Kleinen Kreuzer der *Königsberg*-Klasse und die sieben der *Bremen*-Klasse. An diesem Projekt sind in der Durchführung die weltberühmten Dresdener Werkstätten beteiligt. Hochkomplexe technische Probleme sind zu lösen, darunter das des Abfangens der Erschütterungen in den Räumlichkeiten beim Abfeuern der Geschütze: Riemerschmid verkleidet die Decken mit Messingblechen. Karl Schmidt schreibt:

Er erzielte dadurch einen lebendigen Raumausdruck, wurde doch durch das reflektierende, gehämmerte Material die Raumschale nach oben il-

„…geschmackvoll, praktisch und behaglich!“: Kommandantensalon mit Familie, Ostersonntag 1914 auf SMS *Königsberg*.

lusionistisch ihrer Schwere beraubt und ergaben sich durch Reflexionen und Spiegelungen raumerweiternde Wirkungen, die der relativen Enge sehr zugute kamen.

Ein Offizier äußert sich zur Gestaltung auf *Prinz Adalbert* höchst angetan:

Es spricht sich von Mund zu Mund und so vergeht kein Tag, wo nicht Einzelne kommen, um sich diese >Sehenswürdigkeit< mit Wohlgefallen zu betrachten … Jedenfalls ist unter uns Seeoffizieren fast nur eine Stimme: geschmackvoll, praktisch und behag lich!

Villa Fischel, *Niemannsweg*/Ecke *Sternwartenweg.*

Der Kaiser hingegen schätzt diese Art von Innenarchitektur nicht. Sie bleibt ihm natürlich während der ständigen Besuche bei der Flotte nicht verborgen; aber er lässt die Marine gewähren.

Mit Admiral von Fischel findet Riemerschmid dazu noch einen privaten Auftraggeber: 1904/05 errichtet er für ihn in Kiel am *Niemannsweg*/Ecke *Sternwartenweg* die *Villa Fischel*, ein herausragendes Zeugnis Riemerschmidscher Auffassung in diesen Jahren. Nach gelungener Renovierung begeistert sie auch heute noch.

Von Fischel und seine Schwester hoffen auf einen Besuch des Kaisers, um ihn von seiner ablehnenden Haltung gegenüber zeitgenössischer Architektur abzubringen. Soweit allerdings geht die Liebe des Herrschers zu seinem Admiral dann doch nicht. Die Visite unterbleibt.

Ein Turm für das neue Venedig

Nichts ist neu unter der Sonne, also auch nichts in der Geschichte der Verwaltung. Immer schon wurden Rathäuser im Laufe der Zeit zu klein, mussten Ämter verstreut im Gebiet der Kommune angesiedelt werden. Kiel macht keine Ausnahme. Jahrhundertelang sind die Geschicke der Stadt von dem kleinen spätmittelalterlichen Rathaus am heutigen Alten Markt aus bestimmt worden. Seine größte Stunde erlebt es, als in seinen Räumen am 23. März 1848 die *Provisorische Regierung* Schleswig-Holsteins gebildet und die Proklamation vorbereitet wird, die am nächsten Tag dann von Wilhelm Hartwig Beseler der Öffentlichkeit zur Kenntnis gegeben wird. So beginnt im Kieler Rathaus die Erhebung der Herzogtümer Schleswig und Holstein gegen das Königreich Dänemark, dessen Herrscher sie im Verbund des Gesamtstaates regieren.

In seinem ersten Amtsjahr 1875 – die großangelegte Entwicklung zum Reichskriegshafen hat vor wenigen Jahren eingesetzt – stellt Bürgermeister Heinrich Mölling in einem Vermerk fest:

> *Die städtischen Beamten, welche in räumlich mangelhaften Bureaus zusammengedrängt arbeiten, können sich ihre Frische und die Lust zur Arbeit nicht erhalten. Die Einwohner, welche im Rathhause Geschäfte zu besorgen haben, werden durch den Mangel an Platz und die Unthunlichkeit einer angenehmen Abfertigung belästigt.... Überall mangelt der wohlthuende Eindruck einer sich frei bewegenden, mit dem nötigen Raum ausgestatteten geordneten Verwaltung.*

Von der idyllischen Residenz-, Verwaltungs-, Handels- und Universitätsstadt mit weniger als zwanzigtausend Einwohnern wandelt sich Kiel bis zur Jahrhundertwende zu einer Militär- und Industriestadt mit über zweihunderttausend Einwohnern. Bevor das neue Rathaus im Jahre 1911 bezogen werden kann, arbeiten die Hunderte, nun längst großstädtische, Beamte und

Jahrhundertelang Zentrum der Stadt: Das Rathaus am (Alten) Markt.

Angestellte in zwanzig Gebäuden, die von der Stadt angemietet worden sind.

Bis zum Anfang des 20. Jahrhunderts gibt es mehrere Anläufe, zu einer durchgreifenden Lösung zu kommen. Realistische Form gewinnt das Projekt allerdings erst mit der Auslobung und Durchführung eines Architektenwettbewerbs im Jahre 1903, der in den folgenden Jahren in Überarbeitungsphasen seinen Fortgang und Abschluss findet. Als Standort wird der *Neumarkt* festgelegt; hier wird der Bau dann in der Tat realisiert. Siebzig Architekten senden ihre Entwürfe ein, zwölf kommen in die engere Wahl, unter ihnen der Entwurf des Karlsruher Architekten Professor Hermann Billing. Das Preisgericht kann sich nicht zur Vergabe eines Ersten Preises durchringen, sondern vergibt als Höchstplatzierungen drei Zweite, von denen einer an Billing geht. Wuchtig und prachtvoll ist der Entwurf mit seinen beiden ragenden Türmen, die – himmelwärts strebend – starker Ausdruck einer selbstbewussten Stadt im wilhelminischen Zeitalter sein können. Aber drückt er etwas für Kiel zu dieser Zeit Typisches aus? Wohl nicht, er könnte in jeder aufstrebenden Großstadt verwirklicht werden. Vielleicht hätte Billing sogar die Erstplatzierung erreicht, zahlreiche Verstöße gegen das vorgegebene Programm jedoch verhindern dieses in jedem Fall. Aber er ist der Favorit, jetzt und im weiteren Verfahren. Er wird zur Überarbeitung seines Entwurfs aufgefordert, den er 1905 vorlegt. Aus Kostengründen ist ihm ein Turm gestrichen worden. Die gegenüber 1903 nicht unerheblich veränderte Gestalt des verbliebenen Turmes kann damals wie heute vollkommen assoziationsfrei betrachtet werden, ein „normaler" Rathausturm im Stile der Zeit. Noch kein Turm für Kiel. Dabei verlangt die ungewöhnliche Geschichte der Stadt in den vorausgegangenen dreißig Jahren nach dem Ungewöhnlichen.

Das ist dann vollständig beim ausgeführten Turm der Fall. Jeder, der auch nur ein wenig in Geschichte und Architekturhistorie bewandert ist, denkt sofort: Venedig, vielleicht auch: Piran oder Rovinj. Der Turm von *San Giorgio Maggiore*, der Campanile des *Markusdoms*, die Türme der *St. Georgs*-Kathedralen in Piran und Rovinj, sie alle gelegen auf dem Hoheitsgebiet der früheren Republik Venedig, der mächtigen Seebeherrscherin über Jahrhunderte, der Serenissima. Nur

Professor Hermann Billing, Architekt.

Ab 1903 Architektenwettbewerb.

Billing …

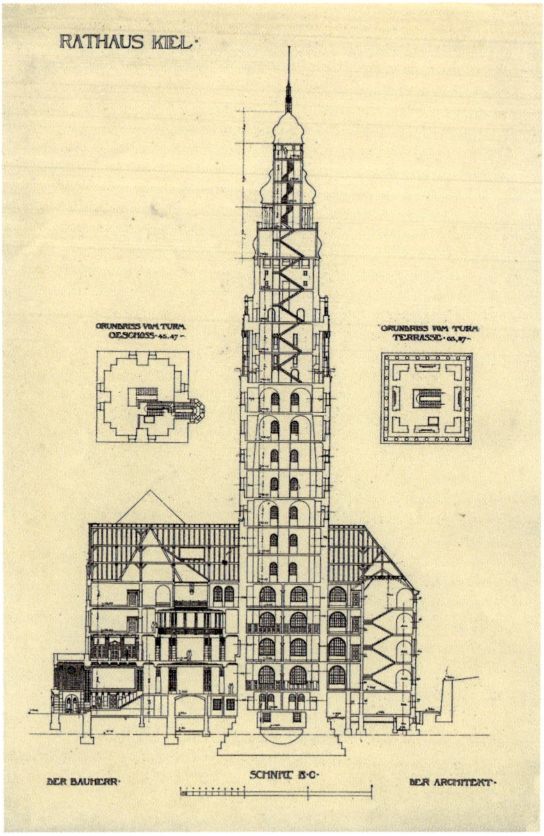

… tastet sich …

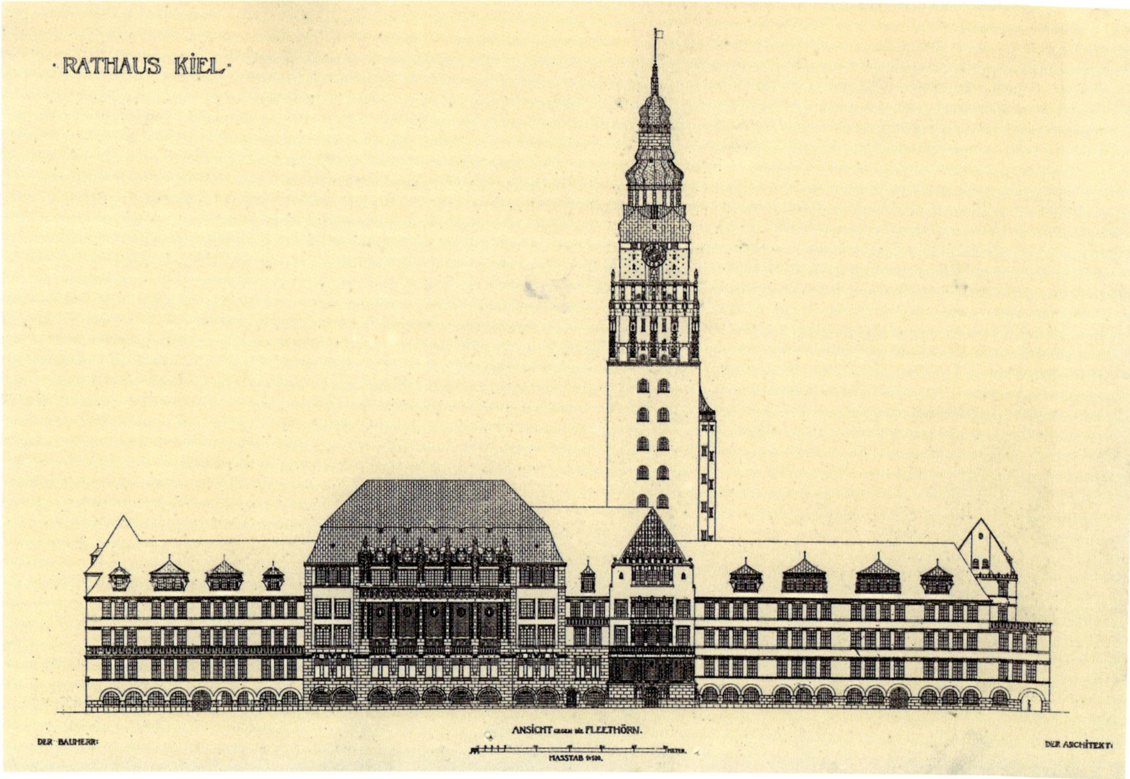

… an die Lösung heran.

Die Türme von Venedig …

… und Rovinj: Symbole der Seebeherrscherin.

weniges symbolisiert ihre vergangene Größe so, wie die mächtigen Türme ihrer Kirchen, die zugleich unverzichtbare Seezeichen sind.

Wie kam es zu dieser Übernahme von wichtigsten Elementen der Formensprache dieser Kirchen? Des roten Bachsteinschaftes, des hell verblendeten Aufsatzes auf diesem, der venezianischen Glockenstube entlehnt, und – allerwichtigstes von allen – der einmalig und unverwechselbar charakteristischen Turmspitze, die in erster Linie die Auslöserin aller Assoziationen beim Betrachter ist, durch Hermann Billing in Kiel? Seine Biographen sehen in der Gestaltung des Kieler Rathausturms den Ausdruck eines allgemeinen Stilwandels im Werk des Architekten. Sie sehen ihn auf dem Wege zur Vereinfachung und Monumentalisierung, sie sehen eine fortschreitende Entfernung von Formen der Renaissance und des Barock hin zu einem *jugendstiligen Klassizismus*.

Das möchte alles sein, wenn es sich um Rathäuser in Breslau oder Königsberg, in Frankfurt oder Hannover handeln würde – für Kiel greift diese Interpretation nicht.

Die Begründung für die Form des Kieler Rathausturms ist eine ganz andere, nämlich eine

Ein Turm für Kiel, Zentrum des neuen Venedig.

rein politische: Kiel ist die „Hauptstadt" der Kaiserlichen Marine, der Lieblingsort des „Herrn" ihrer Flotte, Kaiser Wilhelms II., der aus dieser Stadt den wichtigsten Standort einer der künftigen Beherrscherinnen der Weltmeere macht. Ein neues Venedig, übersetzt in die Maßlosigkeit seiner Absichten, soll das deutsche Kaiserreich sein. Und Kiel der Mittelpunkt dieser neuen Seemacht.

Diesen Turm konnte Hermann Billing in seiner Zeit nur in Kiel schaffen, nirgends sonst. Wie kam es zu dieser ganz anderen, dieser Stadt ganz und gar entsprechenden Lösung? Wie begründete sie sich?

Hermann Billing hat sich nicht geäußert. Auch der umfangreiche Aktenbestand der Stadt selbst schweigt. Man muss vermuten:

Billing muss zu irgendeinem Zeitpunkt während des Entwurfsprozesses klar geworden sein, für wen er baut: eben für den größten Kriegshafen eines neuen machtvollen Seereiches, nicht für eine „normale" Großstadt. Gab es Gespräche mit politisch und geschichtlich sensibilisierten Kommunalvertretern oder Marineoffizieren, die den Architekten eindringlich auf diesen Umstand hinwiesen? Gab es eine während der Arbeit vertiefte Beschäftigung mit dem unmittelbaren Weltgeschehen? Gab es bei Billing einen Augenblick blitzhaften Erkennens? Hinzu kommt dieses: 1902 stürzt der historische Campanile von San Marco zusammen. Der Wiederaufbau ist 1912 vollendet; dieses Geschehen fällt also genau in die Zeit der Entstehung des Kieler Rathauses. Sind beim Architekten das Begreifen der Besonderheit Kiels und das Wissen um die baulichen Vorgänge in Venedig zu einer entwerferischen Erkenntnis zusammengeflossen, die jetzt die ganz neue Richtung vorgab? Nur die positive Beantwortung dieser Fragen beantwortet überzeugend die Frage nach dem Sinn der radikalen Umgestaltung des Kieler Rathausturms zu seiner endgültigen Erscheinung. Dieses allein erklärt Billings Umschwenken; nirgends sonst in seinem Werk findet sich auch nur ein Anklang an diese eine Form, wie auch?

Aus dem allen folgt aber auch dieses: In seiner gewordenen Gestalt ist der Kieler Rathausturm kein, wie selbstverständlich bei anderen Rathäusern, Ausdruck stolzen, freien Bürgersinns. Er ist recht eigentlich ein „staatlicher" Turm, der sich der tragenden Reichsidee dieser Zeit, der von der Weltseemacht Deutschland, unterwirft. Überdeutlich wird dieses auch demonstriert durch die auf dem Gesimse hockenden Reichsadler mit der Kaiserkrone auf ihren Köpfen. Auf der anderen Seite mag man in Kiel aber auch gerade ungeheuer stolz darauf gewesen sein, dass man jetzt, für jeden erkennbar, sozusagen des Kaisers „eigene" Stadt ist, also diese „Unterwerfung" keineswegs als negativ empfunden hat. Gut möglich bei dem allmächtig herrschenden Zeitgeist, der die unangenehmen Auseinandersetzungen der Vergangenheit zwischen Stadt und Marine vergessen ließ.

Die Rede des Oberbürgermeisters zur Einweihung am 12. November 1911 deutet in diese Richtung:

Eure Kaiserliche und Königliche Majestät wollen mir Allergnädigst gestatten, im Namen der Stadt Kiel freudig bewegt für die hohe Auszeichnung zu danken, die Eure Majestät ihr durch die heutige Anwesenheit bei der Weihe des neuen Rathauses erweisen.

Eurer Majestät bringen wir erneut unsere Huldigung als dem machtvollen Schirmherrn des Deutschen Reiches, der uns den Segen des Friedens seit nahezu einem viertel Jahrhundert erhalten hat, auf dessen Ruf wir aber auch bereit sein wollen, Opfer zu bringen und Not zu ertragen, wenn dereinst des Reiches Sicherheit und Würde es erheischen sollte. Wir huldigen Eurer Majestät als unserem König, dem Erben der Geistes- und Seelengröße, die dem Geschlecht der Hohenzollern auf Preußens Thron in Glück und Unglück eigen ist. Wir huldigen Eurer Majestät als dem Herzog unseres Heimatlandes und wissen Eurer

Majestät besonderen Dank dafür, daß wir heute auch Ihre Majes tät unsere erhabene Kaiserin begrüßen dürfen.
Alleruntertänigst erbitten wir die Fortdauer der gnädigen Gesinnung Eurer Majestät für unsere Stadt, die stolz darauf ist, ihren Namen an den des vornehmsten deutschen Reichskriegshafens geknüpft zu wissen und einem erlauchten Mitgliede des Königlichen Hauses als Residenz zu dienen.
Der ragende Turm, der nach des badischen Baukünstlers Plan mit unserem Rathause verbunden wurde, möge der Stadt nicht als ein Sinnbild des Uebermuts gedeutet werden. Wie die Türme der Kirchen die Sehnsucht des Menschen nach dem Ueberirdischen anzeigen, so soll für unseren weltlichen Bau der Turm ein Ausdruck der Notwendigkeit sein, über den oft kleinen Aufgaben des täglichen Lebens und dem engen Gesichtskreis der einzelnen Stadt die größeren Ziele und die Pflichten gegen die Gesamtheit des Vaterlandes nicht zu vergessen. Dazu soll uns der Anblick vom Turm auf das Meer und seinen Hafen, auf das die Stadt in weitem Bogen umgebende fruchtbare Gelände jederzeit eine Mahnung sein.
Eure Majestät, die deutschen Städte, die vor kurzem in der Residenzstadt Posen tagten, sind einmütig beseelt, von Treue gegen Kaiser und Reich. Dort im Osten hat der Oberbürgermeister der größten Stadt im deutschen Süden aus voll teilnehmender Freude über den unserer nordischen Stadt verheißenen Kaiserlichen Besuch aus eigenem Antriebe gebeten, für diese Feier den gleichen Wein bereitstellen zu dürfen, den Eure Majestät vor wenigen Jahren im Münchener Rathause zu kosten geruhten. Dieser Wein aber entstammt der im Westen des Reiches von der Sonne der Rheinpfalz gekochten Traube. In Ehrfurcht harre ich des Befehls Eurer Majestät, wann ich den Pokal darreichen darf, aus dem Eure Majestät die Gnade haben wollen, den Ehrentrunk zur Weihe des Kieler Rathauses anzunehmen.

Ankunft der Majestäten zur Einweihung des neuen Kieler Rathauses: … *eine Stätte echter deutscher Gesinnung …*

Der Kaiser, König von Preußen, Herzog von Holstein, antwortet huldvoll:

Mein lieber Oberbürgermeister!
Ich danke Ihnen und der Stadt Kiel in meinem und der Kaiserin Namen herzlich für die Einladung zu der heutigen Feier und die freundliche Begrüßung. Ihrem neuen Rathause die Weihe zu geben, ist mir eine besondere Freude. Die großartige Entwicklung, welche Ihre ehrwürdige Stadt mit ihrer mehr als 1000jährigen Geschichte in den letzten 50 Jahren erfahren hat, hängt mit dem Wachstum Meiner Marine und dem Aufblühen der Schiffbaukunst und –industrie aufs engste zusammen. Hier, an dem größten Hafen der deutschen Ostseeküste, sind die mustergültigen Werftanlagen entstanden, auf denen für deutsche Panzer der Kiel gestreckt und der Körper gefugt und gesichert wird. Hier werden sie nach glücklichem Stapellauf mit Ausrüstung und Bemannung versehen; hier ist der Mittelpunkt der rastlosen Arbeit, die diesen Panzern Leben einhaucht und sie schließlich zu dem macht, was sie sein sollen: zum starken Schutz und Schirm des deutschen Vaterlandes und Volkes. Es sind wahrlich erhebende Vorgänge und Eindrücke, die Ihre Stadt erlebt; welches deutsche Herz sollte nicht höher schlagen bei einem Schauspiel, wie wir es erst

Quelle der Inspiration: Der Turm von *San Marco*, hier mit englischem Luftschiff 1916.

gestern wieder gesehen haben, als wir ein neues Erzeugnis der Kieler Werften seinem Elemente übergeben konnten. Als Wahrzeichen einstiger Angehörigkeit zur Hansa führt Ihre Stadt im Wappen ein Boot. Als Wahrzeichen des engen Zusammenhanges mit der Flotte erscheint mir der weit hinausragende Turm Ihres neuen Stadthauses, der Meinen Schiffen bei der Rückkehr in den Heimathafen einen Willkommensgruß der Kieler Bürgerschaft zurufen wird. Ich beglückwünsche Sie zu dem neuen monumentalen Schmuck der Stadt. Möge das neue Rathaus allezeit sein eine Stätte ernster Arbeit, unermüdlicher Pflichterfüllung und liebevoller Fürsorge für die geistigen und leiblichen Bedürfnisse der Bürger, eine Stätte echter deutscher Gesinnung, die in der Gottesfurcht, der Treue zum Herrscherhause und der Liebe zum Vaterlande wurzelt. Ich ergreife den Pokal und trinke den Saft der deutschen Rebe, gespendet von Bayerns treuer Hauptstadt, auf das Wohl der Stadt Kiel.

Eine besondere, fast tragische Pointe in dieser Geschichte: Als ab 1903 der Wettbewerb zum Neubau des Kieler Rathauses durchgeführt wird, stehen Marine und Flotte kurz vor dem Zenit ihrer Macht- und Prachtentfaltung.

Als der Kaiser das Rathaus 1911 einweiht, sind alle großen Pläne schon Makulatur. England ist der Sieger im Wettrüsten, blickt hochmütig und gelassen über die Nordsee. Das Deutsche Kaiserreich wird kein neues Venedig werden. Und so wirkt Wilhelms Rede doch schon recht kleinlaut, verglichen mit dem von ihm sonst gewohnten Getöse. Und der Turm? Verspätete Geste, überholt von der Wirklichkeit. Durchaus schmerzlich.

Aber es gibt Zukunft: Nach dem Ersten Weltkrieg und viel mehr noch nach dem Zweiten können das Kieler Rathaus und sein Turm sich dann wandeln zu dem von der ganzen Bevölkerung geliebten Zentrum städtischer Demokratie, bürgerlichen Selbstbewusstseins. Ein beglückender Wandel. Kiel und sein Turm: Eine wechselvolle Geschichte mit gutem Ausgang.

Südliches Flair: Kiel mit Förde und Rathaus.

Seemacht II

Als nach dem Ende der *Kieler Woche* 1914 das englische Geschwader unter Admiral Sir George Warrender in den frühen Morgenstunden des 30. Juni *Anker auf!* geht und die Heimreise in britische Gewässer antritt, setzt das Flaggschiff *King George V.* den Gruß: *Friends in past, friends today, friends forever* . Diese liebenswürdige, kameradschaftliche Geste gegenüber den Besatzungen der auf der Förde ankernden Schiffe der Kaiserlichen Marine, die *Glückliche Reise* wünschen, gibt jedoch längst nicht mehr die reale Situation zwischen den beiden Nationen wider. Dafür haben Kaiser Wilhelm II., der Deutsche Reichstag, der überwiegende Teil der öffentlichen und veröffentlichten Meinung, ganz wesentlich aber auch der eigentliche Motor der deutschen Flottenpolitik, Großadmiral Alfred von Tirpitz, gesorgt. Die harmonischen Tage des 19. Jahrhunderts, in denen England und Deutschland einander wahrhaft *friendly nations* waren, sind längst vorbei.

Seit Anfang des Jahrhunderts verändert sich die weltpolitische Lage entscheidend zuungunsten des Kaiserreichs:

Angesicht der Komplexität und damit der Gefahren der gesamtpolitischen Situation am Ausgang des 19. und zu Beginn des 20. Jahrhunderts geht England daran, seine *splendid isolation* aufzugeben. Das heißt, dass es sich auf die Suche nach Verbündeten macht.

Sondierungsverhandlungen mit Berlin scheitern 1901 an der Weigerung des Kaisers, die Flottenrüstung in Absprache mit dem möglichen zukünftigen Vertragspartner zu begrenzen.

Die erste Absicherung seiner außenpolitischen Position stellt der Abschluss der Anglo-Japanischen Allianz am 30. Januar 1902 dar, die jedoch nicht unerhebliche Risiken für das Königreich in sich birgt: Die Spannungen zwischen Russland und dem japanischen Kaiserreich deuten auf Krieg hin, der dann auch 1904 ausbricht.

„... friends forever.“: Das englische Geschwader verläßt zum letzten Mal im Juni 1914 die *Kieler Woche.*

Russland ist mit Frankreich verbündet, ein Krieg zwischen den beiden pazifischen Mächten könnte also als Bündnisfall zu einem Krieg führen, in den England und Frankreich involviert sind. Daher verstärkt England seit 1902 seine diplomatischen Aktivitäten in Richtung Frankreich. Einen „Einstieg" bieten die Verhandlungen über einen Interessenausgleich hinsichtlich der Kolonialgebiete beider Mächte in Afrika, die schließlich zum Abschluss der *Entente cordiale* am 8. April 1904 führen. Sie ist der Auftakt zu freundschaftlichen Beziehungen, der die beiden Länder zu engen politischen Partnern macht.

Nach der Bereinigung einer Konfliktsituation mit Russland ist der Weg für Bündnisbeziehungen auch mit dem Zarenreich frei, sodass 1907 die *Triple Entente* geschmiedet ist. Eine der Kriegsparteien von 1914 ist damit „in der Welt".

Das französisch-britische Flottenabkommen von 1912 gibt beiden Nationen zur See einen starken Rückhalt durch die jeweils andere; auch so gerät Deutschland ins Hintertreffen.

Es wird eine der großen Befürchtungen deutscher Politik und Diplomatie, die „Einkreisung" Realität, eine Befürchtung, die in der Öffentlichkeit geradezu zum Trauma geworden ist. Tatsächlich wird man aber feststellen können, dass es durch die Unfähigkeit deutscher Politik und Diplomatie zu einer Selbstisolation kommt, die das Reich im Ergebnis 1914 in einen Landkrieg mit Russland, Frankreich und England und dazu noch in einen Seekrieg mit England verstricken wird. Ab 1917 stehen dann auch die USA im Krieg gegen Deutschland.

Und das alles, weil man 1900/1901 nicht zu einem Arrangement mit England bereit ist, wohl nicht bereit sein kann, da die junge Macht auf ihrem Weg zur Weltgeltung auf gar keinen Fall sich in einem Vertrag mit der alten Seebeherrscherin hätte beschränken lassen können: Das hätte sich mit dem Denken des neuen Deutschlands, dessen Symbol ja gerade die ungebremst wachsende Flotte ist, überhaupt nicht vereinbaren lassen. Die neue weltpolitische Lage führt bei klugen Politikern und Marineoffizieren durchaus dazu, die Tirpitzsche Expansionsstrategie für gescheitert zu halten und stattdessen auf den heimischen Küstenschutz und eine Defensivflotte, auch zur Verteidigung der Schutzgebiete, zu setzen. In solchen Überlegungen spielt der Gedanke an die große Seeschlacht, die Entscheidungsschlacht, keine Rolle. Diese Denkrichtung wird von Tirpitz niedergemacht. Die Hochrüstung muss weitergehen, das ist sein Wille, gleich, wie sich die außenpolitischen Verhältnisse entwickeln. Tirpitz ist von vollständiger Uneinsichtigkeit, Wilhelm wie trunken vom Glück künftiger Größe.

Die Admiralität in London betrachtet die ab 1898 geplante Modernisierung und Vergrößerung der Kaiserlichen Flotte zunächst mit einem gewissen Desinteresse und durchaus Herablassung: Kaiser *Bill*, dieser Parvenü zur See, soll er sich sein Spielzeug doch schaffen, möge er. Die Aufmerksamkeit nimmt aber zu, als das Zweite Flottengesetz im Jahre 1900 verabschiedet wird. Hier kündigt sich etwas an, das für England von Bedeutung sein, die Gewichte beeinflussen könnte. Als Wilhelm dann 1904 englischen Offizieren voller Stolz seinen bis dahin entstandenen „Schlachtkörper" vorführt, wird der *Royal Navy* sofort klar: Hier entsteht eine Flotte, die aufgrund der Konstruktion und Bewaffnung ihrer Linienschiffe und Großen Kreuzer nur *ein* Einsatzgebiet kennen wird: die Nordsee. Diese Fachleute können nicht getäuscht werden: Das ist keine Küstenschutzflotte, das ist die Flotte einer aggressiven, auf ihre Weltmachtposition pochenden Nation. Jetzt nimmt London Wilhelm sehr ernst. England klappt das Visier herunter, definitiv.

Immer wieder betont Tirpitz während der Aufbauphase der *Schlachtflotte*, die 1907 in *Hochseeflotte* umbenannt wird, obwohl sie für den Hochseeeinsatz, den ozeanischen, überhaupt nicht in Frage kommt, werde man eine *Gefahren-*

Alfred Tirpitz ebenbürtig: Admiral John Fisher.

zone durchlaufen müssen, während derer die Flotte im Aufbau, also noch nicht einsatzfähig sei, und während derer man deshalb Ruhe an der politischen Front brauche, besonders natürlich an der zu England. In erster Linie bedeutet das, dass die deutsche Seerüstung nicht als gefährlich und aggressiv erkannt werden darf; es ist die ungestörte Schaffung einer Flotte sozusagen in aller Stille zu bewerkstelligen, bis diese *Gefahrenzone* hinter einem liegt und die Flotte für England zur *Risikoflotte* geworden ist, mit der es sich nicht anlegen darf, ohne selbst schwersten, auch politisch irreparablen Schaden zu nehmen. Das ist mit dem Jahr 1904 bereits misslungen.

Vorbei. England reagiert. Die Reaktion trägt einen Namen, den des Ersten Lords der Admiralität, Sir John (*Jacky*) Fisher, an Energie und Durchsetzungskraft Alfred von Tirpitz leicht ebenbürtig. Und hinter sich hat er nicht nur den politischen Willen in Westminster und nicht nur die Wirtschaftskraft des Mutterlandes, sondern die eines ganzen Weltreichs, des *British Empire*. Unendliche Ressourcen.

Das Niederrüsten Deutschlands beginnt. Im Dezember 1906 der Schock für das Reich: England stellt den *Dreadnought (Fürchtenichts)* in Dienst, den Prototyp eines sogenannten *all big gun one calibrer battleship*, das alle bis dahin gekannten Großkampfschiffe entwertet, veralten lässt. Konstruktive „Mutter" dieses Schiffstyps ist die italienische Marine, die bereits 1903 dessen Neuentwicklung vorgedacht hatte. Sie besteht im Wesentlichen darin, dass diese Schiffe nur noch Geschütze *eines* übergroßen Kalibers tragen, und dass auf die sogenannte Mittelartillerie ganz verzichtet wird. In der Realisierung schreiten die USA voran. Daraus entwickelt Fisher den *Dreadnought*, der Vorbild einer neuen Generation schwerster Schiffe wird: zehn 30,5 cm-Geschütze in Doppeltürmen, drei mittschiffs, je einer seitlich der Aufbauten, so dass das Schiff aus jeweils vier Türmen, acht Geschützen, breitseitig ein Ziel beschießen kann. Dazu kommen noch 22 Geschütze zur Torpedoabwehr, also zur Eigensicherung des Schiffs, der Turbinenantrieb erlaubt eine Höchstgeschwindigkeit von 22,4 Knoten, das Schiff verdrängt 18.000 Tonnen.

Das ist der GAU für die deutsche Marine. *Dreadnought* verändert alles.

Mit seiner Einführung ist sofort klar, dass das Reich durch die Ökonomie in die Knie gezwungen werden wird. Diese Einheiten der neuesten Generation sind drei Mal so teuer wie die bisherigen konventionellen Großkampfschiffe. Aber Tirpitz macht weiter, er setzt sich über Bedenken hinweg, der Reichstag folgt ihm: 1909/10 werden die vier Großlinienschiffe der *Nassau*-Klasse in Dienst gestellt, verwässerte Formen von *Dreadnought*.

Bis 1911 steigen die Kosten für den Bau der Linienschiffe und Schlachtkreuzer auf erheblich über fünfzig Prozent des Wehretats, und das für ein Instrument, das – im Gegensatz zum Heer – weitgehend nur politische Bedeutung hat. Für die Vergrößerung und Modernisierung der Armee, die angesichts der Bündnissituation rund um Deutschland dringend erforderlich sind, fehlen die Mittel an jeder Ecke. Die Entwicklung der Artillerie, einer Panzerwaffe, von Luftstreitkräften bleiben weitgehend auf der Strecke. Im Ersten Weltkrieg wird das Reich die Quittung präsentiert bekommen. Für die massive Aufrüstung der U-Bootwaffe, die im kommenden Krieg die Versorgung Englands weitgehend unterbinden könnte, läßt die herrschende Ideologie keinen Raum, da der Gedanke der großen Schlacht noch alles beherrscht.

Nachdem die *Daily-Telegraph*-Affäre praktisch zur Neutralisierung des Kaisers, auch in Fragen der Flottenrüstung geführt hat, äußert Reichskanzler von Bülow 1909 tiefgreifende Zweifel an der Tirpitz-Wilhelminischen Flottenrüstung, spricht von der *dunklen Wolke*, die über der Nordsee laste. Da wirkt es wie ein bestätigendes Menetekel, dass England 1909 nicht nur vier Großkampfschiffe in Auftrag gibt, wie es dem vorgesehenen Rhythmus entsprochen hätte, sondern neun. In den Folgejahren sind es jeweils fünf.

Die Politik ist längst auf Ausgleichskurs. Verhandlungen mit London sind das Gebot der Stunde. Tirpitz' Stern sinkt. In einem letzten Aufbäumen will er mit dem Gesetz von 1912 England am Verhandlungstisch zwingen, einem für Deutschland günstigen Flottenabkommen zuzustimmen.

Seine Maximalforderungen erscheinen Regierung und Reichstag nicht geeignet, England abkommengeneigt zu machen. So kürzen sie die Marinevorlage: Tirpitz soll nur noch drei neue

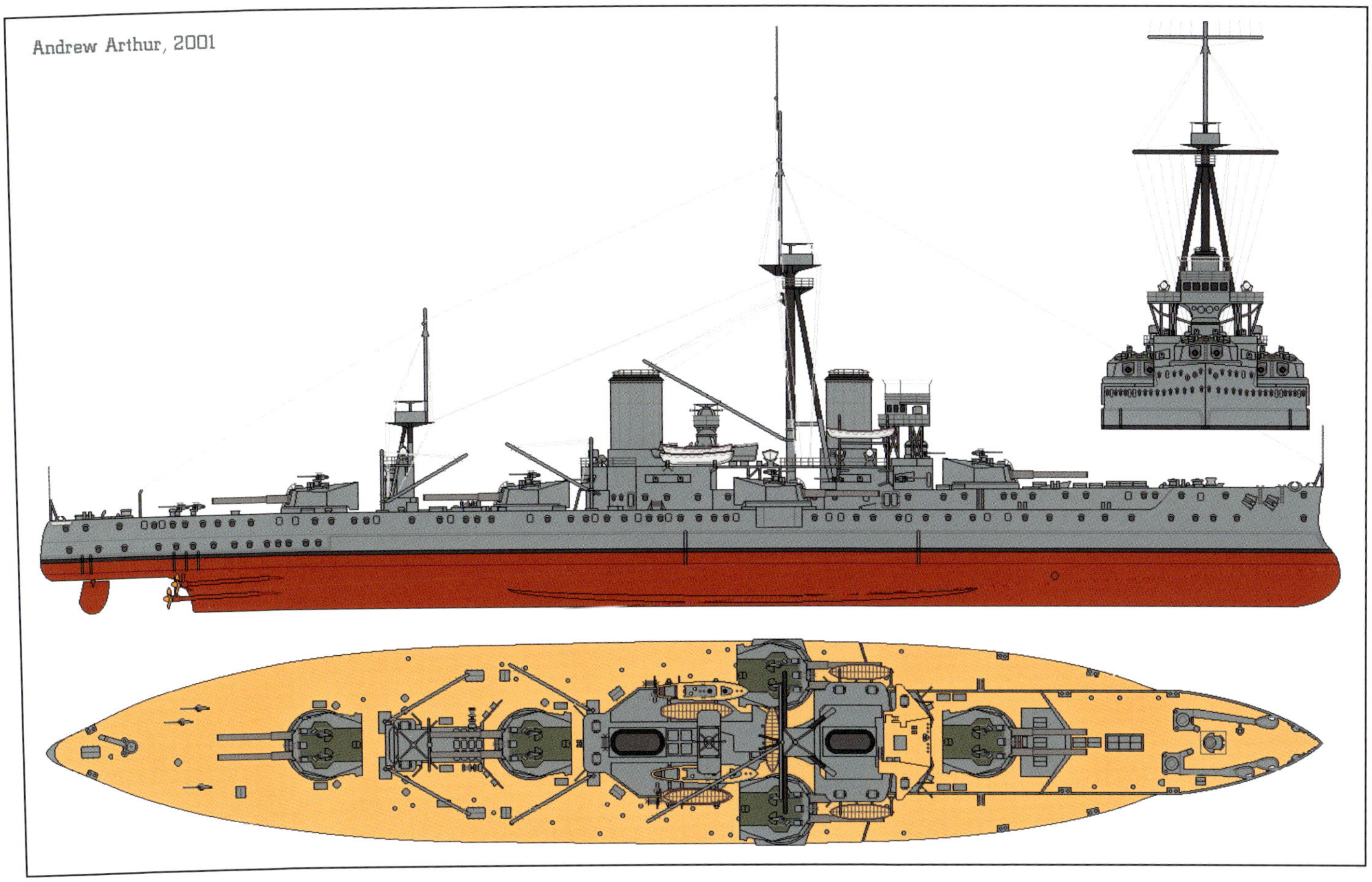

Die Wende im Wettrüsten: *Dreadnought* (Fürchtenichts).

Dreadnought auf Portsmouth-Reede.

Großschiffe erhalten und zwei Kleine Kreuzer, auch die Reserveschlachtflotte wird ihm zusammengestrichen. Der Fundamentalirrtum der deutschen Politik: Ob große Vergrößerung oder kleine; England ist längst nicht mehr an einem Abkommen interessiert. Es hat ja schon gewonnen. Gespräche, die 1912 während der sogenannten *Haldane-Mission* zwischen Großbritannien und Deutschland noch geführt werden, hat die Wissenschaft inzwischen als Scheinverhandlungen von britischer Seite qualifiziert.

Wilhelm und Tirpitz und die *Kaiserlich Deutsche Marine* stehen vor einem Scherbenhaufen ungeheuren Ausmaßes. Ihre Politik ist in allen Punkten gescheitert:

- Die Flotte hat nicht die Stärke erreicht, ab der der *Risikogedanke* greifen könnte. Die materielle Größe und der Qualitätsvorsprung der englischen Marine verhindern dieses.
- Die Unterstützung durch die politisch entscheidenden Konservativen, insbesondere die der Großagrarier, schwindet.
- Schon 1911 hat England für den Fall eines Krieges angekündigt, über Deutschland eine „weite" Seeblockade zu verhängen, das heißt, dass die Nordsee zwischen Englischem Kanal, Schottland und Norwegen abgeriegelt werden würde. Deutschland würde durch die *Royal Navy* abgeschnürt sein. Wo wäre da noch Raum für „die Schlacht"?
- Eine U-Bootwaffe, die für England existienzbedrohend werden könnte, steht nicht zur Verfügung. Als das Ruder 1918 herumgeworfen werden soll, ist es zu spät.

1911/12 sind die Jahre, in denen der Traum von der Weltmacht zur See endgültig ausgeträumt ist. Den Anfang vom Ende dieses Traumes aber hat schon 1906 der *Dreadnought*-Sprung markiert.

Oder wird man sagen können, dass dieser Traum bereits von Anfang an zum Scheitern verurteilt war? Dass der Glaube, England in einer einzigen großen Schlacht, einer Art Husarenschlacht zur See, niederringen zu können, eine Illusion war? Dass der Weg vielmehr gewesen wäre, Englands Nachschubwege existenzbedrohend zu stören oder sogar zu *zer*stören, während die eigenen Küsten und Seeverbindungen zur Versorgung der Bevölkerung gesichert werden, wie es im U-Boot- und Kreuzer-Krieg geschieht? Müßige Fragen. Das Reich hat sich anders entschieden. Als es schließlich doch ganz auf den U-Boot-Krieg setzen will, ist es bereits zu spät.

„Ich habe keine Marine mehr.“

Im Oktober 1918 rast der Weltkrieg seinem Ende entgegen, für Deutschland ist er verloren. Die Reichsregierung strebt den Waffenstillstand an.

Wie verhält sich die Marine?

Die Rolle der führenden Offiziere der Kaiserlichen Marine in den letzten Wochen ihres aktiven Agierens ist nur angemessen bewertet, wenn man – noch vor den Gehorsamsverweigerungen der Matrosen – eine wahrhafte Meuterei der hohen Admiralität in dieser Zeit konstatiert. Die Reichsregierung über ihre Absichten vorsätzlich im Unklaren lassend, versucht sie einen Großeinsatz der *Hochseeflotte* gegen Großbritannien zu unternehmen, die ersehnte große Seeschlacht zu erzwingen, die nicht nur zahllose Menschenleben gekostet, sondern auch die Aussicht auf erträgliche Friedensbedingungen für Deutschland bis gegen null reduziert hätte. Diese Offiziere verraten „Ihren" Kaiser, die Reichsregierung und das ganze tief erschöpfte Land. Sie folgen allein ihrem Ehr-Begriff, der sich verabsolutiert hat, und der daher keinerlei Rücksicht kennt.

Zum Hintergrund:

Im September 1918 erkennt in der Obersten Heeresleitung der allmächtige General Ludendorff, dass die Lage für Deutschland hoffnungslos ist, erleidet einen schweren Nervenzusammenbruch und verlangt gebieterisch Waffenstillstandsverhandlungen. Im Zuge der sich hieran anschließenden internationalen Sondierungen – die Schlüsselrolle auf alliierter Seite spielt der amerikanische Präsident Woodrow Wilson – kommt es letztendlich zu der Entscheidung, während eingeleiteter Waffenstillstandsgespräche und -verhandlungen den U-Boot-Krieg, der auch das warnungslose Versenken von Handelsschiffen umfasst, zu suspendieren. Das ist eine der Kernforderungen der Vereinigten Staaten zugunsten des mit ihnen verbündeten England. Als so entschieden wird, geschieht das gegen den Willen der Marineführung unter

Die *Hochseeflotte* 1916 auf dem Marsch ins Skagerrak.

Kriegsherren: Paul von Hindenburg, Wilhelm II., Erich Ludendorff.

dem Chef der Seekriegsleitung (SKL), Admiral Reinhard Scheer. Dieser hatte inzwischen ein gigantisches, wenn auch völlig illusorisches U-Bootbauprogramm, das *Scheer*-Programm, aufgelegt, das die Fähigkeiten Deutschlands in materieller und personeller Hinsicht weit überfordert hätte. Als die SKL erkennen muss, dass sie im Ringen um Ende oder Weiterführung des U-Boot-Krieges unterliegen wird, wirft sie das Ruder herum und nimmt einen Gedanken konkret wieder auf, der schon länger gedacht wurde: Bei Einstellung des U-Boot-Krieges ein massierter Einsatz der *Hochseeflotte* gegen die *Royal Navy*.

Am 6. Oktober hatte der Chef des Stabes der *Hochseeflotte*, Konteradmiral Adolf von Trotha, seine *Überlegungen in ernster Stunde* verfasst. Für den Fall, dass der U-Boot-Krieg aufgegeben werden sollte, müsse der finale Vorstoß der Flotte gegen England unternommen werden. Die Schrift gipfelt in den Sätzen:

Der Flotte steht ein solcher Schlußkampf als höchstes Ziel vor Augen, um nicht diesen Krieg beschließen zu müssen, ohne daß die in ihr steckende nationale Kraft voll zur schlagenden Wirkung gekommen ist…

Aus einem ehrenvollen Kampf der Flotte, auch wenn er ein Todeskampf wird in diesem Kriege, wird – wenn unser Volk nicht überhaupt national versagt – eine neue deutsche Zukunftsflotte hervorwachsen, einer durch schmachvollen Frieden gefesselten Flotte ist die Zukunft gebrochen.

Er bekommt „grünes Licht“ zur weiteren Vorbereitung. Nachdem der U-Boot-Krieg am 21. Ok-

Wirksame Waffe: U-Boote auslaufend in der Ostsee.

Treibende Kraft: Admiral von Trotha.

tober eingestellt ist, ergeht der Operationsbefehl Nr. 19 des Kommandos der Hochseestreitkräfte:

S.M.S. „Kaiser Wilhelm II.“, 24.10.1918

N 239/25 Bl. 13 – 17, Maschinenschrift (Durchschrift)

Op. 269/A 1. Ganz geheim! O-Sache! Nur durch Offizier!

Operationsbefehl Nr. 19

A. Nachrichten vom Feinde

Das Gros der feindlichen Streitkräfte wird in den ostschottischen Häfen vermutet; Teilstreitkräfte im Tyne, Humber und im Kanal.

B. Eigene Absicht

Der Gegner soll unter für uns günstigen Bedingungen zur Schlacht gestellt werden. Hierzu Nachtvorstoß der gesamten Hochseestreitkräfte in die Hoofden (Niederländische Bezeichnung für das Gebiet der südlichen Nordsee, d. Verf.) – *Angriff gegen Streitkräfte und Verkehr an der flandrischen Küste und in der Themsemündung. Durch diesen Stoß soll der Gegner veranlaßt werden, sofort Flottenteile in Richtung auf die Verbindungslinie Hoofden – Deutsche Bucht vorzuschieben. Es ist beabsichtigt, diese Flottenteile am Abend des II. Operationstages zur Schlacht zu stellen oder sie während ihres Anmarsches in der Nacht vom II. zum III. Operationstag mit den Torpedobooten anzugreifen. Zur Unterstützung der Hauptaufgabe werden die Anmarschwege des Gegners von den ostschottischen Häfen nach dem Seegebiet bei Terschelling mit Minen verseucht und durch Uboote besetzt werden.*

C. Durchführung

1. *Ausmarsch aus der Deutschen Bucht bei Tage aus Sicht der holländischen Küste.*
2. *Vorstoß durch die Hoofden so, daß der Angriff gegen die Flandernküste und die Themsemündung bei Hellwerden am II. Operationstage erfolgt.*
3. *Angriff a) gegen die Flandernküste durch II. Führer der Torpedoboote mit „Graudenz“, „Karlsruhe“, „Nürnberg“ und II. Flottille, b) gegen die Themsemündung durch Führer II. Aufklärungsgruppe mit „Königsberg“, „Cöln“, „Dresden“, „Pillau“ und 2. Halbflottille*

Das letzte Gefecht.

Deckung zu a) durch das Gros, Deckung zu b) durch den Befehlshaber der Aufklärungsschiffe (I. Aufklärungsgruppe).

4. *Rückmarsch so, daß das von uns als Kampfplatz angestrebte Gebiet bei Terschelling 1-2 Stunden vor Dunkelwerden am II. Operationstage erreicht wird.*
5. *Rückendeckung am II. Operationstage durch Teile der VIII. Flottille.*
6. *Minenverseuchung durch Führer IV. Aufklärungsgruppe mit IV. Aufklärungsgruppe (für Minenaufgabe verstärkt durch „Arcona", „Möwe") und VIII. Flottille auf den feindlichen Anmarschwegen gemäß Anlage I.*
7. *Ansetzen von Ubooten auf den feindlichen Anmarschwegen gemäß Anlage II.*
8. *Torpedobootsvorstoß in der Nacht vom II. zum III. Operationstage, falls bis dahin kein Zusammentreffen mit dem Feinde stattgefunden hat, etwa von Terschelling Feuerschiff in Richtung Firth of Forth nach Anweisung des Befehlshabers der Torpedoboote. Über Aufnahme der Torpedoboote durch das Gros am Morgen in die Deutsche Bucht auf Auslaufweg oder Weg 420, 500, 750 je nach Lage.*
9. *Luftschiffaufklärung : wenn möglich.*

D. Ausführungsbestimmungen

[…]

F. Allgemeines

1. *[…]*
2. *Schiffe und Torpedoboote malen den hinteren Schornstein rot.*
3. *[…]*
4. *Auf dem Nachtvormarsch kein Handelskrieg. Im übrigen gelten für die Führung des Handelskrieges folgende Bestimmungen: a) Bei Tage dürfen nur solche Fahrzeuge angegriffen werden, die einwandfrei als Nichtpassagierschiffe erkannt werden. b) Nachts können alle abgeblendeten oder verdächtigen Fahrzeuge ohne weiteres angegriffen werden.*

[…]

7. *Dieser Befehl darf Offizieren und Mannschaften erst bekanntgegeben werden, wenn jeder Verkehr mit dem Lande abgebrochen ist.*

Gez. v. Hipper

Der am 25. Oktober 1918 für das Kriegstagebuch der SKL verfasste Vermerk formuliert noch einmal, worum es nach Einstellung des U-Boot-Krieges jetzt geht:

Die Bindung der Hochseestreitkräfte durch den Ubootskrieg, dessen Rückgrat sie bilden, entfällt damit. Die Flotte erhält ihre operative Freiheit wieder.

Es ist unmöglich, daß die Flotte alsdann in dem Endkampf, der einem baldigen oder späteren Waffenstillstand vorausgeht, untätig bleibt. Sie muß eingesetzt werden. Wenn auch nicht zu erwarten ist, daß hierdurch der Lauf der Dinge eine entscheidende Wendung erfährt, so ist doch aus moralischen Gesichtspunkten Ehren- und Existenzfrage der Marine, im letzten Kampf ihr Äußerstes getan zu haben.

Die Marine stellt sich gegen die Reichsregierung, die ungestörte Waffenstillstandsverhandlungen will und daher jede Provokation des Feindes vermeiden muss. Schlagartig erhellt sich die Haltung des Offizierskorps in einem Dialog zwischen dem Ersten Offizier der *Thüringen*, deren Mannschaft die Befolgung des Auslaufbefehls verweigern wird, und einem Mannschaftsbevollmächtigten. Dieser hatte darauf hingewiesen, dass das beabsichtigte Vorhaben wohl nicht im Sinne der Reichsregierung sei. Antwort des Offiziers: *Ja, das ist Ihre Regierung.*

Sie stellt sich zugleich gegen ihren Kaiserlichen Herrn, der immer noch formell ihr Chef ist, und der inzwischen auch auf den Friedenskurs der Regierung eingeschwenkt ist. Die Marine ist also doppelt untreu, und sie weiß es.

Nach Abbruch des Unternehmens versucht ihre Führung, die Aktion als Hilfsmaßnahme für die Landfront in Flandern und Nordfrankreich dar-

Sie wollen nicht sterben: Mannschaft auf SMS *Thüringen.*

zustellen. Doch was hätte es den Soldaten des Heeres bringen sollen, wenn auf See eine Schlacht gegen die englische Marine geführt worden wäre, während der Landkrieg fernab im Binnenland seinen Fortgang nähme? Durchsichtiges Ablenkungsmanöver, um von der wahren Motivation abzulenken.

Als Wilhelm II. bei einer Besprechung im Großen Hauptquartier, dem Standort der Spitzen der höchsten militärischen Entscheidungsorgane des Deutschen Kaiserreichs, am 9. November 1918 im belgischen Spa seine Absicht verkündet, als Deutscher Kaiser abzutreten, jedoch König von Preußen bleiben zu wollen, was die Reichsverfassung gar nicht zulässt, erwidert Scheer angesichts seines vorherigen Verhaltens, seiner Treulosigkeit, unüberbietbar zynisch: *Die Folgen für die Marine sind unabsehbar, wenn sie keinen höchsten Kriegsherrn mehr hat.* Er bezieht sich mit diesem Satz auf das besondere Verhältnis der Marine zum Kaiser: Während die Einheiten des Heeres grundsätzlich weiterhin ihrem jeweiligen Landesherrn, also etwa dem König von Bayern, dem von Sachsen oder dem von Württemberg unterstehen, ist die Marine die Teilstreitkraft, die „reichsunmittelbar" ist. Ihr *Chef* ist nur der Kaiser, einen anderen „Herrn" hat sie nicht.

Der Kaiser antwortet mit einem Satz, den er schon wenige Tage zuvor angesichts der Gehorsamsverweigerungen auf einigen Großkampfschiffen der *Hochseeflotte* geäußert hatte: *Ich habe keine Marine mehr.* Recht hatte er: Längst hat er *Seine* Marine verloren, aber nicht durch die Matrosen. Allein durch *Seine* Elite, die engste Führung der *Kaiserlich Deutschen Marine.*

Dass in Meiner stolzen Flotte die Empörung zuerst offen zutage getreten ist, hat Mich am tiefsten ins Herz getroffen. Er meint damit natürlich nicht die der Offiziere.

Im Lichte des hoch gefühlvollen Verhältnisses, das Wilhelm II. zur Flotte hat, ist dieser Satz von großer Glaubwürdigkeit. Es ist übrigens der einzige, den der ehemalige Kaiser in seinem Erinnerungsbuch *Ereignisse und Gestalten* den Vorgängen widmet.

Die Meuterei der Führung ist der eine Handlungsstrang, der das Schicksal der Kaiserlichen Marine besiegeln soll. Mit diesem untrennbar verwoben ist der andere, der Aufstand der Mannschaften, der das wahnwitzige

Götterdämmerung in der Obersten Heeresleitung: Spa November 1918.

„Ich habe keine Marine mehr."

Hoffnung in letzter Minute: Ein riesiges U-Bootbauprogramm, zu spät.

Unternehmen der letzten großen Schlacht verhindern wird. Angelegt haben dieses Verhalten der Matrosen allein die Offiziere, niemand sonst.

In der Flotte baut sich während des Krieges großer Unmut auf, bei den Offizieren wie auch bei den Mannschaften, der Unmut der einen hat als Kehrseite der Medaille den Unmut der anderen zur Folge. Man wird davon ausgehen dürfen, dass Wilhelm die ansteigende Unruhe nicht bekannt ist, dass er von seinen Admirälen sorgfältig von der Wirklichkeit ferngehalten wird, dass ihm, wenn es sich dann gar nicht verheimlichen lässt, gewisse disziplinarische Vorkommnisse unter den Mannschaften als Einzelfälle hingestellt werden, insgesamt jedoch eine vollkommen intakte Flotte getreu und freudig ihre Pflicht erfüllt. Und so dürfte er auch nicht realisiert haben, dass im Juli und August 1917 in der Flotte etwas zerbrochen ist, das nicht mehr geheilt werden kann.

Hochgestimmt ist das Offizierskorps, als „es" im August 1914 endlich „losgeht". Man ist davon überzeugt, dass *der Tag*, der Tag der Entscheidungsschlacht gegen England, unmittelbar bevorsteht, der Tag, auf den alle fiebernd hingelebt haben, der Tag, für den die gigantische *Hochseeflotte* geschaffen worden ist.

Und dann das: Abgesehen von der für den Kriegsausgang irrelevanten Schlacht im Skagerrak und einer Reihe letztlich bedeutungsloser Einsätze in Nord- und Ostsee, bleiben die großen Schiffe, gemessen an ihrer eigentlichen Aufgabe, die große Schlacht zu schlagen, relativ untätig, denn die kommt nicht. Die überaus wichtige und umfassende Begleitfunktion, die die Schiffe der *Hochseeflotte* im U-Boot-Krieg zum Schutze der ein- und auslaufenden Einheiten wahrnehmen, kann da kein Ersatz sein, nur glanzloses Alltagsgeschäft.

Der Krieg wird geführt, gewonnen oder verloren *In Flanders Fields*, wie John McCrae eines der bekanntesten englischsprachigen Kriegsgedichte übertitelt.

Man kann es sich genau vorstellen: Ein hochmotiviertes, an die Weltspitze militärischer Qualität hin ausgebildetes Offizierkorps verbringt seine Zeit mit Eskortaufgaben, mit Warten, dem Abhalten stumpfer Exerzierübungen, spürt bei Wohlgesinnten Empathie, bei den Anderen – und davon gibt es viele – versteckten oder offen zur Schau getragenen Hohn. Mühsam unterdrückte Wut, Resignation sind die Folgen. Trink-

Kopf der Offiziersrebellion: Admiral Reinhard Scheer.

gelage und Schlemmereien in der Offiziersmesse schaffen nur für kurze Zeit Erleichterung.

Gefährlich kann die unsensible Behandlung der Mannschaft werden.

So kommt es. Ungerechtigkeiten und schlechte Verpflegung führen zu Unruhe. Auch die Mannschaften sind schwerst frustriert vom Stumpfsinn ihres Dienstbetriebs. Da wirken hochmütige Offiziere und gravierende Unterschiede in der Verpflegung wie Sprengstoff. Die Mannschaften beobachten genau. Um „Druck aus dem Kessel“ zu nehmen, richtet die Marineleitung auf den Schiffen *Menagekommissionen* ein, die sich um die Verpflegungsfrage kümmern sollen. Schnell werden sie zu inoffiziellen Beschwerdestellen für alle, die ihre Unzufriedenheit mit der Situation artikulieren wollen.

Das Offizierskorps ist blind; glaubt, ihm könne nichts passieren. Die Verhältnisse ändern sich nicht. So kommt es am 19. Juli 1917 an Bord des Linienschiffs *Prinzregent Luitpold* während einer Fahrt von Wilhelmshaven nach Kiel zu Befehlsverweigerungen. Die Unruhe erfasst das Schwesterschiff *Friedrich der Große*. Köpfe der „Rebellion“ sind die beiden Heizer Albin Köbis und Max Reichpietsch. Sie vor allem hatten auch ein politisches Aktionsprogramm, zu dem die Durchführung einer Friedensdemonstration mit Werftarbeitern gehörte, erarbeitet.

Sie und andere kommen vor das Kriegsgericht. Am 25. August 1917 vernehmen sie mit weiteren Kameraden ihr Todesurteil, nur an ihnen wird es am 5. September auf dem Fußartillerie-Schießplatz in Wahn bei Köln vollstreckt. Nach der Erschießung des Herzogs von Enghien sagte Napoleon: *Das war schlimmer als ein Verbrechen, das war ein Fehler.* So ist es auch hier. Die Kluft, die schon immer zwischen Offizier und Mann geklafft hat, wird endgültig unüberbrückbar groß. Jeder Respekt, jedes Vertrauen ist dahin: Im Grunde ist die Marine schon jetzt an ihrem Ende angekommen. Im Sommer 1917.

SMS *König*.

SMS *Markgraf*.

SMS *Helgoland*..

Große Zeit:
Die Flotte vor Kiel.

Doch vorerst tritt Ruhe ein, die das Offizierkorps in trügerischer Sicherheit wiegt: Nichts ändert sich. Bis Oktober 1918: Zu diesem Zeitpunkt ist die militärische Lage an allen Fronten für Deutschland aussichtslos; infolgedessen bittet Reichskanzler Prinz Max von Baden die Vereinigten Staaten um die Vermittlung von Waffenstillstandsverhandlungen.

Mit Schrecken steht der Marine ein klägliches Schicksal vor Augen, vermutlich nach

Mit dem Krieg ist diese Epoche zu Ende: Ihre Welt geht unter …

Kriegsende Auslieferung der Flotte an Großbritannien, wie Nelson es 1807 mit der dänischen Flotte vorgemacht hat. So wird der letzte große Plan entworfen, der die *Hochseeflotte* in den finalen Kampf führen soll.

Die „Ehre" ist es, um die es geht. Da wird auch Etzels brennende Halle in Kauf genommen.

Trotz der gewaltigen Dimension des Unternehmens und des damit einhergehenden politischen Wahnsinns handelt es sich vordergründig nur um eine taktische Operation, für die die Marine weder die formale Zustimmung des weitgehend vom Militär entmachteten Kaisers noch die der Reichsregierung braucht. Wegen der Ungeheuerlichkeit des Planes aber hält Scheer es für klug, den Reichskanzler einzubinden, um für alle Fälle die politische Rückendeckung Max von Badens vorweisen zu können. Er setzt den Reichskanzler jedoch so nebulös ins Bild, dass dieser die wahre Absicht nicht erkennt. Aus dem naturgemäß ausbleibenden energischen Widerspruch, der klaren Untersagung des Vorhabens, konstruiert Scheer Zustimmung. Dass der Reichskanzler die Marine ersucht, nichts zu tun, was den eingeleiteten diplomatischen Weg zu Verhandlungen stören könnte, „überhört" Scheer.

Der entsprechende Flottenbefehl zur Aktion ergeht. Für den 30. Oktober wird das Auslaufen aus Wilhelmshaven vorgesehen. Die Sache läuft unter *Streng Geheim*, die Vorbereitungen, die getroffen werden müssen, werden mit einem bevorstehenden Großmanöver begründet. Der wahre Grund des Unternehmens soll erst offenbart werden, wenn die Schiffe unerreichbar weit draußen in See sind. Nun sind allerdings die Vorbereitungen zu einer Schlacht und die zu ei-

… Neues entsteht: Matrosenaufstand in Kiel, der mit Dominoeffekt das Kaiserreich zum Einsturz bringt.

Beste Zusammenarbeit auch mit den neuen Herren: Adolf von Trotha und Gustav Noske (SPD).

nem Manöver so unterschiedlich, dass bald jedem Mann an Bord klar ist, dass es ernst wird. Die Offiziere können auch keineswegs die Mannschafts- und Maatendienstgrade aus der Informationskette ausschließen; außerdem werden Gespräche der Schiffsleitungen mitgehört. Ganz sicheres Zeichen ist, dass die hinteren Schornsteine rot lackiert werden sollen, die Kennung der deutschen Schiffe im Gefecht.

Letzte Einsatzbesprechung in der Nacht vom 29. Oktober, 20.00 h an Bord des Flottenflaggschiffs SMS *Baden*. Hineinplatzt die Meldung, dass auf drei von fünf Linien-Schiffen des III. Geschwaders, *König*, *Markgraf* und *Kronprinz Wilhelm*, Befehle nicht befolgt würden. Auch auf *Thüringen* und *Helgoland* des I. Geschwaders sei es zu heftigen Konfrontationen zwischen Führung und Mannschaften gekommen. Noch in diesen Stunden wird das Unternehmen aufgegeben. Das Offizierskorps bekommt weder einen heroischen Sieg noch ein heroisches Ende, den Mannschaften wird das elende Ertrinken in den Fluten der Nordsee oder das Verbrennen in den Geschütztürmen erspart.

Um den konzentrierten Unruheherd in der Flotte zu neutralisieren, wird das III. Geschwader in seinen Heimathafen Kiel kommandiert, den es nun zum letzten Mal als Einheit der – ehemals so stolzen – *Kaiserlich Deutschen Marine* wiedersieht. Herrliche Jahre hat sie in der wunderschönen Stadt an der Förde erlebt; die Welt lag ihr zu Füßen. Dahin.

Aber bis 1914 durfte sie leuchten, und Kiel mit ihr.

Ein neues Kapitel der Weltgeschichte wird aufgeschlagen, in Kiel beginnt es.

Literaturhinweise

Alberts, Klaus, Düppel 1864, Boyens Buchverlag, Heide 2013

Alberts, Klaus, Der Traum vom Nord-Ostsee-Kanal, Boyens Buchverlag, Heide 2014

Andresen, H.-G., Die ehemalige Marine-Garnisonkirche in Kiel-Wik in: Schleswig-Holstein, Jahrgang 1979, Heft 11 und 12, Husum Druck- und Verlagsgesellschaft, Husum 1979, S. 276 ff.

Batsch, Carl Ferdinand, Admiral Prinz Adalbert von Preußen, Brachvogel, Berlin 1890

Boelcke, Willi A., So kam das Meer zu uns, Verlag Ullstein, Frankfurt/Main, Wien, Berlin 1981

Brehmer, Arthur, Am Hofe Kaiser Wilhelm II., Neuer Verlag, Berlin 1898

Bülow, Bernhard von, Denkwürdigkeiten, Bde. 1–4, Hrsg. Franz von Stockhammer, Ullstein, Berlin 1930/31

Clark, Christopher, Preußen, 2. Auflage, Deutsche Verlags-Anstalt, München, 2007

Deist, Wilhelm, Die Politik der Seekriegsleitung und die Rebellion der Flotte Ende Oktober 1918 in: Vierteljahreshefte für Zeitgeschichte, 14. Jahrgang, 4. Heft, 1966, S. 341 ff.

Deist, Wilhelm, Flottenpolitik und Flottenpropaganda. Das Nachrichtenbureau des Reichsmarineamtes 1897–1914, Deutsche Verlagsanstalt, Stuttgart 1976

Dührkohp, Frank, Die deutsche Flottenrüstung als innenpolitisches Kampfinstrument gegen die SPD in: Fundus Forum für Geschichte Heft 4, Köln 1999, S. 31 ff.

Elvert, Jürgen, Jensen, Jürgen, Salewski, Michael (Hrg.), Kiel, die Deutschen und die See, Steiner Verlag, Stuttgart 1992

Eschenburg, Harald, Prinz Heinrich von Preußen, Westholsteinische Verlagsanstalt Boyens&Co, Heide 1989

Eulenburg-Hertefeld, Philipp zu, Mit dem Kaiser als Staatsmann und Freund auf Nordlandreisen, 2 Bde., Hrg. Augusta zu Eulenburg-Hertefeld, Carl Reissner, Dresden 1931

Fischer, Fritz, Griff nach der Weltmacht: Kriegszielpolitik des kaiserlichen Deutschland 1914/18, Nachdruck der 1. Aufl. 1961, (Tb.), Droste Verlag, Düsseldorf 2009

Förderverein für die Petrus-Kirche Kiel Wik e.V. (Hrg.), Die Petrus-Kirche in Kiel-Wik, Kiel 1997

Gall, Lothar, Bismarck – Der weiße Revolutionär, 3. Aufl., Ullstein, Berlin 2008

Gebauer, Jürgen, Krenz, Egon, Marine Enzyklopädie, 4. Aufl., Siegler Verlag, Königswinter 2007

Hansen, Hans-Jürgen, Die Schiffe der deutschen Flotten 1848–1945, Bechtermünz, Eltville 1998

Hanstein, Adalbert von, Kaiser Wilhelm II. Nord- und Südlandfahrten, Deutsch-Nationaler Verlag Ferd. Lange, Berlin 1894

Hardenberg, Joachim Graf von, Hundert Jahre Landeshaus – Eine Baugeschichte, in: 100 Jahre Haus an der Förde 1888–1988, Hrg. Die Präsidentin des Schleswig-Holsteinischen Landtages, Kiel 1988, S. 9 ff.

Heggen, Alfred, Die preußische Kadettenanstalt 1868-1920 in: 125 Jahre Erziehung auf Schloß Plön, Verlag 71, Plön 1993

Hering, Rainer, Schmidt, Christina (Hrg.), Prinz Heinrich von Preußen, Wachholtz Verlag, Neumünster 2013

Herold, Heiko, Reichsgewalt bedeutet Seegewalt, Oldenbourg Verlag, München 2013

Hildebrand, Hans, Röhr, Albert, Steinmetz, Hans-Otto, Die deutschen Kriegsschiffe, 7 Bände, Koehler, Herford 1979–1993

Hillmann, Jörg, Scheiblich, Reinhard, „Das Rote Schloß am Meer“: Die Marineschule Mürwik seit ihrer Gründung, CONVENT, Hamburg 2002

Hobson, Rolf, Maritimer Imperialismus, Oldenbourg Verlag, München 2004

Holzhauer, Eduard, Kiel und Wilhelmshaven, E. F. Mittler & Sohn, Berlin 1909

Jensen, Jürgen, Kiel im Kaiserreich, Karl Wachholtz Verlag, Neumünster 1978

Kaiserlicher Yacht-Club, Programm der Segel-Wettfahrten/Kieler Woche 1904, 1906, 1907, 1909, 1910, o. V., Berlin

Karge, Heinrich, Kiel kieloben: Die Petruskirche in der Wik und die anderen Marinekirchen in Kiel in: „Begegnungen mit Kiel“, hrsg. von Werner Paravicini mit Uwe Albrecht und Annette Henning, Wachholtz Verlag, Neumünster 1992, S. 197 ff.

Karpf, Eva-Maria, 100 Jahre Kieler Rathaus 1911-2011, Hrg. Landeshauptstadt Kiel, Kiel 2011

Kieler Ausschuss für die Deutsche Flotte, Der Kieler Hafen als künftiger Deutscher Kriegshafen, C. Schröder & Comp., Kiel 1848

Kiels Einrichtungen für Gesundheitspflege und Unterricht, Festschrift, Handorff, Kiel 1896

Kirchhoff, Hermann, Unsere Marine, Quelle & Meyer, Leipzig 1914

Kramer, Klaus, Segeln für den Kaiser, Delius Klasing Verlag, Bielefeld, 1. Aufl., 2003

Kranz-Michaelis, Charlotte, Rathäuser im deutschen Kaiserreich 1871–1918, Prestel-Verlag, München 1976

Krockow, Christian Graf von, Kaiser Wilhelm II. und seine Zeit, 2. Aufl., Siedler Verlag, Berlin 2002

Kroll, Katrin, Kieler Woche, Wachholtz Verlag, Neumünster 2007

Kuhl, Klaus, Die Rolle der deutschen Seeoffiziere während der Ereignisse im Oktober/November 1918, Literaturstudie, Kiel 2014

Lafrenz, Deert, Die Architektur des Kieler Rathauses von Hermann Billing (1867–1946), Diss. Kiel, 1978

Lammerting, Kristin, Meteor, Dumont, Köln 1999

Mantey, Eberhard von, S.M.S. „Hohenzollern“, E. S. Mittler & Sohn, Berlin 1928

Mantey, Eberhard von, Admiral Max von Fischel, Deutsche Verlags-Anstalt, Stuttgart 1929

Marschall, Birgit, Reisen und Regieren, Carl Winter · Universitätsverlag, Heidelberg 1991

Massie, Robert K., Dreadnought, Random House, New York 1991

Meyer-Graefe, Julius, Wilhelm II. und die Musen, in: Kunst-Schreiberei, Hrsg. Henry Schumann, Kiepenheuer, Leipzig · Weimar 1987, S. 221 ff.

Michel, Ole, Die Petruskirche in Kiel-Wik in: Nordelbingen, Bd. 64, Heide 1995, S. 97 ff.
Mielke, Otto, Kaiseryacht „Hohenzollern", in SMS, 2. Jahrgang Nr. 5, DBM Media, Berlin 1994
Müller-Angelo, Adolf, Deutschland zur See, Deutsch-Nationaler Verlag, Dresden 1894
Nerdinger, Winfried (Hrg.), Richard Riemerschmid · Vom Jugendstil zum Werkbund, Prestel Verlag, München 1982
Neudeck, Georg, Schröder, Heinrich, Das kleine Buch von der Marine, Lipsius und Tischer, Kiel · Leipzig 1911
Nitzschke, Albert, Die Pauluskirche, in: Aus der Geschichte der Heiliggeist-Gemeinde und der Pauluskirche, Kiel 1977
Paczensky, Gerd von, Die Weißen kommen, Hoffmann und Campe Verlag, Hamburg, 1. bis 20. Tausend, 1970
Paulenz, Bruno, Im Sturm der Zeit – 100 Jahre Kieler Yacht-Club, Kiel 1987
Petschull, Jürgen, Der Wahn vom Weltreich, 2. Auflage, Manfred Pawlak Verlagsgesellschaft, Herrsching 1986
Porskrog Rasmussen, Carsten, Imberger, Elke, Lohmeier, Dieter, Mommsen, Ingwer (Hrg.), Die Fürsten des Landes, Wachholtz Verlag, Neumünster 2008
Rangliste der Kaiserlich Deutschen Marine, red. Marine-Kabinett, Berlin 1912
Reichsgesetzblätter 1871, S. 78; 1872, S. 361; 1898, S. 165; 1900, S. 255; 1906, S. 729; 1908, S. 147; 1912, S. 435
Salewski, Michael, Tirpitz, Musterschmidt Verlag, Göttingen 1979
Salewski, Michael, Die Deutschen und die See, Steiner Verlag, Stuttgart 1998
Scharnberg, Christian, Vom Verhältnis der Preußischen Kadettenanstalt in Plön zur Stadt und ihren Bürgern 1868–1919 in: Jahrbuch für Heimatkunde im Kreis Plön, Arbeitsgemeinschaft für Heimatkunde im Kreis Plön, Plön 2001
Schlenzka, Erich, Auf S.M.S. „Möwe" in: Meereskunde, 7. Jahrgang, 6. Heft, E.S. Mittler & Sohn, Berlin 1913
Schneider, Miriam, „Young, brave and true, and he wears the blue" in: Kroll, Frank-Lothar (Hrg.), Inszenierung oder Legitimation? Die Monarchie in Europa im 19. und 20. Jahrhundert. Ein deutsch-englischer Vergleich, Prinz-Albert-Studien, Band 31, Duncker & Humblot, Berlin 2015
Schnell, Hugo, Die Petrus-Kirche Kiel-Wik, Kunstführer Nr. 2767, Schnell & Steiner, Regensburg 2010
Stolz, Gerd, Die Schleswig-Holsteinische Marine 1848–1852, 2. Aufl., Westholsteinische Verlagsanstalt Boyens & Co, Heide 1987
Stolz, Gerd, Historische Stätten der Marine in Schleswig-Holstein, Westholsteinische Verlagsanstalt Boyens & Co, Heide 1990
Thiemeyer, Thomas, Deutschland postkolonial, in „Merkur", 70. Jg., Klett-Cotta, Stuttgart 2016, S. 33 ff.
Tirpitz von, Alfred, Erinnerungen, von Hase & Koehler Verlag, Leipzig 1919
Wilhelm II., Ereignisse und Gestalten 1878–1918, K. F. Koehler, Leipzig und Berlin 1922
Wilhelm II., Aus meinem Leben 1859-1888, K.F. Koehler, Leipzig und Berlin 1927
Witt, Jann Markus, Seefahrtsgeschichte Schleswig-Holsteins in der Neuzeit, Boyens Buchverlag, Heide 2012
Witthöft, Hans-Jürgen, Lexikon zur deutschen Marinegeschichte, 2 Bde., 1. Aufl., Koehlers Verlagsgesellschaft, Herford 1977

Abbildungsverzeichnis

Landesbibliothek Schleswig-Holstein: Umschlag (2), Vorsatz vorne, S. 6 li., 10–42, 46–51 o., 52 o., 53, 54, 63, 88 u., 90, 92, 101, 106, 108, 109, 118 u., 120 u., 124 o., 131, 133, 135, 140, 141, 144, 146–148, 150, 152, 153, 154 u., 155–157, 159, 161, 164–167, 174, 175 u., 176, 177 u., 180 u., 194 u., 196
Marineschule Mürwik: S. 6 re., 52 u. re., 70, 71 o./u., 72–74, 77–82, 86, 88 o., 89, 93, 96, 102, 103, 114, 115, 119, 120 o., 122–124 u., 125–126, 130, 149, 154 o., 158, 171, 172 o., 188, 190 o., 192, 193 u., 195, 198
Kieler Stadt- und Schifffahrtsmuseum: S. 51 u., 98, 118 o., 128, 136, 145
Landesarchiv Schleswig-Holstein: S. 52 u. li.
Kirchhoff, Hermann: S. 57
Stiftung Friedrichsruh: S. 60
Reichsmarineamt: S. 64
Reichskolonialamt: S. 66/67
Sammlung Renard: S. 71 m., 105, 108, 113, 179, 182, 189 u., 194 o., 197, Vorsatz hinten
Museum für Hamburgische Geschichte: S. 84 li.
Stichting Huis Doorn: S. 85
GEO EPOCHE 12: S. 100
Dühren, C. von: S. 111
Kieler Yacht-Club: S. 114, 121 u.
Royal Yacht Squadron: S. 142
Ullstein: S. 189 o., 193 o.
DHBT. Architekten GmbH: S. 172
de.wikipedia.org.: S. 190 u.
Gemeinfrei: S. 43-45, 76, 84 re., 99, 143, 170, 175 o., 177 o., 180 o., 184–186

Kiel mit Flotte aus der Vogelschau.